欧美碳排放权交易法律制度研究

郝海青 著

中国海洋大学出版社
·青岛·

图书在版编目(CIP)数据

欧美碳排放权交易法律制度研究 / 郝海青著. —青岛:中国海洋大学出版社,2011.12(2014.9重印)
ISBN 978-7-81125-919-3

Ⅰ.①欧… Ⅱ.①郝… Ⅲ.①二氧化碳－废气排放量－总排污量控制－环境保护法－研究－欧洲②二氧化碳－废气排放量－总排污量控制－环境保护法－研究－美洲③二氧化碳－废气排放量－总排污量控制－研究－中国 Ⅳ.①D950.26②D970.26③X511

中国版本图书馆 CIP 数据核字(2011)第 226826 号

出版发行	中国海洋大学出版社			
社　　址	青岛市香港东路 23 号	邮政编码	266071	
出版人	杨立敏			
网　　址	http://www.ouc-press.com			
电子信箱	dengzhike@sohu.com			
订购电话	0532—82032573(传真)			
责任编辑	邓志科	电　话	0532—85902495	
印　　制	日照日报印务中心			
版　　次	2011 年 12 月第 1 版			
印　　次	2014 年 9 月第 2 次印刷			
成品尺寸	170 mm×230 mm			
印　张	13			
字　数	235 千			
定　价	28.00 元			

序

当前全球变暖严重地威胁着人类的生存与社会经济的可持续发展,气候变化成为国际社会共同关注的重要环境问题。气候变化问题的全球性决定了应对气候变化需要各领域的通力合作,而排放权交易是一种能够利用市场机制实现环境资源优化配置的手段,各国都在致力通过这种经济手段实现减缓气候变化的目标。

我国已经在政策层面把排放权交易作为解决气候变化问题的重要手段,国内对此的研究呈现蓬勃发展的趋势,但相关的成果多是经济学方面的,从法学的视角研究排放权交易制度的著作并不太多。法律应对机制的构建是排放权交易顺利开展的保障,本书着重对排放权交易法律制度的研究,具有一定的理论意义和实践价值。

本书着重吸收借鉴产权经济学的基本理论,运用法律经济学的知识解决法律制度创新,并通过对欧盟和美国的排放交易机制的细节性比较研究,从中借鉴有益的经验,提出构建我国碳排放权交易制度的若干建议,在理论和实证层面亦有较多创新之处。

据悉,作者在前期选题和收集资料方面做了长期大量的准备工作,文中翔实的注释和丰富的中外文献体现了作者认真严谨的治学态度,作者还多次参加相关的学术研讨会,跟踪最新发展动态,在篇章布局和理论分析方面都下了苦功,提出了很多有见地的观点。本书是一部值得一读的学术著作。作为老师,看到承载着学生心血和汗水的学术成果即将出版,感到欣慰,也由衷地为她高兴。

本书是一个良好的开端,书中的一些研究内容和实证分析还有进一步完善和发展的空间,关于我国碳排放权交易法律制度的构建研究还可以结合国内最新的实践有所深入,希望她能在博士学术研究成果的基础上,继续从事相关的研究,为我国碳排放权交易制度的发展做出积极的贡献。

中国海洋大学法政学院教授　博士生导师

肖　鹏

2011 年 10 月

前　言

> "我们务必要把拯救环境当成人类文明最核心的组织原则,所有人类活动必须以此为中心。我们只有一个地球。如果我们没法保证地球是个健康而又安全的地方,那么我们留给子孙后代的所有福祉都会变得毫无意义。"
>
> ——阿尔·戈尔,2007年诺贝尔和平奖获得者

1896年,37岁的瑞典科学家斯凡特·阿列纽斯首先发表了在那个时代被认为是另类的观点,即人类由于使用化石燃料而排放到大气中的二氧化碳,将导致地球的温度不断升高。12年后,他在著作《形成中的世界》中进一步指出:未来几个世纪里,工业的迅速发展将大大增加大气中二氧化碳的含量,其程度可能会超乎人们的想象,对自然环境造成严重的影响。之后的100多年里,人类在主流的科学界,建立了一套关于全球气候变暖的科学理论,温室效应的理念逐渐深入人心。

但是在城市里气候变暖给人的感受不过是温度高低的变化,甚至有些高纬度国家会欢迎更温暖的气候,俄罗斯总统普京曾戏言"这样也不用多买毛皮外套了"①。然而环境保护纪录片《不能忽视的真相》②将气候变暖对地球的巨大效应直观而残酷地呈现在人们面前:如果不对碳排放加以控制,今后25年因全球变暖导致的死亡率将翻1倍,达到一年300000人;随着格陵兰岛和南极洲冰盖融化,海平面将上升超过6米,全世界沿海地区将遭到毁灭性破坏;热浪袭击将更加频繁和剧烈,看看每年欧洲夏天的新闻就知道有多严重,不断创新的高温

---

① 勾红洋:《低碳阴谋——中国与欧美的生死大战》,山西经济出版社,2010年5月版,P31。

② 《不能忽视的真相》英文名为 *An Inconvenient Truth*,获得2007年奥斯卡最佳纪录片奖。这部纪录片的准确性得到了许多气象学家的认可,主演是美国前副总统戈尔(Al Gore)先生。他一直是"Global Warming"现象的传播者和倡导环境保护重要性的政治家。影片记录了他在近几年里在各国所做的关于温室效应对地球的威胁方面的讲座。电影主要是通过戈尔先生制作的大量精确的图表、数据、曲线、漫画以及多媒体,给大家上了一堂沉重的环境保护课。

纪录将引发干旱、森林火灾,焚烧森林所产生的气体又将污染大气层;2050年,北冰洋的冰将全部融化,将有超过数以百万的世界范围物种面临灭绝……一系列的灾难将像多米诺骨牌一样向人类袭来。

  2007年11月12日至17日,联合国政府间气候变化专门委员会(IPCC)[①]发布了第四次评估综合报告,报告提供了大量翔实精准的气候观测数据,指出全球大气和海洋的平均温度均在增加,由此引起了冰雪融化以及海平面升高。长期的气候变化现象已经在大陆和海域范围大量出现,例如北冰洋温度发生变化,冰雪融化,降水,风的模式及海洋盐度都有变化,极端气候多次在各个国家出现等。过去50年的温度变化达到每十年平均升高约0.13℃,几乎是过去100年的两倍。2001~2005年与1850~1899年相比,全球的年平均温度升高了约0.76℃。1961年以来,科学观测的数据显示甚至在3000米深度以上的海水温度也在增加,而且大气系统中新增的热量超过80%被海洋吸收。海水的变暖导致海平面上升的幅度加大,观测数据显示在1961年到2003年间,全球的海平面仅仅是每年平均上升1.8毫米(1.3~2.3毫米),而1993年到2003年这十年间,则达到了3.1毫米(2.4~3.8毫米),增长幅度引起了全球的重视。1978年以来,北冰洋的海冰面积平均每十年就减少了2.7%(2.1%~3.3%),夏季则高达7.4%(5.0%~9.8%)。[②] 全球的自然系统正在受到气候变化,特别是温度升高的巨大影响。

  另外,报告指出"全球气候变暖非常有可能(有超过90%的可能)是由人类活动导致的",这明显高于2001年第三份评估报告认为的66%。而且在当前的相关经济发展政策下,未来几十年全球温室气体排放将持续增加。如果继续以当前的增长速度持续排放温室气体,必将使全球变暖形势加剧,最终导致气候系统发生诸多变化,例如全球气温升高两摄氏度,20%~30%的物种可能濒临灭绝,将有20亿人口陷入水资源缺乏的危机,由于营养不良、旱涝、酷热或疾病而死亡的人数会大大增加。以燃烧石化燃料产生的温室气体排放量为基础进行推算,上述情形可能在2050年前后出现。甚至很有可能随着经济的快速发展,气候系统更早地出现上述变化,届时欧洲阿尔卑斯山也将不再是白雪皑皑的滑雪胜地。报告用科学证据证明了目前的形势迫切需要各国政府采取有效

---

  ① IPCC是1988年在世界气象组织和联合国环境规划署支持下成立的机构,它的职能是定期向决策者就气候变化提供科学、社会经济学和技术方面的评估意见。成立至今共发表了4份关于气候变化的评估报告。

  ② IPCC:IPCC Fourth Assessment Report:Climate Change 2007. Geneva,2007.

措施,进一步减少和限制温室气体排放,以延缓气候变暖趋势。

鉴于该报告提供的科学依据,温室气体减排问题成为全球环境保护的焦点问题,2009年哥本哈根会议和2010年坎昆会议,无不牵动着世界范围内民众、政府、商界的心,发达国家和发展中国家都在为制定减排的具体合作机制及时间表而努力,京都议定书关于排放交易的三机制将如何走向也是气候谈判的重点问题。

IPCC报告并非危言耸听,我国政府结合本国的气候及环境检测数据也认识到了气候变化的重要原因之一是人类活动的影响。学者的研究表明:我国近年来气候发生了明显的变化,气候极端事件发生的频率和程度均有增加,我国的自然系统和经济社会也受到气候变暖的严重影响。过去100年里我国平均气温上升了0.5℃~0.8℃。但观测数据显示近20年我国的春季物候期提前了2~4天;近50年西北减少了21%的冰川面积;沿海的海平面加速升高;河川径流量减少。未来气候变化对我国的影响仍以负面为主。[①] 气候变化对我国经济社会发展已构成现实性的威胁,我国成为受气候变化不利影响最为严重的国家之一。[②]

2007年6月4日,我国第一部应对气候变化的国家方案出台,正式发布了国家发展改革委员会组织编制的《中国应对气候变化国家方案》。该方案提出到2010年我国主要污染物排放减少10%,单位GDP能耗降低20%,可再生能源的比重由目前的不到7%提高到10%。我国作为发展中国家虽没有承诺减排的义务,但实际上我国已经以积极、负责任的态度参与到国际温室气体减排中,并且致力于建立国际气候变化新秩序及减排机制。

我国目前制定的低碳经济政策,除了通过采用新能源及大力发展循环经济之外,建立完善的碳排放交易机制就成为重要的经济手段。2009年12月哥本哈根气候峰会期间,我国正式公布了北京环境交易所主导制定的"熊猫标准"。这是中国制定的首个自愿减排标准,具有深远的意义,标志着中国对碳交易话语权的争夺开始延伸到碳产业链的最前端,也是中国第一次在全球碳交易市场的最前端发出自己的声音。[③]

由于温室气体具有全球性效应,在任何一个国家或区域内进行减排都可以

---

① 张海东:《我国气候变化概况及近50年来温度日变化的研究》,《气象软科学》,2009年,4期。
② 《中国气象局局长郑国光解读IPCC第四次综合报告》,参见中国网 http://www.china.com.cn/policy/txt/2007-11/23/content_9278626.htm. 访问时间:2009年11月23日。
③ 《中国碳交易体系正在形成》载《节能与环保》,2010年,第3期。

实现全球环境的改善,因此,排放权交易作为一种市场手段,不仅能够利用价格机制实现环境资源的优化配置,而且可以为减排主体提供有效的激励机制、降低政府的监管成本。碳排放权交易问题的深入研究有利于节约碳排放权交易的成本,促进交易的达成,从而实现中国政府对经济发展与总量控制的全面把握,得到国外先进的环保技术与资金的支持,最终实现碳排放资源的优化配置。我们应该重视从经济学的视角来认识和解决碳排放权交易问题,其关键是用市场机制解决或弱化在资源配置中的的价格扭曲,促进经济的良性增长。

大气的流动性决定了气候问题是一个全球性问题,而合理控制全球温室气体的排放总量就成为全球气候持续变暖的关键,因此解决国际气候变化问题有赖于国际社会共同努力,通过广泛的国际合作,建立公平而有效的国际气候制度。可以说,任何国家和个人都不可能独善其身,必须成为国际气候制度中的一员,国际市场是将各国紧密联系起来的纽带,国家间通过在碳排放权市场上交易的方式直接、有效地实现了减少全球温室气体排放的目标。联合国秘书长潘基文(Ban Ki-moon)和美国前副总统戈尔(Al Gore)在2009年底联合撰文《绿色增长才是可持续复苏》中明确指出:"我们不仅需要刺激,还需要长期投资,用一致的全球经济政策回应来同时实现两个目标——这一政策既要满足我们急迫的经济和社会需求,还要开创一种新的绿色全球经济。"[①]可见这也是各国寻找新的经济增长点和调整经济结构的重要机遇。

2009年12月哥本哈根会议上,温家宝总理明确提出:"到2020年中国将温室气体单位国内生产总值二氧化碳排放比2005年下降40%~45%。我们的减排目标将作为约束性指标纳入国民经济和社会发展的中长期规划,保证承诺的执行受到法律和舆论的监督。"这不仅是为了应对发达国家在气候变化问题上向我国施加的巨大压力,而且也是转变经济发展方式,实现社会可持续发展的必然要求。2010年10月下旬,国务院在下发的《国务院关于加快培育和发展战略性新兴产业的决定》中提到,要建立和完善主要污染物和碳排放交易制度。这是中国第一次在官方文件正式确立发展碳排放交易制度,因此尝试采用具有行为激励功能和市场配置功能的经济政策,也是中国环境管理体系尤其是环境政策创新的必然要求。我国目前尚未建立全国统一的碳排放交易体系,我国参与国际碳交易制度的主要方式就是清洁发展机制项目,另外,国家发改委已从2009年起就着手组织专家研究制定《中国温室气体自愿减排交易活动管理办法

---

① 联合国秘书长潘基文,〔美〕阿尔·戈尔,《绿色增长才是可持续复苏》,http://www.ftchinese.com/story/001024770? page=1,最后访问日期:2010年2月19日。

(暂行)》,并有望在 2012 年试行。

但是我国理论界一直为"碳排放权交易体系是否真的能为应对全球变暖做出巨大贡献?"这个话题展开激烈的争论,有的观点甚至认为"碳交易是花点儿钱就可以作孽的混账游戏",碳交易只是那些有话语权的强国、和那些强势企业,为了确保自己的利益,策划出来的一种盈利模式,而不是真正为了严控环境指标不再继续恶化的有力举措。但是不可否认的是,不管出于何种目的,碳交易制度都在一定程度上促使曾经完全无视环境保护的国家及企业放慢只顾经济发展的步伐,匆匆改变着生产经营方式,朝着可持续发展的方向走去。可见,碳交易的深层意义在于人类利用贪婪来抵御因为贪婪而对环境肆无忌惮的破坏,达到保护生存环境的目的。我国与其为这个问题争论不休,还不如积极进行碳交易制度的探索,改进其缺陷,建立完善的碳交易制度,这样才能主动应对未来的强制减排义务。

我国的碳排放权交易市场尚未成型,法律制度不健全、技术水平及检测设备落后、专业人才匮乏,可以说中国的碳排放权交易刚刚起步,尚在摸索中前进。但发达国家的碳排放权交易市场已经在国际市场上抢占先机,现在银行等金融机构都踊跃投资参与其中,碳排放权交易市场的前景广阔。甚至可以说,无论气候是否变暖,无论到底是环境问题还是国际政治经济问题,排放交易已经成为一种影响力极大的模式,它所衍生出来的各个领域已超出我们想象。

欧盟排放交易机制作为世界上影响力最大的排放交易机制,从成立至今所取得的成绩是有目共睹的。欧盟排放交易机制本身就是一个跨国集成系统,欧盟可以将众多成员国整合到统一的排放交易机制中就已经是个很了不起的成就。它也确切地诠释了在全球气候治理过程中"共同但有区别"的责任担当。欧盟碳排放交易机制作为最重要的气候治理的政策性市场机制工具,确实在全球气候治理中发挥着重要作用,为全球气候治理创造出很多新概念与范式。欧盟机制在结构和实施细节上提供了很多操作层面的经验,给世界其他国家或地区提供了有益的借鉴,推动着全球气候治理合作机制建设,促成国际气候合作。

而美国因为没有加入《京都议定书》,没有强制减排任务,政府没有在联邦层面形成统一的碳排放交易体系,但是美国在 30 年前开始的应用排放权交易机制治理二氧化硫取得了巨大的成功,积累了很多先进的经验和技术,成为各国包括欧盟国家设计碳排放交易制度的楷模,美国的各州立法的协调,也是跨省区域立法实践的参照。同时美国的自愿性碳交易制度非常成熟完善,芝加哥交易所在全世界都是一个成功的范例,其详尽而科学的规程设计也是值得我们深入研究学习借鉴的。

可以说,欧盟和美国的碳排放交易机制是强制性和自愿性两种交易机制最典型的代表,因此本书将对欧盟与美国的碳排放交易制度进行全面深入的分析,并对这两种机制进行比较研究,从中借鉴有益的经验,希望为构建我国的碳排放权交易机制有所裨益。

第一,本书全面梳理并深入研究了最有代表性的欧盟、美国的碳排放权交易制度,特别注意加强对细节的研究,因为我国已有的研究中关于粗线条的概括较多,而我国一些排污权交易试点失败在于细节设计失误,导致交易成本过高。细节决定了制度的成败,因此本书对这两种制度在交易主体、客体、排放配额分配、核证、登记注册结算等几个方面进行细节性的对比研究,分析了其不同的原因,总结了这些成熟经验对我国有益的启示。

第二,学习研究的目的并不是为了照搬,而是借鉴国外碳排放权交易制度中的相关规定与实践经验,再结合我国实际予以演化和改进,从而使其适应我国的生长气候,真正达到通过市场机制配置环境资源、激励企业改进技术减少温室气体排放的目的。在经济全球化的今天,环境保护更是全球化的课题,我们应当充分地借鉴和考虑国外的有关研究情况,可以节约时间和经济成本,创造更高的环保价值。

第三,从法学和经济学结合的角度研究分析我国碳排放权交易制度的不足,并针对我国国情,系统而详尽地设计了我国碳排放权交易制度。具体方案是:首先通过立法明确碳排放权的法律属性,确定碳排放权交易的标的;其次是建立科学合理的碳排放权初始分配制度及总量控制制度;再次,以法律的形式明确规定碳交易的主体、客体、交易市场及交易程序,规范碳交易活动,使这项制度更有现实性和可操作性;最后针对碳排放权交易制度中的各个重点环节,全面推进监管方面的立法,特别是深化环境审计制度、加强碳排放权交易之合规与效率方面的监管等,以切实促进经济发展与环境保护的平衡发展,为碳排放权交易作为一项基础性环境管理制度在中国实施而奠定法律基础。希望这一内容的研究能对我国建立和完善碳排放权交易制度有所裨益,这也是本书创作的主要目的。

目 录

第一章　碳排放权交易制度的缘起 …………………………………… （1）
　　第一节　碳排放权交易制度的内涵与缘起 ……………………… （1）
　　第二节　排放权交易制度的理论基础 …………………………… （6）
　　第三节　碳排放权交易制度的国际法背景及评析 ……………… （12）

第二章　欧盟碳排放权交易机制述评 ………………………………… （23）
　　第一节　欧盟碳排放权交易机制的法律渊源 …………………… （23）
　　第二节　欧盟碳排放权交易机制的法律规制 …………………… （27）
　　第三节　对欧盟碳排放权交易机制的评价 ……………………… （36）

第三章　美国关于碳排放权交易制度的相关法律及政策述评 ……… （48）
　　第一节　美国碳排放权交易立法的发展历程 …………………… （48）
　　第二节　联邦政府关于碳排放权交易制度的相关法律及政策 … （51）
　　第三节　各州政府和地区关于碳排放权交易制度的相关法律及政策
　　　　　　……………………………………………………………… （57）
　　第四节　对美国碳排放权交易制度的评价 ……………………… （64）

第四章　欧盟与美国碳排放权交易制度比较研究 …………………… （72）
　　第一节　欧盟与美国碳排放权交易制度的相同点 ……………… （72）
　　第二节　欧盟与美国碳排放权交易制度的区别 ………………… （72）
　　第三节　欧盟与美国碳排放权交易制度不同的原因分析 ……… （88）
　　第四节　欧美碳排放权交易制度的比较研究对我国的启示 …… （90）

第五章　我国碳排放权交易的法律制度构建 ………………………… （93）
　　第一节　通过立法确认碳排放权,确定碳排放权交易标的 …… （93）
　　第二节　确立科学合理的碳排放权初始分配制度 ……………… （95）

第三节 确立科学合理的碳排放权总量控制制度 …………… (100)
第四节 规范碳排放权交易合同 …………………………… (101)
第五节 通过立法建立规范的碳排放权交易市场 …………… (107)
第六节 确立碳排放权交易的法定程序 ……………………… (109)
第七节 建立和完善碳排放权交易的救济机制 ……………… (110)
第八节 发挥政府在碳排放权交易中的职能 ………………… (114)
第九节 深化环境审计,推进碳排放权交易制度 …………… (117)

结语 ……………………………………………………………… (122)

附录一:联合国气候变化框架公约 ……………………………… (124)

附录二:京都议定书 …………………………………………… (141)

附录三:欧洲议会和欧盟理事会第 2003/87/EC 号指令 ……… (159)

附录四:加州众议院第 32 号法案 ……………………………… (177)

附录五:2006 年加州全球变暖解决法案 ……………………… (178)

参考文献 ………………………………………………………… (188)

后记 ……………………………………………………………… (196)

第一章 碳排放权交易制度的缘起

随着我国市场经济的建设和推进,市场手段成为资源配置的基本形式。而环境从本质上讲也是一种资源,因此市场经济所遵循的规律和原则也适用于环境保护。当前环保工作的重要任务之一就是强化经济手段,使环境保护适应市场经济体制。在《中共中央关于制定国民经济和社会发展第十二个五年规划的建议》中,包含着引人注目的一段表述是"建立完善温室气体排放和节能减排统计监测制度,加强气候变化科学研究,加快低碳技术研发和应用,逐步建立碳排放交易市场。"这是我国首次以中央文件的形式,对"碳排放交易"给出明确的实施时间。至此,碳排放交易已经不仅限于是理论界讨论的热点话题,而且已切实进入实际推广阶段。本章通过对碳排放权交易的缘起进行探究,达到对其背景及内涵的深入理解。[1]

第一节 碳排放权交易制度的内涵与缘起

一、碳排放权交易制度的内涵

自《京都议定书》确立碳排放权交易三项机制以来,碳排放权交易在世界范围内得到广泛实践,并在减少温室气体排放方面取得良好效果。碳排放权及碳排放权交易的理念也得到普遍认同,"碳排放权"、"碳排放权交易"、"碳排放权贸易"等词汇得到广泛使用[2]。因此,目前理论界和实务界对此均无统一的定义,本书首先将厘清碳排放权的内涵。

较早的观点并未对碳排放权进行明确定义,仅将碳排放权与碳排放量等

---

[1] 《中共中央关于制定十二五规划的建议全文公布》,2010年10月18日中国共产党第十七届中央委员会第五次全体会议通过,参见 http://www.xinhuanet.com/,访问日期:2010年10月27日。
[2] 通过谷歌搜索引擎以"碳排放权"为关键词搜索,得到441000项符合结果,以"碳排放权交易"为关键词进行搜索,亦可得到179000项符合结果。此外,还有许多如"碳货币"、"碳贸易"等基于碳排放权交易衍生的新词汇也得到广泛应用。

同。例如,王伟中在《〈京都议定书〉和碳排放权分配问题》一文中虽提出"排放权的分配是稳定大气中温室气体浓度国际合作的基础"及"人均碳排放权分配原则"①,但在文章中并未明确碳排放权的定义,而是表述为"根据人均碳排放权的分配原则……分摊2100年全球的二氧化碳允许排放量。"②

随着对碳排放权的研究加深,经济学界的观点是将碳排放权定义为一种产权,并对其特征进行描述。例如,于天飞依据科斯将产权描述为"财产所有者的行为权力"而将碳排放权定义为"是发生在人类保护环境过程中产生的国与国之间、国家与企业之间以及企业与企业之间为顺利完成对温室气体的减排任务而形成排放配额的交易行为。"并且"它不仅包括排放行为主体可以排放的额度,同时也规定超额排放的行为将受到相应的制裁。"即碳排放权既是"服务于环境改善目标的人造工具",同时也是"一种制度安排"。③

法学界有的观点将碳排放权定义为"排污权的一种形式"④,原因是从排污权与碳排放权产生的原因来看,都是为合理利用环境容量资源、减少污染、保护环境,促进经济社会和谐发展而产生。原始取得的主体都为因生产需要而必须排放一定量的污染物,利用环境容量的法人。权利客体均为属于国家所有的环境容量。权利内容均包含占有、使用和收益一定的环境容量,而且二者在初始分配上均需在总量控制的基础上依法定程序由政府进行分配。

但是有的学者不赞成这种观点,认为温室气体⑤不属于污染物,认为温室气体排放权是指权利主体为了生存和发展的需要,由自然或者法律所赋予的向大气排放温室气体的权利,这种权利实质上是权利主体获取的一定数量的气候环境资源使用权⑥,而美国却采用了不同的认定方法,在《清洁空气法案》中将温室气体认定为空气污染物,目的是为了排除长期阻碍它实施低碳发展战略和政策

---

① 王伟中、陈滨、鲁传一、吴宗鑫:《〈京都议定书〉和碳排放权分配问题》,载于《清华大学学报(哲学社会科学版)》,2002年,第6期,P82。

② 王伟中、陈滨、鲁传一、吴宗鑫:《〈京都议定书〉和碳排放权分配问题》,载于《清华大学学报(哲学社会科学版)》,2002年,第6期,P85。

③ 于天飞:《碳排放权的产权分析》,载于《东北农业大学学报(社会科学版)》,2007年,第2期,P102。

④ 张芳:《国际碳排放交易对我国排污权交易的影响》,对外经贸大学2006年硕士论文。

⑤ 《联合国气候变化框架公约》中定义的"温室气体"指大气中那些吸收和重新放出红外辐射的自然的和人为的气态成分。《京都议定书》认定了六种温室气体:煤和石油等化石燃料的主要产物二氧化碳是导致温室效应的罪魁祸首;甲烷;氧化亚氮;全氟碳化物、氢氟碳化物和六氟化硫。在这六种被要求排减的温室气体中,二氧化碳是最大宗,其他五种气体折合成二氧化碳当量进行交易,故以每吨二氧化碳当量为计算单位的温室气体交易被统称为"碳交易",本书也是采用了通用的称谓碳排放权交易。

⑥ 韩良:《国际温室气体排放权交易法律问题研究》,中国法制出版社,2009年10月版,P29。

的主要障碍,在美国的法制建设上具有深远的意义。

我们认为,从科学属性角度看,温室气体应当不属于污染物的范畴,二者的控制手段、控制目标及标准均不同,但是在温室气体超过一定浓度时确实也是会对人类的健康和福祉造成危害,而且碳排放权与排污权确实在理论基础、产生原因、分配原理、权利主客体方面存在较多的相似之处。因此,我们还是倾向于从法律的角度,将碳排放权定义为是指在法定条件下,经环境部门许可,碳排放权人通过法定程序向环境排放二氧化碳等温室气体,实质是一种依法对环境容量资源占有、使用、收益和处分的权利。

相应的,我们赞成将碳排放权交易(Carbon Emission Trading)的含义概括为"由环境部门根据环境容量制定逐年下降的碳排放总量控制目标,然后将碳排放总量目标通过一定的方式分解为若干碳排放配额,分配给各区域,碳排放配额被允许像商品那样在市场上进行买卖,调剂余缺"。[1] 碳排放权交易制度则是指为合理利用环境容量、应对气候变化,在特定的区域内,依据区域环境容量的要求,确定一定时期内二氧化碳等温室气体的容量,通过许可方式对容量进行初始分配,并允许对这种容量进行交易的一种法律规则的集合。同时碳排放权交易制度作为一种环境法律制度,是"由调整特定环境社会关系的一系列环境法律规范所组成的相对完整的规则系统。它是环境管理的法律化"。

在这种机制下,排放主体采用减排技术,获得碳排放配额的节余,可以将其出让而得到收益;超额排放的主体则要花钱来购买碳排放配额,这就造成扩大排放的成本增加。监管部门通过加强对碳排放指标的度量、市场监督和核查完善激励约束机制,更好地发挥这种市场定价机制的作用,使多排放代价等于减排或治理污染的边际成本。这种市场化的配额交易制度能够有效地调动排放主体的积极性,使它们主动地、持续地减少温室气体排放,是环境保护经济手段的运用。

二、碳排放权交易制度缘起于排污权交易理论

1997年《京都议定书》借鉴排污权交易制度的有益经验,设立了关于碳排放权交易的三种机制,碳排放权交易制度将全球的气候变化问题纳入到一个可以交易的框架之下,这是《京都议定书》的一大成就。这种方式不仅是将温室气体问题通过经济手段解决,而且也是排污权交易理论国际化和现实化的一大举

---

[1] 冷罗生:《构建中国碳排放权交易机制的法律政策思考》,《中国地质大学学报:社会科学版》,2010年,第2期。

措。可以说,碳排放权交易制度缘起于经典的排污权交易理论,故我们将在下文对排污权交易的理论基础进行分析,以实现对碳排放权交易缘起的探究。

排污权交易的基本含义就是利用环境资源的稀缺性,在满足环境要求的前提下,确立合法的污染物排放权利,并允许这种排污权在市场上进行交易,以此来控制污染物的排放。① 排污权交易产生的前提是环境具有多种功能和多元价值,环境容量具备环境价值和环境功能,同时环境容量资源具有稀缺性。② 所以,排污权交易作为一种典型的私法手段,其实质是环境容量使用权交易,这是环境保护经济手段的运用。它以追求最大的成本效益为原则,以正义与效率的衡平为价值取向,实现促进环境保护工作的目标。

排污权交易的思想来源于"科斯定理"。1960 年 R. H·科斯发表了著名的《社会成本问题》一文,他运用交易成本的理论深入分析了法律制度在资源配置中的作用,并在此基础上提出了科斯定理:"若交易成本为零,无论法律对权利如何界定,只要交易自由,资源都可以通过市场机制得到有效配置,换言之,当交易无成本时,法律权利的任何分配都能产生有效率的结果。"③但在现实中交易过程总是存在成本的,这就产生了科斯第二定理,即在交易成本大于零的情况下,对产权做出科学的初始界定至关重要,不同的权利界定规则会产生不同效率的资源配置结果。因此,法律的适当性就体现在是否能使交易成本最小化。

环境是一种具有"公共物品"的性质的特殊的稀缺资源,但是在环境的开发利用中,容易出现无视环境本身的承受力,任意向大气、水流中排放污染物等现象,从而造成环境污染的悲剧。④ 为了防止对环境资源的滥用,经济学家提出了把环境产权化,并在此基础上进行排污权交易的思想。

著名经济学家戴尔斯在科斯定理的基础上,提出了排污权交易理论,这种理论的基本思想是把排放污染物的权利像股票一样卖给最高的投标者。⑤ 环境作为一种稀缺资源,政府对其拥有所有权。因此,政府可以在一定范围内设定科学合理的污染物排放总量,同时允许这种排放污染物的权利即排污权可以在市场上买卖交易,购买人买得一份排污权就代表可以在一定范围内排放一定单位的污染物。政府应当保护排污者依据获得的排污权进行合理排放污染物的

---

① 陈峰:《排污交易政策探讨》,载《福建环境》,2003 年,第 5 期,P7～9。
② 蔡守秋:《论排污权交易的法律问题》,http://www.riel.edu.cn/aboutcentre.asp/,访问日期:2008 年 10 月 10 日。
③ 罗君丽:《罗纳德·科斯的法与经济学思想》,《经济师》,2007 年,第 9 期。
④ 李寿德:《排污权交易与市场结构研究》,西安交通大学 2000 年博士学位论文,第 21 页。
⑤ Dales J. H. Pollution, Property and Prices. University of Toronto Press, 1968.

行为。而且,政府应当激励排污者在交易中进行竞争,通过竞争和优胜劣汰机制,治理污染水平较高的排污者都会尽量利用自身技术达到政府要求的排污标准,而节约了购买排污权的资金,使外部性内部化,甚至还可以出卖一些自身结余的排污权,这样这些企业就有更多的资金用于研究开发环保技术。同时政府也可以利用出售排污权获得的收益来治理环境。通过排污权交易制度,可以充分发挥市场机制在配置环境资源中的重大作用,提高企业在环保技术研究上投入资金的积极性,最终实现环境保护的目的。[①]

1972年,蒙哥马利进一步完善了排污权理论,证明了基于市场机制的排污权交易制度相比传统的环境治理政策,在节约社会总成本及治理成效上都具有明显的优势。蒙哥马利指出,排污权交易制度的优点在于各个排污者可以根据自身的治理成本对所承担的污染治理量进行调整,并激励排污者主动积极采取措施提高污染治理水平,从而使社会总的协调成本达到最低。因此,如果在全社会范围内推广采用排污权交易制度,就可以降低传统的排污收费制度所带来的高成本支出。[②]

排污权交易理论自20世纪70年代首次提出后,在许多国家陆续得到应用。美国联邦环保总局首先在大气污染及河流污染管理中引入了排污交易制度,并取得了令人瞩目的成就。特别是自1990年应用于治理酸雨,减少二氧化硫排放量以来,已经获得巨大的经济效益,而且治理污染的成效显著。美国总会计师事务所的统计表明,通过排污交易制度,美国的二氧化硫排放量得到明显的控制,而且全社会治理污染的成本共计减少了至少20亿美元。[③]

此后,德国、英国、澳大利亚等也相继在国内环境保护政策中开始应用排污权交易,并取得了良好的效果。1991年我国积极借鉴先行国家的实践经验,在江苏、浙江等地区开始了排污权交易的试点工作。2005年2月16日《京都议定书》正式生效,清洁发展机制建立并开始实施,排污权交易也成了国际环保规则。因此,了解排污权交易理论并保证试点工作顺利开展就成为我国政府的当务之急。2007年11月10日,浙江省嘉兴市成立了嘉兴排污权储备交易中心,这是我国第一个"排污权银行"。[④] 这表明排污交易政策在我国得到广泛实施,市场机制

[①] 奚爱玲:《水环境治理中排污权交易的国际经验及上海的实践》,《世界地理研究》,2004年,第2期。
[②] 胡迟:《排污权交易的最新发展及我国的对策》,《中国经济时报》,2007年2月27日,第3版。
[③] 卢宁:《论排污权交易在中国实施的可行性》,http://www.riel.edu.cn/aboutcentre.asp/,访问日期:2008年11月8日。
[④] 程汉鹏:《建立排污权交易制度的深远意义》,htpp://www.zaobao.com/,访问日期:2007年11月12日。

开始成为我国的减排措施,并为我国建立碳排放权交易制度奠定了基础。

第二节 排放权交易制度的理论基础

在学术研究领域一般认为,产权经济学和环境经济学为排放权的产生和排放权交易制度的设计提供了经济学理论根据,本书将在此节就此问题进行深入分析。

一、庇古的外部性理论

从经济分析的角度看,环境问题主要是一个经济问题,企业的环境保护活动(如采用防治环境污染的技术等)在很大程度上由企业的经济利益或利润所决定。在西方经济学中,经济活动的外部性是用以解释环境问题形成的基本理论,也是指被排除在市场机制之外的经济活动的副作用,主要指未被反映在产品价格上的那部分经济活动的副作用。

经济活动的外部性分为外部经济性和外部不经济性两个方面。外部经济性又称正面的、积极的或有益的外部性。例如,养蜂人的直接经济效益是生产蜂蜜,而蜜蜂的活动却给果农带来好处。经济活动的外部不经济性,又称负面的、消极的、有害的外部性。例如,化肥厂的直接经济效益是生产化肥,而生产化肥过程中向环境排放污染物却使周围居民饱受环境污染之苦。在环境资源保护活动中外部性是指人的经济活动对他人、对环境造成影响而又未将这些影响计入市场交易的成本与价格之中。

外部不经济性是使经济主体忽视环境保护即不愿意在环境保护方面投资的内在原因。或者说,包括资源开发利用活动在内的经济活动的外部不经济性,是造成环境污染和环境破坏的基本原因。大部分外部性都具有公共性,即其密度或强度不因部分人的消耗而减轻对其他人的作用。例如,大气污染影响的是该地区的所有人,该地区的人口增加虽增加了受害人数,但并不能减轻其他人的受害程度,西方经济学家将这种现象称为"不可耗竭性"。由于英国经济学家庇古非常重视外部不经济性,因而外部性理论被称为庇古理论,它主要是由英国剑桥大学教授马歇尔和庇古在20世纪初提出来的。庇古在研究中发现:在商品的生产过程中存在着社会成本与私人成本的不一致,两种成本之差即构成外部性。

按照古典经济学理论,空气是自由财产,工厂可以自由排放污染物,因而工厂排污不构成生产成本,但被污染的个人和企业却蒙受了损失。这样就造成了生产企业花费的成本与社会花费的成本的差异,由于这种差异没有反映在生产企业的成本上,庇古将其称为边际净私人产品和边际净社会产品的差额即私人经济活动产生的外部成本。庇古认为,这一差额(外部不经济性)与造成污染的产品的生产者和消费者没有直接联系,污染不影响该产品的生产者和消费者的交易,因而不能在市场上自行消除。庇古这一关于外部成本通过征税形式而使之企业内部化的设想(简称庇古税),构成了环境污染经济分析的基本框架。随着环境污染的加剧,庇古税的构想得到重视和实施。之后经济学家鲍莫尔等人在福利经济学基本观念的基础上,提出了资源优化配置的帕累托准则,即一个群体或社会在所有人的福利均没有降低的条件下,如果有某一个人的福利得到了改善,那么这种资源配置方案便是有效率的。要使企业排污的外部成本内部化,就需要实行排污征税,以实现一般均衡体系的优化或帕累托最优化状态。在一个相当长的时期内,关于环境经济学的理论与政策大都以庇古税为主线去分析帕累托最优为基本条件。因为在许多情况下,外部影响之所以导致资源配置失当,是由于产权不明确。如果产权是完全确立的并得到充分保障,则有些外部影响就可能不会发生,排污权的建立就是为了减少甚至是消除外部不经济性。所以,庇古的外部性理论为排污权交易的设计提供了理论前提。

二、哈丁的"公有地的悲剧"理论

"公有地的悲剧"(Tragedy of the Commons,又译为"公地的悲剧"、"公有地的悲剧")这一概念来自哈丁的同名论文。[①] "公有地的悲剧"说明,公有的环境资源的自由利用,会促使人们(主要是"经济人")尽可能地将公有资源变成私有或某些团体的财富,从而最终使全体成员的长远利益遭到损害甚至毁灭。因

---

① 美国加利福尼亚大学生物学家G·哈丁教授就人口资源关系等问题,于1968年撰写了一篇题为《公有地的悲剧》论文。阐明在公有地自由使用的社会里,每个人都在追求利益最大化,但所有人争先恐后追求的结果最终是整体的崩溃。公地的自由使用权给所有人带来的只有毁灭。该论文描述了一个向所有牧民开放的牧场的经营情况。该牧地或草场是公有的,在草场的畜群是私有的。现实的自然法则是草场对牲畜的承载力是有限的;现实的市场法则是每个牧民都力求使自己个人的眼前利益最大化。从牧民情况看,站在个人利益立场上,牧民尽可能地增加自己的牲畜头数,因为每增加一头牲畜,他将获得为此带来的全部收入。从草场情况看,每增加一头牲畜都会给草场带来某种损害,但是这一损害由全体牧民分担。作为"经济人"的牧民,他们只考虑如何扩大自己的畜群以增加自己的收入,完全不考虑整个草场的破坏和退化。也就是说,牧民从增加畜牧获得个人利益即内部经济性,而将其扩大畜群的外部不经济性留给其他牧民。结果,在草场放牧的畜群越来越大,草场的破坏和退化越来越厉害,最终导致草场报废,全体牧民都不得不从草场撤出,从而酿成"公有地的悲剧"。

此,有些学者将经济活动的外部性称为"公有地的悲剧"的现代版。

我们如果将"公有地的悲剧"的例证引用到环境保护领域,就会出现如下情况:大气环境向所有排放大气污染物的企业开放,该大气环境是公有的,向大气环境排放大气污染物的企业是私有的(包括个人或某团体)。现实的自然法则是大气环境对大气污染物的承载力或自净力是有限的;现实的市场法则是每个企业都力求使自己的眼前利益最大化。

从企业情况看,站在个人或团体利益立场上,企业会尽可能地增加自己的生产量即排污量,他将获得因此带来的全部收入。从大气环境情况看,每增加一些排污量都会给环境带来某种损害,但是这一损害由生活在大气环境中的全体公众分担。由于向公有的环境排放污染物是自由而免费的,作为"经济人"的企业,他们只考虑如何扩大自己的生产量即排污量以增加自己的收入,完全不考虑对整个环境的污染。也就是说,企业从增加排污量获得个人利益即内部经济性,而将其扩大排污量的外部不经济性留给其他公众。结果,在大气环境中的污染物越来越多,大气环境的污染和退化现象越来越厉害,最终导致大气环境质量差得使人无法生活和生产,全体居民不得不从该地撤出或投入大量资金专门治理大气环境污染,从而酿成"公有环境污染的悲剧"。

因此,为了抑制公有环境污染的悲剧发生,人类必须找出解决问题的方案,排污权的提出及排污权交易的设计正是以此为前提的。因为,排污权能够在不同的排污者之间形成交易,其交易的方式也可以与普通商品一样进行买卖。排污者通过改进技术等所获得的节余排污指标可以用于其扩大再生产或有偿转让,从而有利于环境资源利用效率的提高和环境质量的改善,实现环境污染问题内部化。

可见,在总量控制下的排污权交易市场应是市场体系的特殊组成部分,是促进改革、增进社会良性循环和保证人类可持续性发展的有效途径。也正是在这个意义上,本书认为,哈丁的"公有地的悲剧"理论是排污权产生的理论基础之一。

三、所有权学派与科斯定理

从经济学或"经济人"的观点看,促使外部不经济性内部化和形成稀缺资源有两条基本途径:一是对市场实行政府干预,即通过政府实施有关政策、法规和其他管理措施来解决外部不经济性问题,来使某种资源成为稀缺资源;按照经济学的一般原理,如果某种物品是稀缺的,则该物品可称为经济物品。只有经济物品才可能上市交易。而在污染物排放总量不变的情况下,环境容量资源成了一种日益稀缺的经济资源。因为随着生产力水平的提高、人口的增加和环境保护重要性的增强,环境资源多元价值之间发生矛盾(即环境资源的不同功能开始相互抵触)及环境资源稀缺性(即环境资源难以容纳人类排放的各种污染物)的特征逐渐显露。

二是明确环境资源的所有权或财产权,即通过明确所有权或环境资源权、资源物权来解决外部不经济性的问题,来使某种资源成为稀缺资源。前者为管理学派的观点,认为只要加强和改善政府对市场的干预和管理,就可以有效地解决外部不经济性问题;这里的干预和管理包括制定和实施有关计划、政策、法规和措施等政府行为;这种理论主要强调通过或依靠政府行为或公共行为来解决外部不经济性问题。后者称为所有权学派,其主要理论是以科斯定理为核心的产权经济学。现代产权经济学主要研究市场经济条件下产权的界定和交易,其代表人物是科斯[①]。其理论后经布坎南、舒尔茨等人丰富和发展。科斯等人认为,所有权、财产权不明确是市场失灵的一个根源,"公有地的悲剧"就是一个很好的例子;资源配置的外部性是资源主体的权利和义务不对称所导致市场失灵是由产权界定不明所导致;只要明确界定所有权,市场主体或经济行为主体之间的交易活动或经济活动就可以有效地解决外部不经济性问题,即通过产权的明确界定可以将外部成本内部化;产权制度是经济运行的根本基础,有什么样的产权制度就有什么样的组织、技术和效率;产权制度对资源配置具有根本的影响,它是影响资源配置的决定性因素;产权的主要经济功能是克服外部性,降低社会成本;严格界定的私有产权不但不排斥合作,反而有利于合作和组织。这就是科斯定理所表述的含义。

这种理论将外部不经济性与所有权联系起来,强调通过或依靠私人行为来解决外部不经济性问题。在科斯定理形成之前,经济学与法学基本上是两个相互隔离的学科,而科斯定理则起到了将经济学与法学联结起来的理论沟通作用。科斯的结论是:在现实经济生活中,法律产权的界定不同,对社会资源配置的效果也不一样,必须从社会资源配置最优的角度出发,通过交易费用的大小

---

① 罗纳德·科斯(Ronald H. Coase),美籍英国人,经济学家。科斯1937年发表的经典文献《企业的性质》中提出了一种新的企业理论:交易费用理论。他认为企业和市场是两种不同而又可以相互替代的机制。市场上的交易是由价格机制来协调的,企业则是将许多原来属于市场的交易内部化,并用行政命令取代价格机制而成为资源配置的动力。决定企业替代市场还是市场替代企业的关键变量是交易费用。如果在组织一笔交易的过程中,企业的内部交易费用低于市场交易费用,则企业会替代市场。也就是说企业会扩大规模通过自身的企业行为来完成这项交易。反之,则企业将剥离这部分功能,转而通过市场获取所需的资源。

比较，作为进行法律上产权界定的最高标准。这一结论推翻了传统的法律判决准则，并因此创立了一门新的学科——法律经济学。

根据科斯定理，只要明确产权和依法保障产权，可以在无需政府行政干涉的情况下，通过产权方、侵权方或围绕产权的有关各方的讨价还价，而实现没有社会成本的环境优化管理。科斯定理应用于环境控制的基本思想仍然是社会成本和经济效益问题。"农夫和牧人"的分析方法很好地说明了这一点。假设有一片土地，如果设定由农夫经营该片土地（即农夫对该土地有所有权或使用权），则牧人不得侵犯农夫这一权利。如果牧人在耕地附近的牧场放牧，农夫会希望其农作物不受牲畜的破坏，牧人会尊重农夫这一权利。但是，由于各种原因，牲畜可能偶尔侵扰农田、破坏农作物。由于被牲畜破坏的农作物的损失是可以计算的，只要牧人负责赔偿损失，从纯经济角度出发，对农夫而言，靠其农作物获利（设为 X）或靠牧人赔偿损失获利（设为 Y）并没有什么不同。农夫权衡的是农作物获利多少和因牲畜破坏而损失多少，他要求的是赔偿额略多于农作物损失，即 $Y>X$。如果农夫觉得牧人的赔偿费用大于其农作物的获利，他将不在乎甚至放任牧人破坏其农作物；如果农夫觉得牧人的赔偿费用小于其农作物的获利，他不会同意牧夫破坏其农作物。由于看管好牲畜使其不破坏农作物需要一定雇工费用（设为 Z），不看管好牲畜导致牲畜破坏农作物需要一定的赔偿费用（Y），对于牧人而言，这两种费用没有什么区别。牧人考虑的是雇工费用多少和赔偿损失费用多少，他要求赔偿损失费用低于请人看管牲畜的费用，即 $Y<Z$。如果牧人觉得其赔偿费用大于其请人看管牲畜的费用，他会选择请人看管牲畜的方法；如果牧人觉得其赔偿费用小于其请人看管牲畜的费用，他会选择让牲畜破坏农作物的方法。也就是说，只要农作物获利小于牧人赔偿损失小于雇工费用，即 $X<Y<Z$，或者只要雇工费用大于赔偿损失大于农作物获利，即 $Z>Y>X$，则农夫和牧人都会容许牲畜破坏农作物；反之，只要农作物获利大于牧人赔偿损失大于雇工费用，即 $X>Y>Z$，或者只要雇工费用小于赔偿损失小于农作物获利，即 $Z<Y<X$，则农夫和牧人都不会容许牲畜破坏农作物。这样，在发生和处理牲畜破坏农作物的纠纷时，农夫和牧人会采取双方协商的办法进行讨价还价，其结果是将牲畜破坏农作物这一外部不经济性内部化（即转变为牧人的内部效益），农夫和牧人的总体经济收益最大化，并最终影响或调节今后农夫和牧人对待土地使用权和牲畜破坏农作物的态度和方式。

反之，如果设定牧人有在该土地上放牧的权利（即牧人对该土地有所有权或使用权），如果农夫想在该片土地上耕作，就应该赔偿牧人不在该土地上放牧的损失。双方协商的结果将与农夫具有产权的情况一致，即农夫和牧人的总体收益达到最大化。

因此,在土地产权明确的前提下,无论牧人有无在土地上放牧的权利,或无论农夫有无在土地上耕种的权利,只要依法保障产权,其结果会趋向农夫和牧人双方联合收益的最大化。也就是说,在明确产权和依法保障产权的前提下,拥有产权的一方和侵犯产权的一方会自动协商,无需政府干涉,达到双方联合利益的最大化。

所有权学派在环境保护领域的代表是"自由市场环境主义"(Free Market Environmentalism),其理论主张的核心是一套界定完善的自然资源产权制度,这里的产权不仅仅局限于传统的财产所有权或物的所有权,还包括各种涉及环境资源的其他权利,如环境权、排污权和排污权的转让权,水和土地的所有权、使用权、转让权等。自由市场环境主义认为:市场能够决定资源的最优使用;而要建立有效率的市场,充分发挥市场机制的作用,关键在于确立界定清晰,可以执行而又可以通过市场转让的产权制度,如果产权界限不清或得不到有力地保障,就会出现过度开发资源或浪费、破坏、污染资源的现象;公有的环境资源管理的最大问题在于资源的公有财产制度,即所有者与管理者分开、权责不一;如果资源权利明确而可以转让,资源所有者和利用者必然会详细评估资源的成本和价值,并有效分配资源。有的人甚至认为,"公共财富"的存在是产生外部成本的根本原因;一切有用的资源如果私有化了就会得到合理的利用和保护。因此,环境问题是产权不健全而损害经济的一个例子。水和空气一般来说是公共财产,没有任何人拥有或控制它们。因此,人们并不会考虑到其行动的所有成本。如果通过出售或拍卖排污权,并允许其在市场上交换,从而将产权扩展到环境商品上,这种扩展有助于激励人们有效地减少污染。

根据环境经济学理论,以市场机制控制环境污染的经济方法主要有两种:一是对排入环境的废物征收排污费。1980年排污收费在西德以法律形式生效,并体现在环境政策中。根据这项法律,要对全部排入该国水系的废水征收排污费;二是向污染源分配排放许可,以满足特定地区的总排放水平或满足某个特定的环境标准,然后准许各个排污许可证持有者相互购买或出售许可。许可排污的实质是承认许可证持有者的排污权,排污权的实质是利用环境容量的权利,如果将环境容量视为一种自然资源,排污权可以视为一种资源产权。根据科斯定理,只要政府规定了环境质量目标,利用环境容量的权利即排污权(包括"排放减少信用")的界定明确,环境容量成为一种稀缺资源,排污权或"排放减少信用"的转让交易就能够促进环境容量资源(包括防治污染资源和防治污染资金)的合理配置。

科斯定理主张通过产权的明确界定及其交易,实现将企业生产过程中的外部成本内在化。它在实践中的应用体现为排污权交易制度,即首先确定污染物的排放总量,再让市场确定排污权的价格。而市场发现价格的过程就是优化资源配置的过程。只要超标准排污的企业所付代价大于治理费,就会激励企业治污;一旦排放量达到排放标准以下,企业就有了可以用来出售的排污权,而不能达标的企业就成为排污权的需求者。这样就形成了排污权交易市场,通过供求双方相互作用形成排污权的均衡价格。这种制度安排可以提高企业治污的积极性,使污染物总量控制目标得以实现。

在排污权交易制度下,如果企业采用先进工艺或者投资污染治理设备,就可以将多余的排污许可证在市场上出售或贮存起来。企业有了积极参与治污的巨大激励,真正成为治污的主体。在此制度下,政府成了排污权交易市场的监督者和游戏规则的制定者。治理污染也从一种政府强制行为转变成企业自主的市场行为。排污权交易的结果是使全社会总污染治理成本最小化,达到理想的帕累托状态,并形成均衡价格。市场确定价格的过程就是优化资源配置及治污责任分配的过程。政府放弃一些配额交易权利,部分地退出交易过程,也减少了"权力寻租"现象的产生。同时,在总量控制效率上,排污权交易制度实际上是先确定污染物排放总量的控制指标,再通过排污权交易,实现的低成本治理。政府机构可以通过发放或回购排污权来影响排污权价格,从而控制环境标准。若环境保护组织不满意政府的环保政策,也可购买排污权,以减少污染物排放量。总之,在满足环境要求的前提下,设立合法的污染物排放权利即排污权(通常以排污许可证的形式表现),并允许这种权利像商品那样被买卖,以此进行污染物的排放控制,是解决社会成本和经济效益的均衡问题。

综上分析,庇古的外部性理论、哈丁的"公有地的悲剧"理论、科斯定理均从不同的角度为排放权的提出和排放权交易的制度设计提供了理论依据,同时也为人类解决经济发展的无限性与环境资源的有限性的矛盾提供了新的思路。

第三节 碳排放权交易制度的国际法背景及评析

一、《联合国气候变化框架公约》与《京都议定书》

《联合国气候变化框架公约》(United Nations Framework Convention on Climate Change)是1992年5月22日联合国政府间谈判委员会就气候变化问

题达成的公约,并于 1992 年 6 月 4 日在巴西里约热内卢举行的联合国环发大会上通过。《联合国气候变化框架公约》是世界上第一个为全面控制二氧化碳等温室气体排放,应对全球气候变暖给人类经济和社会带来不利影响的国际公约,也是国际社会在应对全球气候变化问题上进行国际合作的一个基本框架。该公约于 1994 年 3 月 21 日正式生效。

自 1995 年 3 月 28 日首次缔约方大会在柏林举行以来,缔约方每年都召开会议。1997 年 12 月 11 日,第 3 次缔约方大会在日本京都召开。发达国家之间、发达国家与发展中国家之间出于各自的立场考虑,分别进行了漫长而又艰难的谈判,在延长 1 天会期之后,149 个国家和地区的代表终于达成共识,通过了《京都议定书》(Kyoto Protocol)。但是《京都议定书》遭到了世界上最大的二氧化碳排放国美国以及澳大利亚的抵制,布什政府反对的理由是发展中国家如中国和印度没有强制减排任务,而这对美国经济是不公平的,这些反对之声一度使《京都议定书》的会议陷入僵局。2005 年 2 月 16 日,《京都议定书》在俄罗斯的签署下正式生效。2007 年 12 月澳大利亚也正式签署《京都议定书》。至此,世界的主要发达国家均接受了该协议,只有美国仍拒绝签署《京都议定书》。目前,已有 170 个国家和地区批准了该协议。[①]

《京都议定书》设计了具有法律约束力的国际温室气体排放权交易体系,其中关于碳排放的规定主要可以归纳为七个方面,我们将在下文进行详尽的述评。

1. 国际温室气体排放目标和分配制度

(1)排放目标:议定书第三条第一款规定:"附件一所列缔约方应个别地或共同地确保其在附件 A 中所列温室气体的人为二氧化碳当量排放总量不超过按照附件 B 中量化的限制和减少排放的承诺以及根据本条规定所计算的分配数量,以使其在 2008 年至 2012 年承诺期内这些气体的全部排放量从 1990 年水平至少减少 5%。"[②]故议定书中规定的排放权交易机制采用的是总量控制与交易类型。另外,议定书中列明了应当削减的六种温室气体:二氧化碳(CO_2)、甲烷(CH_4)、氧化亚氮(N_2O)、氢氟碳化物(HFCs)、全氟碳化物(PFCs)、六氟化硫(SF_6)。不同的温室气体种类产生温室气体效应的能力各不相同,也就是说每种气体的全球升温潜能值不同。碳排放交易最多的气体类型为二氧化碳,因此

[①] 《京都议定书》:十年的讨价还价》,http://www.china.com.cn/news/txt/2007-12/06/content_9355496.htm,访问日期:2010 年 9 月 2 日。

[②] Kyoto Protocol. Article 3 paragraph 1.

其他五种气体的计量办法都是按照全球升温潜能值,换算成标准的二氧化碳当量。研究表明,甲烷、氢氟碳化物、全氟化碳和六氟化硫气体可以产生较强的温室气体效应,折合更高的二氧化碳当量。议定书的附件 A 中列明了温室气体排放主要涉及的行业包括能源工业、建筑业、制造业、运输业和其他生产性的工业、肠道发酵、农作物残留物的燃烧等农业以及废物处置等。

(2)国际温室气体排放的分配涉及各国的国家利益,一直是国际气候谈判的核心。自 1995 年柏林大会到 1997 年《京都议定书》达成,各国共提出了 16 种方案。附件 B 列明了附件一中的缔约方国家的量化限制及减少排放的承诺,即在 2008 年至 2012 年承诺期间,以 1990 年的排放水平为基准,欧盟国家的温室气体排放量普遍削减 8%;匈牙利、波兰、日本和加拿大削减 6%;美国削减 7%;俄罗斯、乌克兰和新西兰作为经济转型国家,其排放量与 1990 年保持持平即可;而挪威和澳大利亚则允许将排放量增加到 1990 年排放水平的 101% 和 108%,冰岛可以高达 110%。这充分体现了各个国家共同承担的有区别的减排责任。

(3)分配数量的核算及结转。议定书规定了排放量的计算方法,即将每个承诺期碳贮存方面可查核的变化的衡量标准界定为,1990 年以来,直接由于人为引起的土地利用变化、林业活动产生的温室气体源的排放以及汇的清除方面的净变化,并应用以实现附件一所列每一缔约方依该条规定所做出的承诺。与这些活动相关的温室气体源的排放和汇的清除,应以透明且可查核的方式做出报告并经过审评。[①]《京都议定书》规定的通常基期为 1990 年,但例外是也允许向市场经济过渡的国家选取 1990 年外某一历史基准年。同时《京都议定书》中关于温室气体排放"净变化"的概念,说明森林、植被等作为二氧化碳的"汇",其吸收的二氧化碳量可以抵减部分排放量。[②]

《京都议定书》在第三条第十三款规定了可跨承诺期的配额储存机制,即:"如附件一所列一缔约方在一承诺期内的排放少于其依本条确定的分配数量,此种差额,应该缔约方要求,应计入该缔约方以后的承诺期的分配数量。"[③]通过这种机制,缔约方可以根据自身情况灵活安排排放配额的使用时间。如果某一

---

① Kyoto Protocol. Article 3 paragraph 3 and paragraph 7.
② 源是指向大气排放温室气体、气溶胶或温室气体前体的任何过程或活动;汇是指从大气中清除温室气体、气溶胶或温室气体前体的任何过程、活动或机制,森林能清除大气中的二氧化碳,所以属于碳吸收,简称碳汇。林云华著:《国际气候合作与排放权交易制度研究》,中国经济出版社,2007 年 9 月第 1 版,第 170-171 页。
③ Kyoto Protocol. Article 3 paragraph 13.

承诺方在一承诺期内有结余的排放配额,则可以选择交易出售,也可以储存起来,结转到以后的承诺期使用。

2. 京都议定书制定的三种碳排放交易机制

京都议定书不仅制定了具有约束力的减排义务,而且提供了三种灵活的机制以帮助附件一国家实现减排任务,这三种灵活机制为:国际排放贸易(International Emission Trade,IET)、联合履行(Joint Implement,JI)和清洁发展机制(Clean Development Mechanism,CDM)。

(1)国际排放贸易机制下,允许附件一国家之间相互转让它们的部分"容许排放量"(Assigned Amounts)[①]。国际排放贸易模式为"限额与贸易",即:环境管理者设置一个总的排放量的上限,再给该系统内负有减排义务的每个企业分配一定的"分配数量单位"(Assigned Amount Unites,AAU),每个分配数量单位等于一吨二氧化碳当量。如果企业能够将承诺期中的温室气体排放量控制低于其分配到的数量,则可将结余的 AAU 进入市场交易,有偿转让给那些无法完成其减排承诺而面临违约风险的附件一国家的企业,从中获得经济利益;反之,如果实际排放量超过其分配到的配额数量,则必须到市场上购买 AAU,否则将会被课以重罚。这种交易只能是各国为实现减排承诺所采取的本国行动的补充。

(2)联合履行鼓励附件一国家的公司之间通过项目合作达到减排,同时鼓励在合作的国家间进行技术和经验转让。[②] JI 主要针对"经济转型国家",如俄罗斯、乌克兰、立陶宛、罗马尼亚、斯洛伐克等,鼓励西欧和北美等发达国家对其投资减排项目。

(3)清洁发展机制是允许附件一的国家(主要是发达国家)在非附件一国家(主要是发展中国家)投资开展温室气体减排项目,利用由此产生的经认证的减少排放来部分履行其在《京都议定书》所承诺的限制和减少的排放量。[③] CDM 为发达国家和发展中国家提供了一个共同控制温室气体排放的良好合作平台。一方面,从发达国家的角度看,由于其国内能源利用率水平较高,如果想进一步提高减排目标,需要付出高昂的减排成本。但通过与发展中国家的合作,发达国家可以以低于其直接减排成本的价格购得排放配额,用来实现其排放承诺,同时促进相关技术和设备的出口创汇;另一方面,发展中国家技术水平不高,缺

---

① Kyoto Protocol. Article 17.
② Kyoto Protocol. Article 6.
③ Kyoto Protocol. Article 12.

乏环保资金,能源利用率较低,因而减排潜力较大,具有减排成本低的优势。发展中国家通过这种机制从发达国家获得资金和技术,完成仅凭自身实力难以实现的项目,促进其可持续发展;对世界而言,可以使全球在实现共同减排目标的前提下,减少总的减排成本。因此,CDM是一种双赢的选择。

联合履约和清洁发展机制都是基于温室气体减排项目合作的机制,其中联合履行项目产生的减排量称为减排单位(Emission Reduction Unites,ERUs),清洁发展机制项目产生的减排量称为经核证的减排量(Certified Emission Reductions,CERs)。这两种机制的共同点是都需要在科学严密地论证并计算项目所产生的减排量基础上,项目的东道国可以将减排量转让给投资方,投资方可以用该项目取得的减排量来履行其减排义务,因此这两种机制的运行原理相当于通过实施的项目,创设了与该转让减排量相对应的温室气体排放权。[①] 这两种基于项目的减排机制也有不同之处,在适用范围上,清洁发展机制是附件一国家和非附件一国家之间的合作机制,而联合履约是附件一国家之间,主要是发达国家和经济转型国家之间的合作机制。

通过这三种机制,京都议定书中的附件一国家可以通过直接交易或者项目合作的方式以较低的成本获得温室气体排放权。这样,就能够在保证全球大气环境质量的前提下,通过企业的自主选择,使温室气体减排活动对经济的负面影响降到最低,实现全球减排成本的效益最大化。总体而言,京都三机制相互关联,组成一个完整的排放权交易体系,为国家之间通过温室气体排放权贸易进行减排合作提供了一个全新的框架,使得缔约国可以在世界范围内通过排放权交易采用对自己最经济的减排方式,降低社会总减排成本。

3. 碳排放权交易的基本规则

(1)参与主体的资格要求。[②] 议定书所规制的参与排放权交易机制的主体只能是附件一的缔约方或其授权的法律实体。对国家参与排放交易的条件限制主要包括:该国首先应当为议定书的缔约方;其次应当遵守议定书规定的程序;同意按照议定书确定的减排标准及数量核算方式履行承诺;而且在承诺期开始前一年确立温室气体排放源的人为排放标准以及各种汇的清除体系;最后还要建立标准的国家注册体系,每年向秘书处报告排减单位、核证减排、分配数量单位和清除单位,按照秘书处的要求提交年度清单及关于AAU的补充资料。

---

① 杨圣明:《清洁发展机制在国际温室气体排放权市场的前景分析》,《国际贸易》,2007年,第1期。

② http://unfcc.int/resource/docs/cop7/24903.pdf26.

(2)交易客体。议定书确立了碳排放权交易的客体是一种量化的减排信用额度。主要包括以下四种类型：附件一的缔约方根据议定书取得的分配数量单位(AAU)；基于土地利用变化和林业活动(LULUFC)签发的清除单位(RMU)；基于清洁发展机制的项目活动而签发的经核证减排量(CERs)；基于联合履行机制(JI)签发的减排单位(ERUs)。以上四种减排信用额度也统称为京都交易单位，按照规定应当在《京都议定书》下的国家注册系统和清洁机制注册系统登记，其取得和转让都可以通过注册系统进行记录和追踪。

(3)可交易数量。议定书规定缔约方必须保证一定数量的排放额度贮备，以防止其过度超额出售分配数量，发生额度卖空后自身无法履约的风险。议定书规定的贮备标准的计算方法有两种：议定书第三条第七款计算得出的为所分配的 AAU 的 90%；第三条第八款计算结果为不低于在最新的国家清单数量的 5 倍，附件一的缔约国可以从这两个适用标准中选择较低者作为承诺的储备量标准。议定书规定，在一定的承诺期间，只有高于承诺储备量的节余部分才可以成为交易的客体。同时考虑到交易信息的不对称，议定书做出了出售方责任的明确规定，即当某一缔约方卖空后，其责任由其自己负责，购买方仍可以使用购得的排放权来履行减排义务。

4. 碳排放权交易体系的管理机构

鉴于公约的框架性特点，排放权交易管理的机构设置也按照多边环境条约的通常模式，设立了缔约方大会，承担着支持条约发展和监督条约遵守的责任。

(1)公约缔约方大会(COP)。[①] 缔约方大会作为公约的最高机构，有权修改多边环境条约，制定新的议定书，并以此发展公约对缔约方所规定的义务，监督缔约国的履约状况，解决条约执行中发生的问题，促进各缔约方在减少温室气体排放上积极采取措施，加强各缔约方在相关问题上的信息交流。

(2)秘书处。秘书处的职能主要是尽可能地向缔约方大会及其附属机构提供服务，保证公约的履行和履约国之间的发展合作。秘书处在排放权交易方面建立一份对外公开的名单，列明符合资格要求的缔约国，被暂时取消资格的缔约国信息也应当及时更新。同时，秘书处还可以通过国家注册系统，公布缔约国内授权的具有转让及取得资格的交易实体的最新名单。此外，秘书处还承担通知义务，即如果附件一缔约国的储备量在进行排放权交易后，超过了承诺期

[①]《京都议定书》第十六条第 2 款规定，"关于排放权交易的核查、报告和审计责任，《联合国气候变化框架公约》缔约方会议应制定相关的原则、模式、规则和指南"。这为缔约方大会的监管地位提供了法律基础，同时也导致了历次气候谈判的国家间博弈。

储备量的规定水平,则秘书处应当通知该国,要求其在收到通知后三十日内将排放配额储备量恢复到规定的水平。①

(3)附属机构。由于碳排放权交易通常涉及较强的技术性问题,公约为此设立了科学技术咨询机构和履行机构等两个附属机构。其中科学技术咨询机构的主要职能是向缔约方会议提供关于公约的科学技术事项的信息和咨询;履行机构的主要职能是协助缔约方会议对公约是否有效履行从专业技术角度进行评审。

5. 碳排放权交易的报告制度

在决定京都议定书能够切实有效的过程中,有两个重要因素起着至关重要的作用:一方面是缔约方是否遵守议定书的规则,严格履行其减排承诺;另一方面是各缔约方在履约时,使用的排放数据是否科学可靠。针对以上两个关键点,京都议定书制定了一整套周密的关于监测和遵守的程序,以解决缔约方履约时可能出现的问题,保证排放量数据的准确性和科学性,并通过电子注册系统全面记录清洁发展机制、联合履约以及国际排放贸易等三种机制的交易情况。

根据《京都议定书》的规定,附件一的缔约方应当及时报告和检查国家体系和方法学,这就要求其在2007年以前确立国家体系,以准确估算温室气体各种源的排放以及各种汇的清除,估算的方法学标准通常采用修订过的1996年政府间气候变化专门委员会(IPCC)国家温室气体清单指南。另外,附件一的缔约方还应当定期提交国家信息通报等报告,并保证每年提交年度温室气体清单,所提交的报告应当经过专家评审组的审核评议。在对缔约方提交的报告进行专业审查的基础上,并结合完备的会计跟踪程序,缔约方所持有的京都议定书单位的交易记录,京都议定书建立了完备的监督程序。

6. 碳排放权交易的遵约制度

议定书成功实施的关键要建立一个强大和有效的遵约机制作为保障。遵约机制能够促进各缔约方主动执行减排的承诺,加强议定书的权威性,提高碳交易市场的信誉度,并确保各缔约方履约的公开透明。②

(1)遵约委员会。为了有效地开展工作,遵约委员会设立了两个事务组——促进事务组和执行事务组。由于小岛屿国家更容易受到全球变暖的不利影响,每一事务组均纳入一名小岛屿发展中国家作为成员。促进缔约国履约

---

① http://unfcc.int/resource/docs/cop7/24903.pdf,访问时间:2010年11月18日。
② 唐颖侠:《国际气候变化条约的遵守机制研究》,人民出版社,2009年12月版,P156。

是遵约委员会的首要职责。促进事务组的主要职责是促进缔约国履约,并针对缔约国的不履约行为向其发出早期预警。执行事务组在监督议定书的实施中具有至关重要的地位,其主要职责是确定缔约方是否按照议定书的要求,严格履行了其减排承诺,是否及时报告,减排方法是否合规。遵约委员会负责受理缔约方提交的与其自身有关的遵约问题,或在有证据的情况下提交的与其他缔约方有关的履约问题。执行事务组有权对缔约方的不遵守情况执行处罚决定,并监督处理的结果。

(2)对缔约国违背减排承诺的处罚。当缔约方违背减排承诺时,遵约委员会有权从该缔约方下一承诺期的分配数量中扣减,计算标准是按照其超量排放吨数的1.3倍。同时,不遵约缔约方应向遵约委员会提交一份遵约行动计划,以纠正其违约行为。在该不遵约缔约方完全纠正其行为之前,遵约委员会的执行事务组有权暂停该缔约方按照议定书第十七条转让排放权的资格,直至执行事务组认为其已经纠正其违约行为,决定恢复该缔约方的交易资格。

二、对《京都议定书》的评析

《京都议定书》作为对《联合国气候变化框架公约》的重要补充和扩展,是人类历史上首次以国际法的形式规定量化减排指标,对缔约国具有法律约束力,议定书的实施对世界的经济、政治格局都产生了深刻和长远的影响,当之无愧成为全球应对气候变化的里程碑。

《京都议定书》标志着环境政策的全球化倾向达到一个新的高度,虽然各个国家政治、经济、地理条件迥异,但议定书按照"共同而有区别的责任"的原则,为各个国家在减缓气候变化中设定了不同的责任和义务,搭建了全球性的具体细致的机制框架,有力地推动了人类在共同面对气候挑战时积极采取的一致行动。具体而言,《京都议定书》的积极作用体现在如下几个方面:

首先,它推动了各国的能源革命,推动了能源技术,尤其是低碳技术和高能效技术的创新与推广,促使各个国家更有效率地开发利用新能源和可再生资源。目前清洁能源技术、高效能源技术和可再生能源技术等低碳发展技术,已经成为国际市场上最具有竞争力的技术,可以说,京都议定书注重生态道德和代际道德的理念,促进了全球的可持续发展和科学技术的提高,调整了全世界各国的经济结构和政治结构。

其次,议定书采用"共同而有区别的责任"的原则,基本满足了国际社会各参与方的利益,激发了国际社会共同积极探讨减排模式的热情。议定书为发达国家设定了具有法律约束力的温室气体减排指标和时间表,要求发达国家在第一承诺期(2008~2012年)将温室气体排放量在1990年的水平上平均削减5%。但发展中国家没有硬性的减排指标,在特定时期内可以享受合理排放温室气体的权利。因此,议定书充分考虑到了发展中国家的发展权,而发达国家也将从未来的国际减排机制中获得更多的利益,各个国家都积极认真参与每年的气候峰会,艰难的谈判一步步推动了国际气候合作的进程。

最后,《京都议定书》建立了国际温室气体灵活三机制的交易体系,奠定了国际碳排放权交易制度的基础。京都灵活三机制是议定书的亮点所在,有效地平衡了发达国家和发展中国家在国际减排体系中的利益,减少了发达国家在减排行动中的成本,提高了发展中国家的减排技术,加快了全球温室气体减排的步伐。而且,国际碳交易制度推动了碳金融业的发展,碳经济也成为各国经济发展的新增长点。

当然,对《京都议定书》的批评之声也很多:首先是认为议定书对发达国家制定的总体定量减排目标过低,实质上并没有改变气候变化的趋势,全球温室气体排放量仍在逐年上升;其次,减排目标的确定和排放分配规则只是谈判各方博弈的结果,缺乏科学依据,更多地取决于各国的政治意愿和谈判技巧,公平和效率原则没有得到体现;再次,目前的气候谈判耗时耗力,但效果不佳,资金技术机制也过虚,发达国家对发展中国家的资金和技术支持未能到位,其执行缺乏有效监督,总体上是缺乏一个有力的遵约机制,缺乏对违约的国际处罚机制;最后,"京都三机制"过于灵活,粗线条,缺少细节的规定,而且这些灵活机制的更大的风险还在于议定书缔约方可能基于利益考虑,将注意力集中在运用机制中自身的得失,却不正确对待减缓气候变化[①],"这些灵活机制如果处理不慎,很容易让《议定书》变成'贸易议定书'——只要有钱,就能进行减排义务的交易,使发达国家的减排计划流于形式。"[②]

这些批评具有一定程度的合理性,但是我们认为这未免对其过于苛求。议定书总体上应该是值得肯定的,气候变化是一个具有全球公共属性的环境问题,各个国家都有自己的政治背景和经济立场,甚至有些国家之间存在利益冲突,《京都议定书》已经充分考量到环境生态秩序和技术可行度,在最大程度上平衡了各国现实的政治经济利益。议定书谈判委员会主席认为,议定书不是一

---

① 《京都议定书》第十六条第2款规定,"为了履行依本条规定的承诺,附件一所列任何缔约方都可参与排放权交易。这种交易应是对为了履行这些承诺的目的而采取的本国行动的补充。"这不仅为在附件一所列各缔约方之间进行温室气体排放权交易提供了法律基础,同时指明了排放权交易在整个减排行动中的补充性地位。因此碳排放权交易制度不应成为应对气候变化的主要方法。

② 王英平:《京都议定书——及后京都时代的国际气候制度》,2006年中国海洋大学硕士论文。

个完善的国际公约,但它是国际社会在当时所能达成的最好的妥协办法。

如果要实现全球温室气体排放量降低到对人类生活没有不利影响的程度,将面临许多挑战,包括各国政府出于自身的政治考量、花费的巨大经济成本以及技术水平上的不足。技术的突破和制度的变迁都不是一蹴而就的,需要一个长期的演化过程。从国际减排实践看,《京都议定书》已经起到了促进减排技术提高、各国积极参与的作用。当然,鉴于目前的技术水平有限,过高的减排任务产生的减排成本是不切合实际的,超出各国政府能够承受的水平。未来随着全球减排行动的逐步推进,也会促进减排技术的日趋成熟,减排成本必定会逐渐下降,从而加快减排速度,最终实现《京都议定书》的减排目标,我们对此应当是充满信心的。

气候变暖对各国造成的损害程度不同,由于经济发展水平的差距,各国对气候变暖的"历史贡献"存在巨大差异,各国的国家利益也千差万别,气候问题的公共性导致其存在搭便车的道德风险,因此根本无法设计一个周密可行的方案,能做到对各参与方都绝对公平。共同而有区别的责任的原则,要求发达国家基于历史责任和经济科技实力而做出更高的减排承诺,应当说已经在一个框架内实现了相对的公平。

《京都议定书》的遵约问题在马拉喀什会议上有所突破,为了解决遵约体制的局限性,小岛国集团在这次会议上被选为遵约委员会的成员,这种设计无疑加强了遵约委员会的监督力。因为小岛国集团具有特殊的地理位置,《京都议定书》里温室气体减排的目标与其国家利益是完全相符的,小岛国家纠正违约行为的动力最强,能够更充分地发挥遵约体制的作用。另外,附件一缔约国采用总量限制的强制减排模式,有助于促成这些国家在内部建立本国的碳排放权交易体系,从而在一定范围内也形成一个本国的遵约机制。当一个国家在本国建立了碳排放交易体系,就会由于碳排放权的交易行为而产生利益相对的买卖双方,并形成一整套的监测、报告和核证制度,国家内部的遵约机制会促进国际间遵约机制的执行。

京都减排机制尚没有实现在全球范围内的减排,欧盟建立了具有法律约束力的强制减排机制,虽然是局部的减排体系,但已经卓有成效地推动了低碳技术的开发,促进了低碳产业在全球的迅猛发展,对很多国家都形成了减排的政治压力。即使是暂时没有缔约的美国,以及没有强制减排义务的中国,出于本国调整能源结构的需要以及未来低碳经济运行模式的压力,也已经在国内提前开始了减排行动。这也正是《京都议定书》拟定的减排思路,因为立刻实现全球性的强制减排是不现实的,可以先推动某一地区实行强制减排,再逐步带动其他地区的减排。

议定书通过设立京都排放灵活三机制,促成具有强制减排义务的国家之间交易的可行性,并降低其减排成本,同时扩大了其减排行动的影响范围;同时用谈判的方式,为没有强制减排任务的国家设定隐形时间表,推动其自愿开展减排行动;先行强制减排的体系,例如欧盟排放交易体系,具有良好的示范效应,也在全球范围内实现了减排行动的扩张。议定书设定的减排机制,虽然不能在短时间内实现全球碳排放总量的迅速下降,却可以放缓碳排放增长的速度,降低碳排放的强度。而在完成一定时间的技术和资金准备之后,待客观条件成熟时这个机制最终将发展成为一个全球性的强制减排体系。[1] 因此,在前期,国际碳排放交易体系不可能设计得面面俱到,快速行动是第一位的,如果我们只是过度地追求机制的精准和制度的合理,而且必须纳入全部国家采取一致的减排行动,势必只能陷入无休止的讨价还价之中,很难看到付诸行动之日。目前的碳排放交易机制已经从实际效果上降低了碳排放增长的速率,并将以边际的改变推动量变,最终实现质变的飞跃。

---

[1] 王毅刚:《中国碳排放权交易体系设计研究》,中国社会科学研究院博士论文,2010年。

第二章 欧盟碳排放权交易机制述评

欧盟碳排放权交易机制(European Union Emissions Trading Scheme, EU ETS)是迄今为止由发达国家设立的排放交易体系中最大也最为成功的一个，它为欧盟履行《京都议定书》的减排承诺奠定了坚实的制度基础。EU ETS 已经发展得比较成熟，一直是全球碳交易市场的引领者。运行后其每年碳产品的交易量与交易额占全球总量的比例均超过 3/4。2007 年欧盟框架下交易的欧盟减排配额(Eastside Urology Associates, EUA)的市场价值占到全球碳市场总价值的 78％。[①] 因此，EU ETS 具有较高的研究价值，本章将对这一体系的实施过程及制度构建进行详细的述评，并对其绩效、优点及不足进行评析。

第一节 欧盟碳排放权交易机制的法律渊源和发展历程

一、欧盟碳排放权交易机制的法律渊源

欧盟作为国际气候谈判的发起者，被国际社会公认为全球减排最主要的推动力。自从 2001 年美国宣布退出《京都议定书》，而俄罗斯和澳大利亚持观望态度，《京都议定书》能否生效的前景就笼罩在极大的不确定性之中。

考虑到《京都议定书》框架下的国际联合行动的不确定性，并出于在应对气候变化的行动中担当领导地位的决心，欧盟决定首先在欧盟内部行动起来。

但是，在整个 20 世纪 90 年代，除了英国和德国通过政策激励及自愿减排的方式实现了比较明显的减排成效之外，其他欧盟国家在减排方面的进展非常有限；而且，鼓励企业自愿减排的方式也遇到了很大的困难。甚至欧盟内部曾提出过以碳税/能源税结合的手段控制温室气体排放。不过，考虑税收将影响

---

① World Bank Report. http://climatechange.worldbank.org/，访问日期：2010 年 12 月 2 日。

到欧盟一些高能耗行业的国际竞争力,且欧盟内部各国的税收体系也相差很大,难以达成这样的税收协定,因此这一提议在欧盟议会未获通过。

在《京都议定书》中,欧盟原15个成员国承诺在2008~2012年间将温室气体的排放量在1990年的基础上减少8%。为了获取运用交易机制减排温室气体的经验,使其各成员国达到承诺减排的目标,并担当起国际气候谈判领导者的角色,欧盟开始积极探索实施排放权交易计划。

2000年欧盟委员会成立了欧洲气候变化计划(the European Climate Change Program,ECCP),旨在同会员国、环保组织和工业联盟等利害攸关方紧密磋商形成针对减缓气候变化的最佳政策方案。① 2001年欧盟出台了ETS计划书,旨在利用"限量与贸易"(Cap and Trade)体制要求工业企业减排二氧化碳。2003年欧盟发布了2003/87/EC号指令(Directive 2003/87/EC of the European Parliament and of the Council,也被称作排放交易指令),要求各成员国为减排二氧化碳的排放交易体制构建法律框架;要求2003年12月31日前欧盟各成员国必须将该指令在各国法律体系内予以执行;并要求各成员国2004年3月31前必须将针对京都议定书第一阶段(2005~2007年)的"国内分配计划"提交欧盟委员会审议。

EU ETS于2005年1月1日正式启动,体系的承载文件是2003年10月25日生效的2003/87/EC指令。排放交易指令成为欧盟实现京都议定书承诺减排目标的里程碑文件。文件中规定欧盟排放市场所交易的商品是排放许可权或称配额,一万多个欧盟排放加工企业可以在这个市场中进行交易。如果一个企业超额排放,可在这个市场上采购排放权,而如果该企业排放超标又不去市场上购买许可权的话,在2005~2007年间,对该企业的罚款为每吨40欧元,而在2008~2012年间,罚款将达每吨100欧元。欧盟的企业就通过这样的交易实现二氧化碳的减排。

截至目前,EU ETS形成了主要以三项欧盟指令、两项计划及三项欧盟委员会规章组成的法律体系。

(1)欧盟指令:包括欧盟2003/87/EC号指令(Directive 2003/87/EC),该指令旨在建立一个欧盟范围内的碳排放权交易体系,即EU ETS;欧盟2004/101/EC号指令(Directive 2004/101/EC),该指令的主要内容为依据《京都议定书》的相关规定对原有EU ETS进行修正;欧盟2008/101/EC号指令(Directive

---

① 四个对欧洲开展碳排放权交易有借鉴的方案是英国排放交易计划、丹麦的碳交易计划、荷兰的抵消规划和BP公司内部关于碳交易的实践。这四个交易计划成为欧洲国家开展碳交易计划的先河。

2008/101/EC),该指令旨在将航空活动纳入 EUETS 体系之内。①

(2)计划:包括用于欧盟内部各国碳排放权分配的国家间碳排放权分配方案(National Allocation Plans)及用于确定总量计划及二氧化碳排放情况的监控与报告计划(Monitoring and Reporting)。②

(3)欧盟委员会制定的规章:包括三个规章,其主要内容为指令实施的相关细则。

二、欧盟碳排放权交易机制的发展历程

为获取经验,保证实施过程的可控性,欧盟循序渐进地推进实施 EU ETS。第一阶段是启动期,时间为 2005 年 1 月 1 日至 2007 年 12 月 31 日。欧盟基本是在"干中学",谨慎开展交易试点工作。欧盟在此阶段的运行并不是以实现温室气体的迅速减排为目标,而是为后续阶段正式履行《京都议定书》而积累经验、奠定制度基础。在选择所交易的温室气体上,第一阶段并没有囊括《京都议定书》提出的全部六种温室气体,而是仅涉及了温室效应最强且易于计量的二氧化碳。在确定了欧盟的排放限额之后,各成员国再通过制订国家分配计划(National Allocation Plan,NAP)将减排指标层层分解到需要减排的行业和企业。欧盟在这个阶段对所覆盖的产业方面也主要针对能源和生产性产业,包括能源产业、石油冶炼业、钢铁行业、水泥行业、玻璃行业、陶瓷业、造纸业以及其他内燃机功率在 20 兆瓦以上的企业等,同时对能够纳入体系的企业设置了入门标准。依照这些标准,EU ETS 在第一阶段覆盖了大约 11500 家企业,这些企业总的二氧化碳排放量占欧盟的 50%。欧盟计划在第二阶段逐渐加入其他种类的温室气体和产业。

第二阶段的时间跨度与《京都议定书》的首次承诺时间一致,欧盟计划在 2008 年 1 月 1 日至 2012 年 12 月 31 日之间,发挥 EU ETS 的效用并达到《京都议定书》的减排目标,正式履行对《京都议定书》的承诺。在这一阶段,EU ETS 的地域得到拓展,不仅涵盖了欧盟 27 国的市场,还延伸到了欧盟之外,吸纳了属于欧洲经济区(European Economic Area)的三个国家:冰岛、挪威和列支敦士登。欧盟希望其成立的碳排放权交易体系能够成为未来全球发展排放交易系统网络的基石。因此,在对 EU ETS 进行修订的时候,欧盟也一直主张把规则

---

① 对于欧洲议会 2003/87/EC 号指令及其他相关法律文件可查询 http://ec.europa.eu/environment/climat/emission/implementation_en.htm,2009 年 3 月 25 日最后浏览。

② 刘华、李亚:《欧盟碳交易机制的实践》,载《银行家》,2007年,第 9 期,P106。

逐渐变得更加简化和透明，以便促进其他国家或地区的加入。对于欧盟而言，通过将交易平台扩大化可以增加流动性，防止价格过度波动，稳定碳交易市场，提升企业的交易信心，降低企业的减排成本。

与此同时，EU ETS 扩张了其涵盖领域，其中最大的举动就是将航空业纳入 EU ETS。2006 年 12 月，欧盟委员会提议将航空业从 2012 年开始纳入 EU ETS；2008 年 7 月 8 日，欧洲议会正式通过了关于将航空业纳入欧盟温室气体排放交易体系的提议草案；2009 年 1 月 13 日，欧盟正式指令出台。虽然界定航空和航海领域燃油的碳排放难度较大，但是如果不采取措施加以控制，在未来几十年航空业所排放的温室气体量占全球总排放的比例将会增长很快。IPCC 的监测数据表明，航空业所排放的温室气体量已经占到总排放量的 3%，并且成为增长最快的领域。欧盟内部设定了减排目标的行业，在 1990 年到 2006 年间总排放量下降了 4%，但航空业却增加了 96%。近年来航空旅行快速发展，造成了排放量的迅猛增加，即使过去 40 年来航空业的能效提高了 70%，但仍远远不能弥补排放增加造成的后果。欧盟的预测更加严峻，根据《欧盟 2007 年温室气体清单报告》的调查结果，如果放任航空业按照正常的商业情景增长，对其排放不加任何限制，但是同时其他领域的排放要求在 2050 年实现减排 60%，欧盟其他领域的温室气体总排放和航空业排放量的比值，2005 年为 38.7 亿吨比 1.2 亿吨，到了 2050 年将会变为 16.2 亿吨比 9.1 亿吨。也就是说，航空业的排放量在 2050 年将能够占到总排放量的 36%。可见不加限制的航空业的温室气体排放量，呈现出惊人的增长态势，这将严重损害其他领域的减排成效。因此，欧盟决定分两步将航空业纳入 EU ETS 体系。从 2011 年开始，先将所有欧盟国家的国内航班以及欧盟内部的国际航班纳入减排体系，2012 年之后扩大范围，所有以欧盟机场为始发或终点的国际航班都将被纳入体系。这一扩大举措显然会引起其他国家的不满，现在已经成为国际社会争议的热点。

但是 EU ETS 也考虑到降低小企业的达标成本，从总体上提高 EU ETS 的效率，将现有涵盖范围内排放量过小的企业排除出去。因为在第一阶段，热值输入超过 20 兆瓦的燃料设施是一个"门槛"很低的要求，很多生产性的企业，如食品厂、纺织厂、建筑与机械公司，甚至一栋大楼等，只要他们使用燃烧锅炉，就很容易达到 20 兆瓦这个基准。因此，EU ETS 包含了大量的温室气体排放量相对很小的企业。根据 2007 年的数据，前 750 家最大的排放源占到 EU ETS 下总排放量的 80%，而后 7400 家排放源占总排放量的不到 5%；其中最后的 1000 家企业，平均每家的二氧化碳年排放量不到 90 吨。因此，在 EU ETS 的第二阶段，这一规定进行了相应的修改，对于过去连续三年里年排放量少于

25000 吨的企业,只需要根据它们所用燃料的排放系数计算并申报年排放量,而且放低了对它们的排放监管要求。这一调整将涉及 4200 家企业,其排放量占 EU ETS 下企业总排放量的 0.7% 左右。据欧盟估算,经过以上扩张和收缩政策的综合调整,最终的结果是相当于在第二阶段的基础上将 EU ETS 下的排放配额总量增加了 6%,即 1.2 亿~1.3 亿吨。

第三阶段是 2013~2020 年。在此阶段内,欧盟将结合对前两个阶段的总结和改进,采用线性减排的方式。欧盟承诺将排放总量以每年 1.74% 的速度降低,实现 2020 年前的碳排放总量在 1990 年的水平上减少 20%[1],同时将能源效率提高 20%,实现可再生能源占到能源消费总量的 20%。这就为欧盟能源和制造部门提出了更高更严格的减排目标。

根据欧盟委员会发布的《欧盟能源政策 2007》规定,除了将航空业纳入 EU ETS 之外,从 2013 年开始还将增加一些新的工业领域以及其他种类的温室气体,调控的范围将扩大到石油化工、电解铝、制氨等行业排放的二氧化碳,乙醛酸和硝酸生产中产生的氮氧化物,以及电解铝行业产生的全氟化碳等。此外,二氧化碳的捕获与封存将被纳入作为减排配额的供应源。欧盟在这一阶段将努力为碳信用积分制定更合理的价格,保障交易市场的稳定发展。碳排放配额的分配方式也将采用以免费分配与拍卖适度结合的机制,使交易更加公平、透明。[2]

第二节 欧盟碳排放权交易机制的法律规制

欧盟通过法律的形式制定了系统的碳排放权交易制度,我们将从管理主体、实施范围、排放额的分配、履约与处罚、监测与核查、暂时退出、增加及合并、国家注册、与《京都议定书》的协调连接等九个角度,对 EU ETS 中具有特色的规则设计进行评述,具体如下。

一、管理主体

在欧盟的层面,由欧洲委员会设立欧盟中央管理处(the EU Central Ad-

---

[1] 任捷:《关于建立中国温室气体排放权交易体系(ETS)的研究》,2010 年中国科技大学硕士论文。
[2] 李布:《欧盟碳排放交易体系的特征、绩效与启示》,载《重庆理工大学学报(社会科学版)》,2010 年,第 3 期。

ministrator),负责对欧盟成员各国的国家配额计划进行审批,并运用"欧盟独立交易系统"(Community Independent Transaction Log)对许可的交易和注销进行监测和管理。它通过一个独立的交易日志,检查每一笔交易。若有违规者被发现,交易将无法完成,直至被纠正过来。这套系统类似银行的操作模式,不同的是它并不监测资金的所有权和流动而只对排放额进行监控。

二、实施的范围和产业

欧盟内部根据排放实体的二氧化碳排放量是否可以计量并进行交易,将工业行业划分为可交易行业与不可交易行业,那些排放量不连续而且难以计量的工业部门为不可交易行业,《欧盟排放交易指令》明确规定了 EU ETS 仅适用于可交易行业中的排放实体所排二氧化碳。EU ETS 要求欧盟各国针对不受《蒙特利尔议定书》管制的所有温室气体予以限制和减量,并且能够透明化和正确监测实际和预测减量。在第一阶段,欧盟温室气体排放贸易机制将只用于二氧化碳排放,而且所管制的产业只涉及那些燃烧超过 20 兆瓦热功率的大型的工业二氧化碳排放源:发电厂、石油精炼厂、燃煤炉、采矿业、钢铁厂、玻璃制造厂、水泥与石灰厂、瓷砖制造厂、制陶厂、制浆造纸厂、采矿。其他任何产业中有产生超过 20 兆瓦的单一燃烧厂以及在同一地点的其他单位,例如符合此项规定的医院、大学和大型零售商店等,也被列入管制中。

从 2008 年起的第二阶段,欧盟委员会规定,各成员国在向其申报并得到批准的前提下,可将其他种类的温室气体与涉及行业扩大纳入到 EU ETS 之中。例如交通、化学等行业开始被逐渐涵盖其中,最大的动作当属将航空业纳入 EU ETS。欧洲议会(European Parliament)于 2008 年 7 月颁布《航空排放法案》,于 2012 年开始在航空业正式实施减排。从 2011 年开始,EU ETS 先纳入欧盟内部的国内航班及国际航班,为之设定减排任务。监测数据显示,飞机属于排放温室气体最多的交通工具。目前全球航空业的温室气体排放量已增加到 1990 年的一倍,到 2020 年还会再增加一倍。各航空公司的排放总量的计算标准,是将 2004~2006 年这三年作为基准年,在飞往和飞离欧盟地区的碳排放量的这三年的平均值的基础上得出的结果。2012 年,欧盟将这一范围扩大到所有以欧盟机场为始发或终点的国际航班,并限制各航空公司的排放总额,不得超过三年平均值的 97%。到 2013 年,排放额将进一步减少为三年平均值的 95%。[①]

《欧盟能源政策 2007》还规定,从 2013 年开始的第三阶段,还将增加一些新

[①] 徐超:《航空减排大限在望》,《财经》,2009 年,第 20 期。

的工业领域以及其他种类的温室气体,调控的范围将扩大到石油化工、电解铝、制氨等行业排放的二氧化碳,乙醛酸和硝酸生产中产生的氮氧化物以及电解铝行业产生的全氟化碳等一些二氧化碳之外的温室气体。但是在这一阶段,为了降低机制的运行成本,欧盟允许现有机制内排放量过小的实体,即那些温室气体排放量在过去连续三年里均低于25000吨的企业,可以暂时退出交易体系。这些扩充和缩减使得EU ETS更加科学合理,运行更加有效。

三、许可和分配

欧盟法令要求各成员国确保,其从2005年1月起纳入排放交易机制中的排放实体必须拥有温室气体排放许可配额,即欧盟许可配额(European Union Allowanee,EUA),以保证EU ETS的正常运转。欧盟根据其进入到欧盟排放交易机制中的许可总额,对其在欧盟内部的二氧化碳绝对排放总额进行限制,同时要求其履行及时监测和汇报的义务。因此,欧盟法令要求任何排放实体在将本国的国家分配计划提交给欧盟委员会之前,必须取得有效的排放许可配额,否则将被视作为新加入者。[①]

当一个排放实体在同一设施和同一地点进行几项生产活动时,其排放量要加在一起计算。如果总量超过了规定量,就需要排放配额。EU ETS的许可配额单位是EUA,一份EUA代表一吨二氧化碳排放权。各成员国根据国家分配计划将配额发放到各排放实体在国家登记处的账号上。

排放份额的分配是EU ETS制度里比较复杂和敏感的部分。国家配额计划(National Allocation Plans,NAPs),也是EU ETS制度中最核心的部分,历来备受争议。我们将在下文分三个阶段详解该阶段的分配计划。

为了能够尽快实现减排目标,并及时改进排放交易体系中的缺陷,EU ETS分为三个阶段循序进行。欧盟规定,在每一阶段开始之前,为了确保EU ETS达到控制气候变化的目的,防止各国任意增加不必要的配额,各国必须提前一年半提交国家配额计划,由欧盟委员会审核,基本程序是欧盟气候变化委员会(EU Climate Change Committee)的27位专家首先审查NAPs,在向气候变化委员会咨询专业意见之后,欧盟委员会才会对NAPs做出正式评价。

国家配额计划必须包括以下四部分内容:成员国在阶段内需要分配的配额总量;配额在各国境内企业之间的分配方法;新企业或工厂加入各国ETS的方法(比较典型方式是各国在分配前期对未来可能产生的新企业的排放额进行测

---

① 截止日期是2004年3月31日,但大多数欧盟成员国都超过了这一期限。

算,并在总量中保留这部分配额,以适应后来新进企业);提供包含每个管制企业的详细名单,以及被发放的配额量。欧盟委员会必须在 NAPs 提交三个月之内做出评价,被驳回的配额计划必须进行修改补充后再提交审核。大多数情况下欧盟委员会会采取通过计划或者附条件的通过计划,附条件意味着配额计划基本通过,但是某些关键的问题还需要进行修改和补充。欧盟委员会在考察各个国家上报的预测数据后,综合调整排放量的上限,首先在国家层面上形成对各个成员国所应得的排放额度的第一次分配。欧盟各成员国家在获得初始分配以后,再自行对本国境内纳入强制减排范围的排放企业进行第二次分配。

在第一阶段的"热身期"中,大部分国家选择的国家配额计划方式都是"祖父原则"(Grandfathering),以政府免费分配为主。分配有明确的规则,首先以各行业的预计产量为基准在行业间分配额度,再根据每个主要企业在其行业中所占比例来确定其应得的分配份额。在第一阶段,参与排放配额分配的合计超过 12000 多家企业,主要涉及能源和工业行业,其排放总量占到了欧盟总的温室气体排放量的 40%。

在第一阶段,EU ETS 与清洁发展机制即形成了非正式的连接,但是 EU ETS 规定,欧盟内部的企业不能通过购买其他国家的 AAU 来履行其在 EU ETS 下的减排义务,即不能通过交易《京都议定书》机制所分配给各个附件一国家的 AAU 来抵消减排承诺。而且,在第一阶段欧盟没有规定允许替代 EUA 的 CER 的额度上限。这一阶段存在的不足在于 EUA 供给是严重过剩的,即分配给各个国家的 EUA 的总量远远超过了第一阶段里这些国家加入排放交易机制的企业实际的碳排放量。

由于大多数企业为了未来着想,并不会立刻把所有结余的 EUA 都卖出获利,所以碳交易市场并不至于因此崩盘,但也受到了强烈的冲击,单位 EUA 的价格 2006 年 3 月高达 30 欧元,2007 年年初却跌到了 0.1 欧元。EU ETS 规定,在第一阶段里每年剩余的 EUA 可以储存到下一年度进行交易,但是不能进入第二阶段。

现在正处在第二阶段,欧盟吸取了上一阶段分配原则过于宽松的教训,从严调整了配额分配计划,根据各个国家上报的排放量将分配的配额量大幅下调,这就导致 2008 年上半年 EUA 价格大幅上涨,并带动 CER 价格的同时上涨。在第二阶段,各个国家对其国内企业的额度分配仍主要采取免费分配制度,而且正式建立了 EUA 和 CER 的连接机制。EU ETS 规定,在 2008 年至 2012 年期间,可以用来替代 EUA 的 CER 的额度上限为 14 亿吨二氧化碳当量。同理,各个排放企业在第二阶段的排放配额也不能带入第三阶段。但是金融危机爆发以后,欧盟国家的工业产量大幅下滑,而且如果长期持续不景气,则也很可能在第二阶段末会出现绝对配额大量过剩的情况。

2008年开始,欧盟委员会陆续通过了几个重要决议,确定了2013年之后,即在第三阶段,各成员国分担减排义务的具体原则,对 EU ETS 的涵盖范围根据前两个阶段的实际履行情况又做了大幅度的调整,并针对前两个阶段履行中出现的问题进行改进,完善了 EU ETS。根据2008年达成的决议,欧盟在制定减排目标时,按照欧盟排放交易机制已经涵盖的行业和尚未纳入 EU ETS 的行业,将其各自的减排目标进行了区分。由于 EU ETS 已经涵盖的行业,如电力行业等,拥有多年的减排监测经验,相比尚未纳入 EU ETS 的行业,如交通行业,减排技术水平更高,并且成本更低。因此,EU ETS 对已经涵盖的行业规定,到2020年应当在2005年的水平上减排21%,但尚未纳入机制的行业,到2020年只需要在2005年的排放水平上减排10%。

四、履约及处罚机制

EU ETS 规定,应当在每个阶段之前,决定各个排放实体所能通过免费分配获得的配额。各成员国必须确保每个排放实体按期上缴相当于其在前一年经过证实的排放总量的配额[①],每年的履约年度截止日期通常是4月30日。排放实体必须在每年的年末,根据其分配的配额,将一年的二氧化碳排放总量进行核算。结算后,欧盟将这些等量的配额注销,不得再次使用。如果某个排放实体的配额不足或者存在结余,则可进入交易市场进行买卖,但第一阶段的配额不能进入第二阶段使用。[②]

另外,由于配额被分配给排放实体之后,在同一个阶段都有效,因此 EU ETS 规定,各排放实体可以根据自身情况,对配额进行储存与预支,这样就赋予了每个排放实体灵活自由处置其配额的权利。储存配额是指可以将上一年剩余的配额调整到下一年使用,预支配额则是指可以在本年提前使用下一年的配额,来冲销本年所超额排放的赤字[③]。EU ETS 通过储存与预支这两种机制提高了执行时的灵活性。例如,关于存储,各个排放实体可以根据自身的生产安排,将在2005年结余的配额,储存到2006年,甚至到2007年使用。而且排放实体也可以通过借贷,在2005年提前使用2006年的排放配额。EU ETS 通常

---

① 前一年是指从上年4月1日到本年3月31日。
② http://europa.eu.intleomm/environment/climat/pdf. 访问日期:2010年10月9日。
③ 但是除了法国和波兰,第一阶段的许可证不可以延续到第二阶段。

在 2 月 28 日前发放当年度的配额,而前一年度的履约期限是 4 月 30 日,这也是借贷制度可行的前提。

但是这个设计也被很多人批评,视为机制的一个诟病,它造成在第一阶段期末,出现了极低的 EUA 价格。这是因为,虽然在第一阶段碳排放配额的过量分配问题是普遍存在的,但第一阶段储存的大量配额却不允许进入第二阶段使用,这个特殊规定提高了第二阶段配额分配模式的公平性和有效性,更有利于《京都议定书》目标的实现。不过在第二阶段以后,为了保障交易市场的稳定发展,储存的配额将会被允许跨期使用。[①]

EU ETS 为了保证减排制度的顺利实施,制定了极为严格的惩罚制度。成员国的排放实体,如果在每年的履约年度截止日期之前,未能按照其上年度所排放的温室气体量而提交足够的排放配额,则将被处以超额排放的罚款。在 2005 年 1 月 1 日至 2007 年 12 月 31 日,超额排放的罚款是每吨二氧化碳排放当量罚款 40 欧元,应当说第一阶段的处罚较轻;从第二阶段开始,罚款增加到每吨 100 欧元。同时为了避免出现以罚代缴的后果,EU ETS 明确规定,排放实体缴纳罚款并不能豁免其在下一年度提交同等数量超额排放的配额的义务,即在下一年,企业获得的排放配额中还将扣除相应的超标排放数量。这就说明,促使排放实体购买配额的原因并不是罚金,而罚金的数额与配额的价格上限也无关联。另外,只有在第一阶段,而且经过欧盟委员会的批准,才允许各成员国存在特例情况。

五、监测与核查制度

欧盟在整个碳排放权交易体系中推行设施排放的监测与报告制度,要求每个排放实体必须配有一个温室气体配额证。配额证中包含监测协议,要求排放实体必须如实报告其二氧化碳的排放情况。监测制度可以选择用标准的,或者可接受的方法计算或衡量。欧盟委员会负责制定具体的温室气体排放的监测与报告原则,并提供指导。EU ETS 的报告原则上要求尽量使排放实体的商业负担最小化。所有排放实体关于自身排放量的报告必须经过有资质的独立的第三方核证机构进行验证,核实 EU ETS 规定的排放量,检验报告中的排放数据,以确保报告是准确、可信的。

另外,每个排放实体都通过电子注册系统参与配额的分配,其分得的配额

---

① 庄贵阳:《欧盟温室气体排放贸易机制及其对中国的启示》,载《欧洲研究》,2006 年,第 3 期,P74。

数量在每年2月28日登记在电子注册系统中。这个电子注册系统是EU ETS电子登记系统中的一部分,除了登记配额以外,还具备跟踪配额的发行、持有、交易与注销的功能。现在欧盟各国与外部的联结机制也必须通过这个电子注册系统,欧盟交易者的电子系统还可以通过欧盟交易日志(Community Independent Transaction Log,CITL)连接起来,全面记录这些交易平台的发行、交易、注销或存储配额的信息。欧盟管理处如果发现违规者,将暂停其交易,直至将违规行为完全纠正过来。

六、暂时退出、增加及合并机制

在第一阶段,一些成员国基于本国的实际减排情况,要求建立"暂时退出"机制。欧盟委员会规定,如果一个排放实体被判定,在之前已经采取了有效的二氧化碳减排措施,那么它可以选择暂时退出EU ETS。但这种退出必须经过欧盟委员会根据严格的条件进行审查并批准,暂时退出的排放实体并非免于承担减排义务,其排放量同样必须受到限制。而且,这种"退出"机制的适用范围很小,仅仅限于个别的排放实体,通常不能允许整个行业的退出。这些排放实体在"退出"之后,必须同样达到EU ETS所要求的减排结果,并进行规范的监测与报告。"增加"机制是指经过欧盟委员会的批准,允许成员国根据自身情况,自行选择扩大减排机制所涵盖的行业及温室气体的种类。合并机制适用的范围是那些希望通过合作来实现整个行业减排目标的排放实体。

暂时退出条款对英国的意义重大。英国是世界上第一个实施排放贸易机制(UK Emission Trading Scheme,UK ETS)的国家,在2002年就开始了排放贸易机制的探索。英国率先实施排放贸易机制,主要是为了在欧盟温室气体排放交易机制启动前积累有益经验,建立先进的监测制度,以确保其在世界市场上的竞争优势。英国坚持要求在第一阶段暂时退出EU ETS,目的是为了使其国内的排放交易机制继续完成原来约定的协议,保持其连续性。欧盟担心英国整体的退出会降低市场的流动性,造成欧盟成员国内部交易市场的扭曲,因此不同意英国整个工业部门的退出,仅批准了英国的某些排放实体可以暂时退出欧盟碳排放交易机制。同时,为了保证EU ETS的协调运行,英国排放贸易机制在2006年年底正式结束。

七、国家注册与交易平台制度

为了履行《京都议定书》的减排目标,确保对配额的发放、拥有、转让和取消进行准确计量,并追踪记录每笔碳排放配额的交易情况及流向,欧盟议会通过了 280/2004/EC 号决议,决定在欧盟的层面上设立一个独立的注册平台,并要求所有的成员国必须在其国内设立全国性的注册平台。

按照《联合国气候变化框架公约》的要求,欧盟委员会要求所有的欧盟排放配额交易必须按照程序向欧盟排放交易管理机构适时进行汇报,并同时到登记处注册备案。官方的登记处负责监管每个排放实体的账户,记录其排放配额的种类和数量,跟踪其上缴和注销的配额流转情况,各登记处之间的配额交易都必须在管理机构进行登记。此外,为了确保所有在《京都议定书》下的减排指标以及欧盟 EU ETS 排放配额交易的记录全面而准确,欧盟各国的登记处应当定期整理登记资料,与欧盟委员会和《联合国气候变化框架公约》的交易日志进行核对。

任何一个排放实体,包括公司和个人,都可以在欧盟任何一个成员国的注册平台上开立交易账户。这样的话,如果一家比利时的公司从一家德国的公司购买了一定数量的 EUA,那么德国的国家注册平台就需要从欧盟决议中最初分配给德国的年排放总量中,划出相应的数量转移给比利时的国家注册平台。正是基于登记处记录了全面的交易信息,才能做出关于总履约情况的详细报告。欧盟委员会将根据欧盟交易日志(Community Independent Transaction Log,CITL)记载的信息审核所有的配额交易是否违法。如果发现违规行为,就会暂停配额的交易。为了实现规模经济,欧盟委员会还允许成员国可以与一个或多个其他成员国联合,共同在一个统一的系统内登记注册。

欧盟的 2007/589/EC 号决议指导着企业对温室气体的监测和报告。通过欧盟交易日志这个电子注册系统,欧盟的这些交易平台有机地连接起来。CITL 记录了这些交易平台所有的发行、交易、注销欧盟排放配额的信息。联合国国际交易日志(Independent Transaction Log,ITL),记录了《京都议定书》下各国减排机制的排放配额交易情况。CITL 在 2008 年实现了和 ITL 的对接,通过信息资源的共享实现了 EU ETS 与国际的接轨。

八、不可抗力

成员国如果有证据证明某个排放实体受到了不可抗力的影响,可以向欧盟委员会申请为其发放额外的配额,但这都需要经过个案研究。为了避免配额市场的不确定性,原则上,成员国应当在相关的交易阶段开始之前就先确定分配方案,不能再任意改变。但是为了保证排放交易制度的合理性,在收到排放实体的基于不可抗力的配额申请后,欧盟委员会都将会认真审核,并在充分考虑到其公正性和潜在影响的基础上决定是否发放补充的排放配额。

九、与《京都议定书》的协调、连接机制

欧盟于 2004 年 11 月 14 日通过了第 101 号指令（Directive2004/101/EC），对 EU ETS 的基础性文件 2003 年第 87 号指令（Directive/2003/87/EC）进行了部分的修正，目的是使 EU ETS 与《京都议定书》相协调，以落实《京都议定书》中的联合履行机制和清洁发展机制。

根据这个新的连接指令，EU ETS 下的排放实体 EUA 与《京都议定书》下的清洁发展机制项目产生的 CER 指标及联合履行机制项目下的 ERU 指标建立了连接关系，允许 EU ETS 系统内的成员从 2005 年起利用从京都项目机制（CDM/JI）中获得的减排信用来抵消其排放量。计量标准是一个单位的 EUA 和一个单位的 CER 及 ERU 等同。这意味着从环境和经济的角度承认 CDM/JI 信用可以作为配额。这种对接增加了排放实体选择方式的范围，给市场参与者提供了更多灵活的选择，增强了欧盟碳排放权交易市场的流动性，降低了排放配额的价格，减少了履约成本。据欧盟初步估算，欧盟 25 个成员国在 2008~2012 年利用 CDM/JI 可以节省大约 20% 的履约成本。但是与普通排放配额不同的是，京都项目机制（CDM/JI）产生的减排信用不可以借贷使用，只可以存储。据此，欧盟各成员国可以把京都项目机制在 2008 年前产生的减排信用当做 EU ETS 在第一阶段和第二阶段的配额使用，但不能把京都项目机制在 2008 年以后产生的减排信用通过借贷作为 EU ETS 在第一阶段的配额使用。

而且欧盟对清洁发展机制和联合履行机制下的项目减排指标进入欧盟内部交易市场的条件也进行了严格的限制，其中两个比较重大的限制条件：第一是来自土地使用，土地使用变更和林业项目（LULUCF）的减排指标不能流通进入欧盟碳排放权交易市场内部进行交易；第二是装机容量超过 20 兆瓦的水电项目，必须在满足规定的可持续发展目标，特别是世界大坝委员会在其最终报告中的基础指标之后，所产生的减排信用才能够进入欧盟碳排放权交易市场。由于欧盟是国际碳交易市场的主导者，因此这些项目产生的排放信用在市场上的流动性很明显地受制于欧盟对这些具体项目类型的限制规定，其价格的波动也与欧盟政策的调整密不可分。

为了实现与国际市场的接轨，欧盟在连接指令中做出明确规定，EU ETS 可以与《京都议定书》各缔约国所建立的 EU ETS 进行对接。EU ETS 在 2008 年 1 月 1 日首次开始向外扩展，与挪威、爱尔兰、列支敦士登等排放交易机制实现了连接，并取得较好的效果。而且，EU ETS 通过欧洲气候交易所和美国芝加哥气候交易所这两个平台，与其他区域的很多国家实现了联结。另外，欧盟

还积极争取与新西兰的排放交易机制、澳大利亚的排放交易机制以及美国加州全球气候变暖解决方案等的联结,实现了跨州的国际性连接。

第三节 对欧盟碳排放权交易机制的评价

一、欧盟碳排放权交易机制的成就

EU ETS作为全球规模最大、体系最复杂的碳排放权交易制度,从2005年1月1日开始正式实施,已经经历了5年多的跌宕起伏,有些失败的教训,但总体上得到了国际社会的肯定,国际排放权贸易协会主席马库表示,"欧盟市场起步很好,我们很满意。排放权贸易市场是一个非常活跃的市场,贸易额大幅增加。有许多新客户加入这个市场其中包括很多金融机构,表明市场上有很多流动资金。"[1]EU ETS取得的成绩是多方面的。

(1)EU ETS的运行避免了《京都议定书》的危机,且对美国等伞形国家形成压力,促成全球的实际的一致行动,对全球温室气体减排具有重大的政治意义。EU ETS的生效在关键的时刻挽救了面临失败的《京都议定书》,同时事实上使欧洲在《京都议定书》生效之前就开始了减排行动,开创了排放交易机制的新局面。2001年,美国参议院拒绝批准《京都议定书》,原因是美国政府认为实现议定书减排目标将会阻碍美国经济的发展,给美国造成巨大的经济损失,而排放二氧化碳等温室气体的行为是否是全球气候变暖的影响因素并没有科学的依据。而且《京都议定书》没有为那些排放量高的发展中国家,例如中国,制定减排目标,而仅仅单方面要求发达国家限制温室气体排放是不公平的,美国以此为由退出了《京都议定书》。而其他属于伞形集团阵营的国家,例如加拿大、澳大利亚、新西兰、日本和俄罗斯的态度也非常消极,迟迟不肯宣布本国对于批准《京都议定书》的决议。而根据《京都议定书》第25条规定,其生效必须同时满足以下两个条件:第一是必须有55个以上的公约缔约方批准加入《京都议定书》;第二是批准加入的缔约方合计的二氧化碳排放量,至少占附件一所列缔约方在1990年二氧化碳排放总量的55%以上。由于美国1990年的二氧化碳排放量能够占到附件一缔约方排放总量的36.1%,因此美国的退出导致《京都议定书》前景极其黯淡。

---

[1] 林云华:《国际气候合作与排放权交易制度研究》,2006年华中科技大学博士论文。

欧盟在气候问题上成为了世界的领导者,这对美国等伞形集团国家形成了巨大的压力。具体体现在以下两个方面:第一是欧盟在经济上取得的优势,欧盟先行设立碳排放权交易机制,抢占了国际碳排放交易市场的先机,大幅降低了欧盟实现《京都议定书》承诺减排目标的成本,取得了世界减排的先动者优势;而且欧盟提高了能源利用效率,改善了能源结构,在低碳产业上也取得了领先地位;欧盟的碳金融产业起步早,发展迅速,欧盟的碳价格成为国际碳市场的指导性价格,欧元已经在国际碳市场上占据了主导性的地位,具有至高的定价权。第二是欧盟在政治上的优势,欧盟作为积极的先行者,成功把握了气候问题的政治话语权,从而占据了道德制高点。而且极端气候问题时有发生,严重影响了民众的生活,因此美国在气候问题上的不作为,受到整个社会舆论的谴责,在政治上处于不利的地位。在伞形集团的国家内部,例如政党之间、中央政府和地方之间,都在气候问题上形成很大的分歧,尤其是民众环保集团和能源工业集团之间经常会产生强烈的对立。综上所述,欧盟利用其先行开始碳排放权交易的探索,通过排放交易机制获得了巨大的经济和政治优势,从而对美国等其他不积极参与碳排放权交易的国家起到了一个时间表的警示效应,使这些国家清醒地认识到建立一个全球性的强制减排体系是大势所趋,全球强制减排计划的实施只是时间问题。因此,伞形集团国家都明显在节能和减排上加强了政策支持力度和经济支持力度,以应对这种挑战,实现与国际社会发展方向的接轨。

(2)EU ETS 推动了基于项目的京都机制的投资,例如欧洲 Offset 项目,就是采用了与清洁发展机制相连接的设计,促进了清洁发展机制在各个国家的实际运行。发达国家与发展中国家携手开发清洁发展机制项目,不仅能够有效地降低欧盟各发达国家的减排成本,更重要的是这种合作还激发了发展中国家积极参与全球减排的环保意识,发展中国家在发达国家的支持下,突破传统的高碳生产模式,设定了低碳产业的发展目标,搭建减排交易平台,提高技术水平,并逐渐取得了相应的资金支持,成立了碳交易市场,带动了碳金融产业的创新。根据共同而有区别的责任分担原则,发展中国家通过积极地参与项目,也在一定程度上促进了全球的减排行动。2008 年全球 CDM 项目共完成交易 4.63 亿吨二氧化碳当量,交易成功的金额达到 72.1 亿美元。截至 2010 年 2 月,CDM 的执行理事会对 713 个项目,总计 4.06 亿吨二氧化碳当量的减排信用下核发了 CERs。

(3)就欧盟内部运行情况看,也取得了显著的成效。企业的履约率很高,其中英国的履约率超过99%。① 在国家层面上，除爱尔兰、西班牙、奥地利、葡萄牙、丹麦外，其他国家都接近于完成任务。EU ETS创造了一个全球规模最大的碳排放交易市场，让碳信用具有价值，二氧化碳排放不再是免费。而且碳交易的规模迅速扩大，从2005~2008年这四年的交易增长情况来看：2005年，EU ETS交易量达到3.21亿吨二氧化碳当量，成交金额达到79亿美元；2006年，交易量迅速增长到11.01亿吨二氧化碳当量，成交金额达到243.57亿美元；2007年，交易量达到20.6亿吨二氧化碳当量，成交金额高达490.65亿美元；2008年，交易量达到30.93亿吨二氧化碳当量，成交金额迅猛增长到919亿美元。在国际碳排放市场的份额中，EU ETS在2008年占全球碳交易量的70%。四年时间，交易量和金额超过10倍的增长。现在这个市场正向世界其他国家或地区延伸。② 欧盟已经培育出多层次的碳排放交易市场体系，这有力地推动了碳市场的发展。当前二氧化碳的排放配额已经成为在国际市场上自由流通的商品，就如同黄金、石油等商品一样，有效地促进了碳排放权交易市场的流动，产生了各种碳交易的金融衍生品，碳排放权交易市场与金融产业互相促进，形成良性循环。碳交易价格从2005年的40欧元每吨涨到2008年的100欧元每吨。2009年11月的日均交易量已经超过2000万吨碳。欧盟在建立地区碳交易制度上成绩斐然，EU ETS的限量贸易体系已经覆盖了一万两千个排污设施，这些设施的排放量大约占欧盟所有二氧化碳排放量的45%，占所有温室气体排放量的30%。同时活跃了可再生能源投资。赋予碳信用长期价值意义重大，这使得欧盟大幅度增加了在可再生能源方面的投资，目前欧盟在可再生能源方面的技术水平与投资深度已经远远领先于美国等经济发达国家，走在了世界的前列。

(4) EU ETS在试验阶段就对二氧化碳排放量产生了明显的削减效果，而且通过EUA买卖促进了排放效率的显著改进，从整体上降低了欧盟减排成本。根据欧盟委员会的数据，从1990~2005年，欧盟国温室气体排放减少了7.9%。而且，欧盟排放交易机制进一步要求成员国在2005~2010年间，将二氧化碳排放量在1990年的基础上减少11%。2008年欧盟的二氧化碳排放降低了6%（考虑到经济衰退的因素，与EU ETS相关的直接减排占3%~5%），比2007年

---

① The European Communities: EU action against climate change——The EU Emissions Trading System, Luxembourg: Office for Official Publications of the European Communities, 2008.

② IETA: Greenhouse Gas Market 2008: Piecing Together a Comprehensive International Agreement for a Truly Global Carbon Market.

减少 2.1 万亿吨。而且,欧盟在降低二氧化碳的绝对排放量的同时,减排成本也得到明显的控制。通过 EU ETS,欧盟每年需要花费 29 亿~37 亿欧元,才能达到《京都议定书》规定的减排目标,这个成本低于欧盟国民生产总值的 0.1%。但是如果没有 EU ETS,欧盟每年至少需要花费 68 亿欧元,才能实现《京都议定书》里规定的减排目标,这个差距是相当大的。①

(5)EU ETS 最重要的成就是,它通过实践证明了市场机制在治理环境问题上的效果显著。虽然 EU ETS 的创立蕴含着很多复杂的政治经济问题,但是从效果上看,它确实在一定程度上缓解了全球变暖的趋势,而且为解决气候问题创造了一种新的范式,为其他国家乃至在全球范围内建立温室气体排放权交易机制提供了可以借鉴的经验。EU ETS 虽然不是世界上第一个碳排放权交易机制,但它是迄今为止世界上规模最大的,也是影响最广的碳排放权交易机制。这主要表现在其覆盖的地域之广和涵盖的排放实体数量之多,远远超过其他国家和地区的排放交易机制。因此,EU ETS 的运行是极其复杂的,困难重重。欧盟的各成员国在国家内部也设有交易机制,例如英国的排放交易机制比欧盟机制设立还要早,虽然它们必须服从欧盟委员会的监管,但它们还是各有特定,享有较大的自主权。EU ETS 能够将各个国家内部的交易机制有机连接起来并顺利运转,本身就是一个成功的典范。而且,EU ETS 通过和欧盟外部其他温室气体排放交易机制的联结,在政治、经济、管理方面开展了深入的探索,为将来建立一个全球范围的交易机制提供了丰富而有益的经验。

二、欧盟碳排放权交易机制的优点

正是由于上述成绩,EU ETS 获得了普遍好评。斯坦福大学政治学副教授大卫维克特(David. G. Victor)认为 EU ETS 比《京都议定书》下的制度更完善,更值得其他国家借鉴,他认为:"EU ETS 更有潜力成为其他国家建立碳交易制度的模范,而非《京都议定书》。"同时他也善意地提醒,EU ETS 之所以相对完善,是因为欧盟下的各个国家都有强烈的环境保护的政治意愿,拥有雄厚的科学技术实力,而且欧盟法制环境非常健全,其他国家在建立自己的排放交易制度时绝不能忽视以上这些成功要素。② 2008 年 5 月,美国皮尤全球气候变化研究中心(Pew Center on Global Climate Change)推出了一份题为《透视欧盟的排放交易机制》的研究报告,对 EU ETS 在试验阶段的执行情况进行了全面剖析,

---

① http://dataservice.eea.europa.eu/dataser-vice/,访问日期:2010 年 11 月 7 日。
② 韩良:《温室气体排放权交易的法律问题研究》,中国法制出版社,2009 年版,P58。

并给予了高度评价,代表了主流的评价意见。EU ETS 机制设计的科学之处在于以下 8 个方面。

(1)在气候治理机制与政策上,欧盟委员会通过实施多项法令与政策,推动了排放交易机制的形成与逐步成熟,建立了跨国界的区域性排放权交易市场。这种机制既有集权又有分权,宏观调控与市场机制相结合,这样才能较好地解决公平与效率问题。可以说,如果没有如此多强有力而又灵活的配套政策的支持,欧盟就无法在涵盖众多参加国的大背景下,成功建立一个以整体成本最小化为目标、同时兼顾各参与方利益的碳排放权交易市场。

(2)国家配额计划制度是 EU ETS 里最核心的部分,尽管大家对排放限额的分配程序存在争议,我们也赞成这种分配制度存在不完善的地方,具体将在下文进行剖析。但任何事情不可能在一开始就完美无缺,综合分析,这种机制无论在政治上,还是在经济上都最具有可操作性。很多观点反对欧盟的排放配额免费分配制度,认为这是变相鼓励企业排放温室气体,违反道德规范。但是如果想顺利推行一项新政策,并达到预期的目标,就要做好制度设计,保障政策实施的对象不仅仅承担义务,还同时享有一定的权利,有机会获取一定的收益。由此,如果要为企业设置强制减排义务,在实施初期得到企业的支持,就需要首先赋予这些企业一定的排放权利,引导企业树立减排的良好意识,上来就硬性地完全取消可能会适得其反,遭到企业的强烈抵制,从而使减排机制夭折。

(3)EU ETS 中关于配额存储和借贷的规定提高了这种交易机制的灵活性,使其更具操作性。在第一阶段,EU ETS 所涵盖的相关企业可以根据自身的生产情况,灵活地处置自己的排放配额,既可以将本年度的配额存储,延续到下一年度使用;也可以预借下一年度的配额,在本年度提前使用,只要总额不超过这一阶段的全部配额即可。有人担心排放企业会滥用其借贷权利,最终导致 EUA 发生"严重通胀"的失控后果,但在实践操作中,许多企业合理使用了存储和借贷规则,并没有出现以上问题,而且企业通过这种制度有效地促进了排放配额的流通。

(4)EU ETS 制定了严格的惩罚措施,而且罚金并不能豁免在下一年度提交同等数量超额排放的许可缴纳的义务。明确的处罚措施提高了欧盟各成员国的执行力,树立了 EU ETS 的权威,保证了碳交易市场的信用及良好运行。

(5)上述惩罚措施能够有效执行的基础是必须建立严密的排放监测与报告制度。EU ETS 的相关管理部门负责为每个排放实体颁发排放许可。企业经营者能够获得排放许可的前提条件是,其在技术上和实力上具备监测自身二氧化碳排放情况的能力,并按期向管理部门提供报告。概括而言,许可的含义是指要求纳入机制的排放企业必须具备监测二氧化碳排放情况的技术和物质条件，并应履行按时报告的义务。这种"许可"并不同于"配额"。配额是指排放企业在获得许可后，管理部门为其分配的排放额度。接受 EU ETS 管理的相关企业必须认真监测其二氧化碳排放情况，并在每个日历年度结束后，报告其在当年的二氧化碳排放情况。企业出具的报告不仅应当符合欧盟委员会颁布的相关政策法规规定，还必须经过具有资质的独立第三方的核证机构的验证，而且要通过特定程序公示企业报告和独立核证机构的验证结果，接受公众，特别是非政府环保组织的监督。如果某个企业提供的排放报告没有得到认可，那么该企业就不能出售其拥有的排放额度，它应当根据要求修改报告，直到得到认可为止。否则，它还可能会受到高额的处罚。

(6) EU ETS 拥有良好的数据交换工具，能够及时掌握准确的数据信息，在保障排放权交易市场的平衡运行上起了重要的作用。由于 EU ETS 在创立之初的信息技术有限，很难准确掌握排放企业二氧化碳的实际排放数据，分配初始的排放限额只能以它们对排放情况的自我评估为依据，限额控制的力度难以预测，这就造成 EUA 的市场价格很快被不合理地抬高。直到欧盟在 2006 年 4 月公示了第一次对二氧化碳排放情况的核查报告，结果显示二氧化碳的实际排放量远远低于各国自行报告和预测的情况，于是 EUA 市场价格迅速下跌到一个相对理性的价位。综合 EU ETS 运行的实践来看，相对完备的欧盟层面及国家内部登记注册制度使得碳排放权交易信息公开透明，这是保证 EU ETS 平稳运行的关键。

(7) EU ETS 并不具体规定排放交易行为在何地、以何种方式发生，可以通过电子交易平台进行操作，这有利于捕捉市场商机。交易形式灵活多样，公司企业和其他参与者可以选择场内交易的方式，即在市场内直接进行交易；也可以自由选择场外交易的方式，即通过交易所、经纪人或其他类型的市场中介等，到场外进行交易。作为欧盟排放交易市场"通货"的 EUA 并非欧盟管理部门制作的纸质凭证，而是在各成员国政府内部建立的电子注册系统的账户中登记存放。欧盟委员会为了准确记录各成员国对于配额的发放、持有、交易和注销等操作，按照联合国数据交换标准的要求，进一步细化，明确而具体地对欧盟电子注册系统的标准和安全性做出规定。欧盟设置了一个总的中央管理机构负责对这个电子注册系统进行监管，监管者有权通过一个独立的交易日志核查每一笔交易，以验证该交易在程序上和实体上是否合法。这种交易的权威性和迅捷性反映了排放许可权稀缺性的价格机制初步形成，欧盟碳排放权交易市场同样应当遵循市场规律，由供求关系决定 EUA 价格的波动，只有价格信号能够准确地反映排放权交易市场的供求状况,排放交易机制才能够实现配置环境资源的有效性。①

(8)欧盟在各成员国间灵活运用"共同但有区别的责任"原则,注重利益平衡、合作共赢。根据各国之间的经济技术和能源结构差异,设定了差别的减排目标,解决了欧盟内各国法律、政策、经济方面的差异性问题,使这个制度具有现实性和可操作性。为了实现既定目标分配各自的责任,各成员国达成了所谓的"减排量分担"协议。根据该协议,一些成员国将显著地减排,如卢森堡的减排目标是28%,德国是21%,英国是12.5%;另一些国家将稳定在1990年的排放水平,如法国和芬兰;其他一些国家则在1990年排放水平上有所增加,葡萄牙被允许增加27%,希腊增加25%,西班牙增加15%。2004年5月1日以后新加入的成员国虽然没有参加减排量的分担协议,但它们各自也有着独立的京都减排目标。这种根据各国实际情况制定差别减排目标的具体做法,可供那些大国在制定减排政策时借鉴,解决由于内部区域间发展不平衡而难以用统一标准约束减排的问题。同时,由于欧盟本身就是一个多边国际组织,因而 EU ETS 在某种意义上,还可以被视为一个全球排放交易体系的微缩版。

综上所述,EU ETS 在控制温室气体排放方面,可谓是一项意义重大的"公共政策试验",虽然谈不上完美无缺,但已经是所有同类政策中效果最好的了。②我们相信,随着 EU ETS 的适用范围不断扩大,制度日趋完善,将来它必然能更充分地发挥出强大的减排效用。

三、欧盟碳排放权交易机制的不足

虽然 EU ETS 实施五年多以来运行良好,得到了国际社会的认可,取得的成绩斐然,但这并不能掩盖其存在的诸多问题,它并非一个完善的机制,它在第一阶段的不足尤为突出。有些研究者甚至对 EU ETS 提出了很深的质疑,他们认为 EU ETS 本身庞大复杂,管理成本居高不下,不能实现以最小的成本解决温室气体减排问题,而碳税政策相对灵活,且能降低初始成本,更适合采用。甚至还有观点认为,配额许可制度违反道德规范,因为排放许可本质上是在纵容

---

① 李布:《欧盟碳排放交易体系的特征、绩效与启示》,载《重庆理工大学学报(社会科学版)》,2010年,第3期。

② 参见 A. Denny Ellerman and Paul L. Joskow:"The European Union's Emission Trading System in Perspective", Released by Pew Center on Global Climate Change, May 2008. 事实上,无论是在欧盟内部,还是世界其他国家和地区的评论,都以正面为主,认为它总体上取得了成功。

污染者,允许他们在自己认为有利可图的情况下付费排放温室气体。① 更有学者担心,排放交易分散了社会的注意力,让人们忽略了全世界必须马上开始更深层次和更痛苦的变革。②

我们认为 EU ETS 比较突出的问题主要有以下几个方面。

(1)欧盟对于温室气体种类的覆盖面太窄,行业的涵盖范围较小。目前 EU ETS 所覆盖的温室气体种类仍只是二氧化碳,其他五种温室气体还没有被正式纳入 EU ETS,其他五种温室气体的排放总量占到欧盟总排放量的 20%。从涵盖行业来看,欧盟在第一阶段纳入的行业部门有限,例如交通和建筑这两个部门当时就不受交易体系的制约,但是实际情况是除了电力生产部门和能源密集型部门之外,最大的二氧化碳排放部门当属交通部门。据统计,2005 年交通部门的二氧化碳排放量高达总排放量的 21%。因此,EU ETS 对于欧盟国家履行《京都议定书》中承诺的减排义务尚未发挥应有的关键作用。EU ETS 在第一阶段的影响有限,仅仅覆盖了欧盟 45% 的二氧化碳排放量,尚有 55% 的二氧化碳排放量没有纳入排放交易体系。为了弥补这些不足,EU ETS 进入第二阶段后,尽管面临重重的压力,还是坚持逐步增加所覆盖的行业,并取得了良好的成效。

(2)在第一阶段,许可的过度分配使得碳排放权的初始取得成本极低,机制的漏洞导致很多碳排放权申请企业不是根据实际需要申请,而是不择手段以获得更大的碳排放配额。其次,许多申请企业的申请目的也与机制设立的初衷相悖,它们不是为了生产经营需要,仅仅是为了获得利益而进行交易。最后,对碳排放权的无偿分配方式实际在一定程度上构成变相的补贴,违反了国际法上的反补贴规则。剑桥大学研究人员 Michael Grubb 和 Karsten Neuhoff 在 2006 年发表的一份研究文件指出许可分配的方式存在的主要问题:一些国家在 2005 年末有超过 4000 万吨的二氧化碳排放许可剩余;只有爱尔兰、英国、意大利、西班牙、瑞典和奥地利六个国家的许可数额低于实际排放量;钢铁行业、陶瓷行业和造纸业分别获得高于实际排放量的许可份额的 18%、18% 和 19%。由于在国家分配计划起草的时候缺少历史数据和必要的信息,也因为前文所提到的分配过程的分权和集权问题导致一个"奇怪的"许可分配系统,使得 EU ETS 的许

---

① Alison Benjamln. Climate Change the Lorldst Market Failure[N]. CanberraTimes,December 1, 2007.

② Paula Harns. Collective Aetionon Climate Chan: The Logie of RmeFailure. Natural Resources Journal,2007(47):213.

可分配不尽合理。配额大量剩余,造成了EUA近乎于零的价格,这不仅在一定程度上降低了碳排放权交易机制在公共资源配置上的效用,也加剧了碳排放权交易市场的过度波动。而过低的价格,使得排放实体缺乏动力通过投资于二氧化碳减排技术来履行减排义务。在2005年末只有少数国家的配额低于其实际排放量,有些国家甚至有超过4000万吨的二氧化碳配额结余,这个问题在各个行业中的情况也有所不同。由于EUA价格有时又突然攀升到一个不合理的价位,使得某些企业无法承受,就不得不通过提高产品价格的方式来应对,从而将超出的成本转移到消费者身上,也是配额过度分配导致的另一个不良后果。

(3)配额的分配方式不科学,在第一阶段免费分配比例过高,而有偿拍卖这种市场方式所占的比例过低。欧盟在第一阶段为了鼓励排放企业积极加入减排机制,基本采用了免费分配的方式,整体平均只有0.13%是通过的拍卖方式。实践证明,拍卖作为一种经济手段,在确定配额市场价格、协调交易机制方面是最有效的。但在第一阶段,欧盟成员国只有丹麦、匈牙利、立陶宛和爱尔兰四个国家尝试采用了拍卖的方式,并且这四个国家采用拍卖方式分配的许可比例也都很低,占该国全部分配的比例分别仅为5%、2.5%、1.5%和0.75%。每年EU ETS平均分配的配额总量大约为22亿EUA,其中仅有300万EUA是通过拍卖方式进行分配的,可见拍卖方式分配的配额占全部配额的比例是很低的。不过进入第二阶段后,这一比例有所增加,欧盟有10个成员国采用了拍卖的配额分配方式,其中采用最多的还是丹麦,其拍卖所占比例增加到10%。即使大多数国家采取拍卖方式,但剩余的坚持采用免费分配方式的国家,会导致欧盟市场整体的配额价格提高,而不利于采用拍卖方式的国家内部企业参与市场竞争,这会削弱其他国家采用拍卖方式的积极性。因此,有学者建议,进入第三阶段以后,在全部成员国范围内彻底取消免费配送的分配方式,因为这会增加国家保护主义倾向,造成排放实体间交易的不公平,对排放交易机制的长期发展是有害的。

(4)各个国家在责任分担协议方面的义务不均衡。欧盟内部有些国家排放限制非常宽松,甚至有的国家还可以增加排放量,例如西班牙,就可以在1990年的排放基础上,到2012年增加50%的二氧化碳排放量。这些国家没有充分的动机在控制二氧化碳排放方面进行投资。而且有些国家仅采取购买基于清洁发展机制和联合履行机制产生的碳信用,来充抵它们的减排义务。这样即使不增加本国在开发减排技术方面的投资,仍然能够完成它们的《京都议定书》减排目标,而这并不是EU ETS设立的初衷。

(5)在碳排放权初始分配过程中,有些国家出现了权力滥用、腐败滋生的问题,严重影响了整个 EU ETS 市场的稳定发展。欧盟国家间的碳排放权分配方案规定如下:欧盟委员会根据各国的排放配额申请,先统一决定在一定期限内的可分配碳容量总量,再向每个国家分配碳排放配额,之后由各个国家通过制定国内法的形式,在国内进行碳排放权的初始分配。这一制度设计的初衷是由于欧盟各成员国的经济状况和法制环境存在较大差异,实行统一的碳排放权初始分配制度并不可行,如果强行要求各国进行统一,必然引发诸多问题,因此 EU ETS 在建立之初的分配方式,就是通过国家间碳排放权分配方案先对碳容量在国家间进行分配,各国再根据本国国情,在国内采取适当的初始分配方式。这有利于各成员国及其排放企业树立碳排放权的理念,促进碳排放权交易制度的建立和发展。然而随着 EU ETS 的发展,逐渐暴露出这种分配方案的弊端,即碳排放权初始分配方式的确立及交易制度的建立均受到国家各种因素的制约,例如民众的环保观念、经济的发展水平以及法治环境的完善程度等。

(6)EU ETS 的市场化运作尚不够稳定,容易受到宏观经济环境和特殊利益集团的干扰,出现市场失灵的现象。EU ETS 所建立的排放交易市场中的商品不同于普通的商品,是一种温室气体排放权,这种商品的特殊性在于其具有典型的全球公共物品的特性。欧盟通过该机制把全球公共物品商品化,并由市场供求关系来决定价格,这确实存在一定的道义风险。EU ETS 在第一阶段的试验运行过程中也曾经出现过市场失灵的问题,例如 EUA 的价格暴跌,直接威胁到减排的成效,影响了民众对 EU ETS 机制在解决气候变化问题上的信心。更令人难以置信的是在全球金融危机和经济衰退的大背景下,EUA 的期货价格甚至跌到了 10 欧元以下。气候问题是全人类面临的严峻挑战,此问题的解决对全人类的生存与发展意义重大,但碳排放权在一定时期内没有底线的暴跌,且达到如此低廉的价格,的确让我们无法在道义和感情上接受。①

因此,欧盟进入第三阶段以后,需要进一步完善 EU ETS,稳定市场价格。重点要解决的问题,就包括如何在更好地充分利用市场机制进行减排的同时,尽力凸显出碳排放权的全球公共物品特性,把 EU ETS 的正外部性充分放大,负外部性尽量减小。

(7)欧盟碳排放配额发生过多起失窃事件,显现出 EU ETS 存在诸多的安

---

① 美国能源部长朱棣文在接受环境非政府组织"中外对话"网站采访时也表达了相似的看法。他认为:"需要有一个对国际市场碳价格加以管制的办法,以保证有一个价格底线。我们可以通过控制竞拍到的碳信用额度或者拍卖底价来进行调节。"原文参见:http://www.chi-nadialogue.net/article/show/single/ch/2858。

全隐患:各国的碳交易登记处呈现"各自为战"的局面,缺乏统一管理;交易市场中未建立统一的中央结算机构,无法实现净额清算;[1]有的交易登记处安全机制很不健全,账户的安全得不到保障。

最近的一次是 2011 年 1 月发生在捷克的一起碳排放配额失窃事件,它引发了欧盟温室气体排放权交易市场的"地震"。欧盟宣布在 1 月 19~26 日期间,暂停碳交易市场的全部现货交易。这家失窃的碳交易企业是百仕通全球投资公司(Blackstone Global Ventures),它于 1 月 20 日在其网站上发布了一则失窃声明,公布了前一天失窃的碳排放配额的电子序列号,数量多达 47.5 万个,总价值高达 700 万欧元(约合 955 万美元),该企业提醒交易者注意交易风险,并在发现配额踪迹后通知百仕通全球投资公司。但根据捷克碳交易登记处的说法,这批失窃的碳排放配额很难完全追回,因为它们在失窃的数小时内便已迅速流转到德国、意大利、波兰、列支敦士登、爱沙尼亚等地的账户。

这反映了 EU ETS 在机制上的漏洞,例如为了管理交易账户,30 个国家分别设立自己的碳交易登记处,以追踪碳排放配额的交易流转情况,这本是为交易者搭建虚拟的交易平台,方便其实时进行交易。但这种碳交易市场的分散化运行模式加大了市场参与者的交易风险,给追踪失窃的排放配额增加了难度。因为按照这种模式,碳交易登记处很难核实交易的配额是否"干净",而交易者也无从知道所购入的排放配额是否来自正当渠道。波兰、奥地利、希腊、爱沙尼亚等地也曾经发生过类似失窃事件,据欧盟委员会统计,失窃的排放配额总价值高达 2800 万欧元(约合 3800 万美元)。欧盟碳金融市场作为一个新兴的市场,亟待安全的交易保障机制,而目前的碳交易登记处安全机制存在漏洞,欧盟急需在技术上进行完善,尽快解决"成长的阵痛",保证交易安全。

(8)目前进入"后京都时代",虽经多轮谈判,但 2012 年之后的国家减排框架仍然未达成实质性协议,《京都议定书》以后的国际碳市场的发展前景存在很大的不确定性。这种不确定性对 EU ETS 未来的发展前景造成较大的影响。虽然 2012 年已经临近,但各个国家基于自己的国家利益考虑,在"后京都时代"的减排量分配问题上,仍然进行着激烈的争论,减排分配问题必将对欧盟的减排政策产生强烈的冲击,进而影响到未来 EU ETS 的发展方向。

综上所述,我们对 EU ETS 进行评价时,应当首先肯定欧盟在履行京都议定书的减排承诺、应对气候变化方面所做的努力和探索。显然,欧盟已经树立起全球排放权交易市场的发动机形象,EU ETS 在节能减排中发挥了核心的激

---

[1] 韩梁:《欧盟碳交易机制显现弊端》,载《中华工商时报》,2011 年 1 月 27 日。

励作用,对推动全球温室气体减排发展功不可没。

　　尽管 EU ETS 存在不足,质疑声不断,但 EU ETS 在第一阶段的主要目的就是通过试验发现制度设计中的缺陷、积累总量交易机制的运行经验,并针对试验阶段中所发现的问题,在未来阶段进行完善,尽力弥补缺陷。例如欧盟在排放交易机制实施的第二阶段,调整了 EU ETS 的涵盖范围;下调了年排放权总量,调整后的年排放权平均比 2005 年低 6%;将根据欧盟国家间碳排放权分配方案(National Allocation Plans)的方式调整为由欧盟统一对碳排放权进行初始分配(A Single EU-Wide Cap and Allowances)的方式;将无偿取得碳排放权的方式逐步过渡到有偿拍卖的取得方式,提高了排放配额采用拍卖方式的比重;①降低了电力部门的配额总限,迫使电力企业在提高减排技术水平上加强投资,采取有力措施降低碳排放量;不断地收集排放企业的碳排放数据,修正其监测标准,逐步建立起全面系统的关于企业碳排放的数据库,以支持欧盟及时做出正确的决策。我们相信 EU ETS 将会继续走下去,而且会越走越好。

---

① 欧盟议会于 2008 年 1 月 23 日通过"应对气候变化行动和可再生能源一揽子计划"(Climate Action and Renewable Energy Package)对 EU ETS 的未来发展进行规划,包括制订 2013~2020 年减排计划。

第三章 美国关于碳排放权交易制度的相关法律及政策述评

虽然现在欧盟碳排放交易市场是国际上最大的碳交易市场,但这种利用市场机制保护环境的创新制度起源于美国。气候变化科学问题,也是20世纪以美国为首的科学家的重大发现。美国可谓排放权交易制度的发源地,美国环境保护局早在1976年就首先在空气质量方面采用排放权交易制度,当时是为了推动电力企业进行二氧化硫减排,以达到控制酸雨的目的。[①] 1990年美国对《清洁空气法》做了修改,在法律上将排放权交易制度化,该阶段的排放权交易类型属于总量控制型,实施范围扩大到了全美国,真正形成了以市场为导向的排放权交易制度。美国虽然退出了《京都议定书》,也没有形成全国统一的碳排放权交易体系,但是作为世界上总量及人均最大的温室气体排放国,美国内部在碳排放权交易上还是有所作为的,多元化的美国社会在解决气候变化问题上所付出的努力也多种多样,演绎出精彩纷呈的制度探索。[②] 芝加哥气候交易所在国际减排市场上具有重大影响,因此研究美国国内气候变化法律与政策具有重要的意义,美国在排放权交易方面积累的经验值得我们学习借鉴。

第一节 美国碳排放权交易立法的发展历程

虽然美国对《京都议定书》的态度是一贯的强硬反对,但在解决气候变化问题及排放权交易制度上美国的态度并不是一成不变的。从最早的科技创新,首先发现气候变化问题,倡导国际社会共同努力解决,并在二氧化硫减排上探索排放权交易制度的应用;到后来的小布什政府强硬退出《京都议定书》,拒绝承担强制减排义务;再到国内各界逐渐开始对政府消极政策进行质疑,纷纷在应对气候变化方面展开新尝试;最后到奥巴马政府积极推行绿色新政,通过立法

[①] 林云华:《国际气候合作排放权交易制度研究》,中国经济出版社,2007年版,P136。
[②] 赵绘宇:《美国国内气候变化法律与政策进展性研究》,《东方法学》,2008年版,第6期,P111。

推进碳排放权交易制度的发展。美国关于气候变化及排放权交易的法律政策的发展比较缓慢,但又是连续的,我们可以通过对一些关键性事件的考察,区分美国碳排放权交易立法的发展历程,并将其界定为以下三个阶段。

一、1997年以前:推动气候变化的科学研究发展,国际合作萌芽时期

美国的科技水平高度发达,在国际上处于领先地位,这使得美国成为最早发现温室气体对全球气候变化具有不利影响的国家之一。早在20世纪30年代至50年代,美国的多位科学家,例如乔治·卡伦德、查尔斯·基林等,就已经开始注意温室效应这一现象。詹姆斯·汉森针对1988年席卷全球的热浪,正式提出了关于温室效应的理论,他在美国参议院的能源和自然资源委员会上宣布,已经查明了温室效应的存在,此时它正改变着我们的气候。同年,联合国政府间气候变化专门委员会成立。可以说,在推进全球气候变化问题的对策研究上,美国早年的态度相当积极,1992年美国成为《联合国气候变化框架公约》的成员国,并且走在了国际社会的前列,是第四个批准该框架公约的国家。[①]

为了帮助各成员国完成强制性的减排任务,《京都议定书》设计了一些基于市场的排放交易机制供成员国选择使用,例如补充性的京都灵活三机制(国际排放贸易、联合履约、清洁发展机制),事实上,这些交易机制在很大程度上吸取了美国国内法律思想的精粹。1990年美国成功地通过《清洁空气法》,将总量控制与排放交易制度在美国国内法律化,既实现了二氧化硫总量削减计划,达到减少二氧化硫排放的目的,同时也降低了减排的综合成本。但当时的《清洁空气法》并未将二氧化碳归入污染物范围。

二、1997~2005年:退出《京都议定书》,美国进入相对消极时期

然而,在《联合国气候变化框架公约》日臻成熟,成员国责任逐渐明确而且深化的背景下,美国出于对发展国内经济的考虑,立场却逐渐发生转变。1997年是《京都议定书》谈判的关键时刻,但美国参议院却以高票一致通过了伯瑞德—海格尔决议(Byrd-Hagel Resolution),引起国际社会的震动。该决议充分表明了美国关于气候变化的基本立场,核心内容是:在以下任何一种情况下,美国不得签署任何与《联合国气候变化框架公约》有关的议定书或协定。继而,在1997年12月全球共计149个国家和地区通过了《京都议定书》。《京都议定书》

---

① "President Bush Discusses Global Climate Change"(June 11, 2001), http://www.whitehouse.gov/news.

为各成员国设定了强制减排义务,要求在2008~2012年的第一承诺期内,主要工业发达国家要在1990年的基础上平均减少5.2%的温室气体排放量,其中美国的减排义务为削减7%。

1997年美国参议院通过的伯瑞德—海格尔决议的思想最终在国际法上得到体现,美国政府于2001年3月正式宣布拒绝接受《京都议定书》。在这一阶段,美国总体上处于应对气候变化问题最消极的时期,美国联邦政府鲜有法律或政策方面的举措,国家层面的碳排放交易制度几乎没有进展。

但是在这个时期,美国的一些地方政府和企业仍没有放弃温室气体减排目标,各自努力坚持着减少温室气体的行动。若干个州政府非常重视气候问题,在得不到联邦政府支持的情况下,这些州通过协议自发建立起州际排放交易机制。他们希望通过州一级的行动来表明,如果有足够多的州加入联合减排行动,即使美国联邦政府没有通过《京都议定书》,美国也照样能够实现减排目标,完成《京都议定书》分配给发达国家的减排指标。①

三、2005年至今:《京都议定书》生效的时代,美国国内减少温室气体的行动升温,区域性碳排放权交易机制逐步建立

美国在2001年宣布退出《京都议定书》,使得其生效的时间变得非常不确定,全球在气候变化方面的合作前景黯淡,但俄罗斯作为大国的加入,使《京都议定书》于2005年2月正式生效。之后各成员国都针对自己应承担的义务,展开了各有特色的减排活动,并且在"后京都时代"的谈判中踊跃发出自己的声音。这必然会对美国社会产生巨大的震动,美国政府迫于外在压力,也积极派员参加每年的气候峰会谈判。

美国联邦政府虽然仍坚持不接受《京都议定书》,但国内民众、企业以及各州的地方政府对气候变化的认识进一步加深。自2005年美国受到卡特里娜飓风袭击后,频发的自然灾害使美国人更深切地体会到气候变化对生活带来的切身之害。自2005年以来至今,石化等传统能源的价格高企,石化能源涨价引发了生产和生活经济成本的增加,美国上下倍感压力。以上因素都促使美国社会包括联邦政府,近几年来在气候变化问题上的态度发生较大转变。联邦政府在刚刚退出《京都议定书》时,立场非常强硬,频频质疑气候变化科学,多次批评别国的减排政策,但近几年逐渐承认了全球变暖是人类的活动引起的,温室气体的

---

① 相关情况可参见由这些州组成的"区域温室气体倡议"组织官方网站:www.rggi.org. Jim Tankersley:"Obama moves forward with plans to cut emis-sions". Los Angeles Times, January 25, 2009.

过度排放对气候变化形成不良影响,并提出了美国的温室气体自愿减排计划。①

近年来美国的立法活动开始频频涉及气候变化,规制二氧化碳排放的立法议案日益增多,仅2007年就提交到国会七项涉及气候变化的法案,最高联邦立法议案中比较有名的两项是Bingman-Specter法案和Lieberman-Warner法案,但有些反对者担心实施碳减排会损害美国经济,降低企业在国际市场上的竞争力,因而最终未获通过。2007年4月2日联邦最高法院做出经典的"马萨诸塞州诉美国环境保护署"的判例,美国环境保护署据此正式取得了规制二氧化碳排放的立法授权,这是美国联邦碳排放立法的里程碑事件。

重视气候问题的奥巴马上台后,多次表达了对排放交易计划的支持。2009年6月26日,在奥巴马总统的大力推动下,《瓦克斯曼—马凯气候变化议案》(Waxman-Markey Bill)以微弱优势在众议院获得通过。众议院通过的法案版本规定,要在美国建立统一的碳排放权交易体系,以逐步降低温室气体的排放量。2009年9月22日,美国环境保护署公布了最终的强制性温室气体报告之规则(该规则于2010年1月1日开始生效),对各排放实体定期报告其温室气体排放提出了新的标准和要求。2009年12月7日,在哥本哈根气候峰会召开之际,美国环境保护署进一步做出裁定,把二氧化碳列入污染物的范畴,将温室气体纳入《清洁空气法案》进行规制,这就为奥巴马政府应用《清洁空气法案》中的相关条款,制定全国性的温室气体限排法规铺平了道路,从一定意义上也为碳排放权交易制度奠定了法源基础。

除此之外,州政府的地方立法与区域合作日趋活跃,社会公众的参与意识日益增强,针对气候变化的诉讼案件数量也明显增多。《加利福尼亚气候变暖解决法案(第32号法案)》是州一级关于强制减排和建立碳交易制度方面立法的代表,将于2012年开始正式实施。该法案设立的减排目标是到2020年,碳排放量降到1990年的水平。限制温室气体排放主要涉及工业,该法案明确规定不履行者要受到处罚。

第二节 联邦政府关于碳排放权交易制度的相关法律及政策

本节将对美国联邦政府在碳排放权交易制度方面的重大立法及政策进行

---

① 《美通过限制温室气体排放法案布什政府气候政策面临挑战》,《北京商报》,2007年11月5日,第8版。

述评。

一、布什政府的"自愿减排"计划

虽然老布什政府在 1992 年签署的《联合国气候变化框架公约》中承诺美国将减排温室气体至比 1990 年低 7% 的排放水平。但是 2001 年时为了保证国内经济发展,小布什政府不仅拒绝签署《京都议定书》,在理论上不受任何二氧化碳减排的制约,而且小布什还不断发表言论怀疑全球气候变化的真实性,称《京都议定书》没有足够的科学证据支撑,进而怀疑《京都议定书》存在的必要性。虽然如此,在浩大的国内国际舆论压力下,2002 年 2 月 15 日,小布什政府提出了美国温室气体"自愿减排"计划,宣布对那些自愿减排的企业予以税收激励。

这个方案的核心是降低指温室气体排放量和经济总量的比值。因此只要美国经济持续增长,那温室气体也要随之增长,即使美国不采取任何减排措施。布什政府的官方数据显示根据温室气体密度的测算方法,未来十年中美国的温室气体排放还要增加 14%。布什政府执意推行降低温室气体密度政策,认为这是联邦政府在不损害美国经济利益前提下减缓气候变化的审慎措施。

二、《美国气候安全法》

美国参议院环境与公共工程委员会于 2007 年 12 月 5 日通过了旨在限制温室气体排放的法案《美国气候安全法》(America's Climate Security Act of 2007)[①],该法案的基本精神与布什政府一向坚持的温室气体自愿减排原则明显相左,要求政府设立强制性减排机制,这在美国国内和国际上都引起了不小的震动。

这项法案要求政府按照"限额与贸易"模式为二氧化碳等温室气体的排放设定总量限额,对美国的电厂的发电机和运输业等几乎所有工业领域的排放制定硬性限额,迫使工业、能源和运输领域的温室气体排放量到 2050 年比 2005 年减少 70%,超标排放的企业必须从排放量低于额度的企业购买相应排放额度。这一法案还将为近零或无碳排放能源技术的商业化推广提供每年高达数十亿美元的经费。

该法案要求温室气体的制造者在获得排放许可证后方可开工运行,包括精炼厂、发电厂、燃料进口商和工厂。部分许可证将免费提供,以刺激排放水平的降低,但大部分许可证将在一年多的时间内通过拍卖出售。

---

① 法案全文可参见 http://thomas.loc.gov/cgi-bin/bdquery/z?d110:s.02191。

民主党议员和一些环境组织普遍对这项法案持支持态度,然而部分共和党议员则认为这一法案会妨碍经济发展、导致失业率增加。这项法案遭到了利益与其休戚相关的石油公司、产生温室气体的工厂和城市管理服务行业的反对。该法案的通过虽然是倚赖于民主党的支持,但法案通过的背后反映的还是美国国内对温室气体减排不断高涨的呼声。

该法案于 2008 年生效,经济学家估计,在 2012~2015 年间,拍卖得到的收入将达 3 万亿美元。许多议员将碳排放许可证的拍卖收入看作是一个黄金机会,可以促进清洁能源技术开发和应用,也可以促进更多的节能产品的开发和应用。

三、《能源独立与安全法案》

2007 年 12 月 18 日,美国众议院高票通过了能源法案修正案《能源独立与安全法案》(Energy Independency and Security Act),揭开了美国能源改革的序幕。小布什总统于 19 日签字批准该法案。这是美国 30 多年来首次提高汽车燃料经济性标准,为轿车和轻型卡车设置更高的燃料经济性标准,并要求将生物燃料产量提高到现在的四倍。该法案的目的是为降低美国对外国原油供应的依赖性及缩减温室气体的排放。[①]

首先,新法案对美国汽车行业的油耗标准做出了更为严格的规定。到 2020 年美国汽车平均油耗必须降低 40%,达到每加仑 56 千米,以降低石油的消费量。汽车油耗标准改革被认为是美国能源改革的重要部分。作为"汽车王国"的美国,汽车是最主要的耗油"大户",而且和欧洲汽车相比,美国汽车普遍车体更大、动力更强,也更耗油。新的油耗标准将迫使美国汽车业进行转型,可能意味着汽车生产商将必须花费数十亿美元的巨资以开发新的节能技术,并需对工厂进行翻修,以生产新型号的汽车。当然也有助于大大减少温室气体排放。[②]

其次,发展生物燃料等替代能源将成为美国"国策"。新能源法案鼓励大幅增加生物燃料乙醇的使用量,使其到 2022 年达到 360 亿加仑。这意味着乙醇在未来 15 年内使用量要增加五倍多。此举将降低美国对进口石油的依赖,因此有助于增强美国的能源安全。再次,新能源法案还要求大力提高能源使用效率,并制定更严格的能效标准。比如,美国联邦政府机构和商业建筑的电气用

---

① 该法案参见 http://www.whitehouse.gov/news/releases/2007/12/20071219-1.html。
② John Broader, Senate Panel Passes Bill to Limit Green house Gases, New York Times, 12 月 6 日,载 http://www.nytimes.com/2007/12/06/washington/06energy.html。

具制定了能源效率标准,必须降低建筑能耗,推广节能产品,逐步淘汰白炽灯等。该法案还要求联邦政府和商业大厦将电灯泡的能效提高70%,并加速研究二氧化碳的管理及贮存问题。

新能源法案被迫剔除了不少雄心勃勃的环保目标,成为一个妥协的产物。但这部法案标志着美国将从汽车油耗标准及生物燃料等方面入手,拉开能源改革的序幕。

四、美国限制碳排放的胜诉判例

美国是普通法系国家,判例中法官的判决和推论具有法律效力,环境法领域中关于美国应对气候变化的著名判例当属2007年4月2日由美国联邦最高法院通过的判决——美国马萨诸塞州诉美国联邦环保局这一里程碑诉讼。经过四年时间、三级法院审理有了最终结果,美国联邦最高法院的九名大法官最终以五票对四票的比例通过判决认定:"二氧化碳也属于《清洁空气法》中的空气污染物;除非美国联邦环保局能提供科学证据证明二氧化碳与全球变暖问题无关,否则就得对二氧化碳予以监管,并且不得放弃该权力;美国联邦环保局没能提供合理解释说明为何拒绝管制汽车排放的二氧化碳与其他有害气体。"基于此,美国联邦最高法院裁决:"美国政府声称无权限管制新下线汽车与货车的废气排放并不正确,政府须管制汽车污染。"[①]

此项宣判结果被普遍认为是对小布什政府的一次严重打击。小布什政府坚称根据美国《清洁空气法》,小布什一向反对和干扰环保运动,反对国际环保文书《京都议定书》,授意环保署拒不制定有关尾气的排放标准,在上诉中小布什政府坚持环保局没有权力规范二氧化碳及其他温室气体的排放。判决书尽管没有直接强制环保局采取措施控制温室气体,但是如果环保局无所作为,很可能面临更多的法律诉讼。美国联邦最高法院的最终裁决,解决了自小布什总统上台以来一直悬而未决的气候变化争议。基于此,此案被广泛认为是美国联邦最高法院数十年来处理的最重要的一个环境诉讼案件,也给了小布什总统一记响亮的耳光。从这起由美国部分州和一些环保组织提起、美国联邦最高法院判决的案件中我们看到,公众的力量、民众的呼声正在全球环境领域发挥着越来越重要的作用。这起案件的胜诉,使公众在环境保护中的作用和力量又一次得到证实。

---

① 龚微:《"马萨诸塞州等诉环保局案"对美国参与国际气候合作的影响》,《世界环境》,2009年,第1期。

五、奥巴马政府的绿色新政——系列减排法案积极出台

现任奥巴马政府积极推进美国碳交易制度的进程,加速联邦层面关于减少温室气体排放的立法已然成为国会立法的热点。比较重要的两个法案是《2009年清洁能源与安全法案》和《2010年美国能源法草案》,我们将从法案内容及效果分别进行述评。

2009年5月21日,在奥巴马总统的支持下,《2009年清洁能源与安全法案》在美国众议院能源和商业委员会以33票对25票的优势最终获得通过,该法案为美国设定了明确的碳减排目标,对美国约占85%的大型温室气体排放源确定了具有约束力的总量限额。要求包括发电厂、制造业设施、和炼油厂在一年内排放超过2.5万吨CO_2的排放源到2020年排放水平比2005年降低17%,相当于比1990年水平降低4%;到2050年排放水平削减到83%,相当于1990年的80%;法案中的补充性措施可实现的额外减排,将使对于2005年的排放,在2020年削减28%~33%。[①]

该法案内容详尽,长达950页,条款涵盖了清洁能源领域的方方面面,包括对电动汽车、家用电器和建筑物节能技术、碳封存技术示范项目、高效智能电网等提供补贴以及鼓励消费者使用清洁能源的政策等。同时,为了更好地推广清洁能源,实现既定目标,该法案规定在实施的初始阶段,可以向清洁能源及相关行业提供免费的碳排放额度补贴,其中50%的补贴用于清洁能源企业,15%可用于化学行业。

该法案的主要起草者和支持者韦克斯曼,也是能源和商业委员会主席,他评价该法案将打破美国对外国石油资源的过度依赖,使美国成为世界清洁能源的领袖,并能有效削减全球温室气体排放量。虽然该法案在美国众议院历经一周的激烈辩论,终获通过,但之后也面临着各方利益相关者的质疑掣肘,美国社会对该法案褒贬不一。

石油行业认为此法案出台太过仓促且不甚合理,认为这一法案在免费排放额度补贴的分配上有失公平。美国石油企业再加上汽车行驶所排放的二氧化碳,这些排放总量合计占全国二氧化碳排放总量的比例超过1/3,却仅能分配到2%的免费排放额度补贴,与其他行业相比差距太悬殊。而且该法案规定以2005年的碳排放作为减排的基准线,这也是不合理的,因为2005年美国受飓风等恶劣气候的影响较大,导致工业产量大幅减少,二氧化碳排放量也处于一

---

① 《美国清洁能源和安全法简介》,《中国水能及电气化》,2009年,第8期。

个相对较低的水平。另外,该法案在计划实施的早期阶段,为能源密集型企业(例如石化行业)设定了过高的碳减排目标。①

电力和天然气行业则对此法案表示满意,因为分配给电力行业的免费排放额度补贴较高。电力行业的碳排放量能够占到美国碳排放总量的40%,却获得了35%的免费排放额度补贴。美国天然气协会认为该法案认可了天然气在生产生活中的重要作用,天然气公司无疑将在提高能源使用效率、减少温室气体排放方面处于领导性地位。

环保组织的赞许与质疑声同步。美国的某些顶级环保组织,例如塞拉俱乐部和自然资源保护委员会,都对该法案表示欢迎和支持,认为美国可以借此走向温室气体大幅减排的道路,美国在2050年能够实现碳排放量减少83%的宏伟目标。但有些环保组织,例如绿色和平和地球之友等,则对此持保留态度,他们的观点是该法案存在明显的妥协性,这将严重削弱其既定的环保目标。

2010年5月参议院高调提出的最新匹配法案《2010年美国能源法草案》,使迫在眉睫的气候变化立法在形式上又前进了一步,但该法案设定的目标更为保守。

2010年8月29日,《华盛顿邮报》撰文说:"之前,绿色组织们希望政府通过一个在全国范围内建立碳排放贸易体系的法案。众议院也确实通过了这样的法案,但是当工业组织宣称这会谋杀就业,拖累经济的时候,参议院甚至决定不再考虑这个问题。"因此《2010年美国能源法草案》的规定极为保守。这一法案规定:在2016年之前,只有电力行业被纳入碳交易体系。而且只有和美国同处于一个多边或双边国际框架协议的国家才有资格向美国出售碳抵消指标。而且对美国的碳指标出口将主要以行业减排的形式进行。在《联合国气候变化框架公约》下以项目减排形式注册的碳指标,在2016年之前,只有在通过EPA的一套标准的进一步审核之后,才能进入美国市场;在2016年之后,《联合国气候变化框架公约》下的项目减排也只有转变为行业减排,才能进入美国市场。这些限制性条款大大增加了发展中国家产生的国际减排指标进入美国的难度。这样的法案在气候变化支持者的眼里是粗陋、保守、缺乏实质意义的。

以上法案是奥巴马政府执政的重要议程,充分彰显了美国誓要摆脱对进口石油的依赖,领导世界清洁能源革命的法律指向,只是最后未取得预期的效果。

---

① 美国石油研究所主席杰勒德表示:"这一法案不公正的分配体系将对消费者、公司以及汽油、柴油、原油以及天然气的生产商产生不利影响。"他还引用近期的一项调查,称这一法案将使每个家庭每年要为此多支付1500美元,其中74%将用于汽油支出。

碳排放交易法案是奥巴马能源新政的一项重要内容，目的是以温室气体减排作为向清洁能源经济转型的重要契机。但目前看来，法案的通过历程均非常艰难。奥巴马的低碳减排之路荆棘丛生。甚至有学者认为气候变化已经成了奥巴马"烫手的山芋"和"打飞的子弹"，国家利益才是美利坚民族政策的重心，奥巴马为了竞选连任，将会转移重心至解决失业率问题，2011年美国气候立法将走向深度低迷。

第三节　各州政府和地区关于碳排放权交易制度的相关法律及政策

美国因为2001年退出了《京都议定书》，所以没有国家层面的强制性减排义务，也没有形成全国统一的排放权交易体系，只有州和地区级的区域性碳排放权交易体系，目前主要的这类交易体系有：西部气候倡议、区域性温室气体倡议、加州碳排放交易市场以及芝加哥气候交易所。简要述评如下。

一、西部地区气候行动倡议

1. 成立及目标

2007年2月，亚利桑那州、加利福尼亚州、俄勒冈州、新墨西哥州、华盛顿州共同签署《西部地区气候行动倡议书》（Western Climate Initiative，WCI），旨在建立一个跨州的基于市场的温室气体减排计划，目的是减少区域内的温室气体排放，并对温室气体排放情况进行注册和管理。2003年，加利福尼亚州、华盛顿州、俄勒冈州签署《西海岸防止全球暖化倡议》；2006年，新墨西哥州、亚利桑那州签署《西南部应对气候改变倡议》，以上两个减排行动是WCI产生的基础。之后美国的蒙大拿州、犹他州相继加入，这个减排计划还吸纳了加拿大的几个省，包括哥伦比亚省、安大略省、曼尼托巴省、魁北克等。

WCI是成立比较早的区域性气候变化应对组织，它实现了通过州、省之间的联合，促进气候变化政策的制定和实施，它支持采用市场机制完成减排计划，并因此制定了跨边境的碳交易机制。① 2008年9月23日，WCI明确提出建立独立的区域性碳排放权交易体系，该方案设定的目标是到2020年该区域的温室气体排放量在2005年的基础上降低15%。这一体系涉及工业、商业、电力、交通等排放量较大的部门，将于2012年正式开始运行。

---

① 内容参见 www.westernclimateinitiative.org，访问日期：2010年11月20日。

2. 运作方式

州或省政府为一个或几个行业设定碳排放的绝对总额,可交易的排放额(WCI 中称排放许可)应当限定在总额之内,各州或省政府可以通过拍卖或无偿的方式对这些排放额进行分配。WCI 特别强调排放配额只是政府颁发给企业的排放许可,结余的配额可以进入二级市场交易,企业在某些情况下可以购买区域内其他地方的配额,但目前不允许接收京都议定书模式下的清洁发展机制产生的减排额。随着 WCI 的发展,将来可能会允许企业交易其他同类型的碳排放额产品。①

项目的第一期将于 2012 年 1 月 1 日起,每 3 年为一个履约期,主要包括电力、工业、交通运输等行业。第二期开始于 2015 年,项目范围增加了居民燃料及工商业燃料等。每个 WCI 成员拥有截止到 2020 年的排放配额,可以自己选择使用还是交易,但是 WCI 从一开始就要求拍卖分配的比例不低于 10%,到 2020 年不低于 25%。另外,WCI 还规定可以从排放交易所得中提取一定比例用于碳减排的公益事业,例如关于发展低碳经济、提高能源效率方面的技术创新。

3. 管理模式

西部州长协会全面负责各项目的管理,同时由各成员州、省的代表组成委员会和秘书处负责日常工作的执行,WCI 的机构中比较重要的委员会有如下三个。

报告委员会(Reporting Committee):负责建设并管理温室气体排放的报告系统,确保向 WCI 管理者提供的碳排放数据及时而准确,以支持 WCI 的总量控制体系。报告的管理规则、报告的工具以及区域内碳排放数据库等是整个报告系统构成的基础。WCI 要求进行监测、报告、记录的是来自下列行业的碳排放情况:一般的固定燃烧、炼油厂气体燃烧、铝锭制造业、煤炭贮存、发电厂、电力输入、水泥制造业、钢铁制造业、石灰制造业、氢气生产、石油加工、石化生产、纸浆和造纸、纯碱生产、油脂工业。

总量控制和许可分配委员会(Cap Setting and Allowance Distribution):负责运用方法学为本区域制定排放总量并在各成员间分配排放额。主要工作包括设定第一阶段的碳预算总额、分配排放许可时的协调以及 Offset 信用项目达标的限制。

市场委员会(Markets Committee):负责监管许可和 Offset 信用的交易市场,保证其健全透明地运转。主要工作包括指导一级市场、二级市场以及派生

---

① 赵绘宇:《美国国内气候变化法律与政策进展性研究》,《东方法学》,2008 年,第 6 期。

市场的运行;制定并执行拍卖分配方案;评估区域地方市场的建设和运行,为总量限制计划的执行提供支持。

二、区域性温室气体倡议

1. 成立及目标

在美国纽约州前州长乔治·帕塔基的带领下,美国东北部以及大西洋中部沿岸的 9 个州于 2003 年 4 月创立了一个区域性减排组织,即区域性温室气体倡议(the Regional Greenhouse Gas Initiative, RGGI)。它是美国州政府层面第一个基于市场方法的限制温室气体排放的强制性减排体系,于 2009 年 1 月正式启动。这 10 个成员州①共同实行在电力部门总量排放限制,计划到 2018 年碳排放减少 10%。RGGI 作为以州为基础成立的区域性应对气候变化合作组织,在美国的温室气体减排上发挥了重要的作用。它规定在成员州 2005 年以后所有装机容量超过 25 兆瓦的发电设施均为管制范围内的排放实体,并为其设定了二氧化碳排放量的上限,要求其到 2018 年时的排放量在 2009 年的水平上减少 10%。由于它所涉及的控制排放的部门仅包括电力行业,这种保守的规定使其取得的成效有限。

2. 运作方式

RGGI 采用的是限额与交易机制,即先在一定区域内设立一个总的二氧化碳排放量上限,并在此基础上逐年减少该限额,直到降低 10%。RGGI 为成员州提供了一个缓冲期,允许各州在第一个三年期的排放上限保持不变,这就给了各州一个适应的时间,应该说属于相对比较科学的规定。但从 2015 年开始至 2018 年将每年减少 2.5%,最终达到减排目标,这是具有强制约束力的。RGGI 构建了一个通过市场模式运作的碳排放权交易体系,各成员州的电力部门可以购买某些特定项目所产生的碳排放配额,以抵消其过度的排放量,但 RGGI 对排放实体购买的碳抵消额有严格限制,一般不能超过 3.3%,而且应当在美国本土内。

在这种机制的管理下,各州都会积极采取措施,降低发电厂的碳排放量,以便有结余的排放配额可以通过 RGGI 体系进行交易,被纳入 RGGI 体系的发电厂都可以通过购买排放配额,来履行该州的碳减排义务,这就将 10 个州的减排项目连接成一个协调、统一的区域性碳排放市场。这些州都通过拍卖方式出售

---

① 这十个州分别是康涅狄格州、特拉华州、缅因州、马里兰州、马萨诸塞州、新罕布什尔、新泽西州、罗德岛州、纽约州和佛蒙特州。

排放配额,制定了源于拍卖碳排放额所获资金的投资计划、法律和程序,将拍卖收入用于提高能源效率和清洁可再生能源的技术研发,减少温室气体排放,并帮助消费者控制能源成本。

3. RGGI 交易所

RGGI 建立了交易所,旨在为十个成员州的二氧化碳预算贸易计划提供技术和支持服务。RGGI 交易所的董事会由各州能源和环境行政首脑组成,其主要职责是作为二氧化碳许可拍卖的平台,监控追踪二氧化碳排放许可的交易,向 RGGI 提供各州碳排放的数据。另外,RGGI 交易所还可以为成员州在申请 Offset 项目时提供技术方面的支持,并协助成员州评估 RGGI 计划的绩效。

4. RGGI 运行的特点

RGGI 成员州具有以下几个相似的特点:首先,这十个州在美国都是经济发展水平偏高的地区,特别是纽约州和新泽西州;其次,这十个州的化石燃料电厂比重偏低,特别是燃煤电厂,即使是比重最高的马里兰州,也仅达到美国的平均水平,电能产量占到 1/2。而有的州甚至没有燃煤电厂,例如佛蒙特州。由于美国燃煤发电的产量约占全部电力供应的 48%(2007 年的统计数据),因此,这些成员州电力行业的减排对电力供应的影响不大。最后,这些成员州都在美国高电价地区,其电力价格都远高于全美平均水平。偏高的电力价格可以刺激电能来源的多样化,在一定程度上降低燃煤电厂的资产价值。而且总体来说,美国的 RGGI 系统主要是地方的自主行动,没有对美国整体的能源结构和电力结构造成较大的影响。

2006 年 8 月,各州统一了立法模式。同时,通过签订谅解备忘录,约定将限额与交易机制中最易引起争议的配额分配环节交由各州自行处理。RGGI 体系规定除了预留 25% 通过拍卖方式进行分配以外,各州可以自行决定如何分配剩余的 75%。其中有五个州(新泽西州、纽约州、马萨诸塞州、缅因州和佛蒙特州)决定取消以往的免费发放,要求所有的配额都以拍卖形式进行分配。正如美国 NRG 电力集团的副总裁斯蒂夫·康纳利提到配额政策对 RGGI 交易市场流动性的影响时说:"配额政策与拍卖政策并行有助于减少交易风险,扩大碳排放权交易市场的规模,因为只有这样,投资者才能在合适的时机选择合适的仓位。现行的政策是必须有 25% 的配额进行拍卖,这可以有效地避免发生欧盟排放交易机制第一阶段出现的因供应过剩而引发的排放权价格暴跌。"[①]因此,规定

---

① Stephen Castle, Europe Moves to Make Big Polluters Pay for Emissions, N. Y. Times, June5, 2007.

25％以上的配额分配必须通过拍卖方式,也是吸取了 EU ETS 运行中的教训。

三、美国加州全球变暖行动倡议

2006 年 9 月 27 日美国加利福尼亚州审批通过《2006 年加州全球气候变暖解决法案》,成为全美应对气候变暖问题的先锋,它提出要大力发展替代性能源和相关产业。该法案规定,加州空气资源理事会是为了降低温室气体排放,对造成全球气候变暖的温室气体排放源进行监管的机构。要求占全州范围大部分排放量的温室气体排放源或种类源对温室气体的排放进行报告并纳入到监测体系。这适用于所有电力零售商。该法案明确规定加州空气资源理事会可以使用以市场为基础的合规机制,包括降低温室气体排放源或者种类源每年的总排放量,温室气体的排放权交易、指标存储等。同时,法案也规定了具体的处罚措施。

加州空气资源理事会于 2010 年底批准了碳交易相关法规《美国加州批准碳市场相关交易规则》,限制二氧化碳及其他温室气体的排放量,并允许电站、工厂、炼油厂等在总量管制与排放交易体制下通过买卖行政许可来进行排放。2010 年 11 月,美国 NRG 能源公司和英国巴克莱银行的交易成功为加州碳排放权交易市场揭开序幕,成交价格为每吨二氧化碳 11.5 美元。

加州州长施瓦辛格表示:"这将使我们成为碳交易的领先者。"加州规定,1/3 的电力必须来自太阳能、风能等可再生能源。该州还鼓励车主采用像生物燃料、天然气等低碳燃料。加州目前正在想方设法解决预算短缺问题,不过该州凭借在环保方面的努力,赢得了众多风险投资基金,目前正在创造越来越多的"绿色"岗位。

美国加州通过了数十亿美元碳市场的相关交易规则,这将成为美国构建全国性气候变暖解决方案的转折点。汤森路透旗下的点碳公司(Point Carbon)预计,加州碳市场到 2016 年的交易价格将由 2012 年的每吨 10 美元增至 18 美元,从而使该市场的规模由 2012 年的 17 亿美元增至近 100 亿美元。而且加州碳排放权交易体系中也有关于 Offset 机制的设计,允许企业有 8％的减排额度可以通过购买 Offset 信用额进行抵消。根据这种设计,在 2012～2020 年期间,将可能有 2.3 亿吨的 Offset 指标进入加州市场,甚至有专家预计加州将成为仅次于欧洲的第二大碳市场。

四、芝加哥气候交易所

1. 成立与目标

芝加哥气候交易所(Chicago Climate Exchange，CCX)成立于2003年，其起源是2000年5月芝加哥Joyce基金赞助的一项可行性计划。CCX是全球第一个、也是北美地区唯一的一个允许会员自愿性参与温室气体减排交易，但要求参加会员对承诺的减排量接受强制约束力的市场交易平台，同时也是全球第一家具有期货性质的规范的气候交易市场，当之无愧成为碳排放交易的先驱组织。CCX的运行机制与清洁发展机制不同，它是一种不同模式的基于市场机制的温室气体交易体系。[①]

CCX还成立了多家子公司，其中芝加哥气候期货交易所(Chicago Climate Futures Exchange，CCFE)是美国商品期货交易委员会指定的专业化合约市场，交易的商品包括标准化的碳排放配额和其他环境产品，已经为国际社会所广泛认同。另外，CCX有数个子公司分布在世界各地，例如蒙特利尔气候交易所(the Montreal Climate Exchange，MCEX)、欧洲气候交易所(European Climate Exchange，ECX)和天津排放权交易所(Tianjin Climate Exchange，TCX)。2006年，经过几年的实际运转之后，CCX制定了《芝加哥协定》，详细规定了CCX建立的目标、包含的范围、承诺期安排、涉及的温室气体、投资回收期和融资银行、企业注册交易方案、温室气体监测程序等一系列的交易细则，使CCX的交易流程具有较强的规范性和可操作性。

CCX的核心理念是用市场机制来解决环境问题。CCX的目标主要是促进温室气体交易，建立设计合理、价格透明、环境友好的交易市场，提高减少温室气体排放的成本效益分析的技巧，促进公共和私营部门致力于提高温室气体减排能力，提供关于加强成本效益分析的温室气体减排知识，促进展开在管理全球气候变化方面的公共讨论。[②] CCX的主要管理机构是常设委员会，它负责整体的管理协调，制定特定市场的交易规则，另外还包括各个专门委员会：执行委员会、交易和市场运转委员会、环境达标委员会、会员委员会、抵消委员会和林业委员会。

2. 运作方式

CCX一直执行会员制的运营方式，在成立之初共有13家创始会员，包括美国电力、福特、杜邦、摩托罗拉等公司在内。现在项目遍布欧美及亚洲地区。已经有超过25个不同行业的450多个跨国会员，会员的种类包括注册会员、非正

---

① 准确地讲，CCX是介于强制与自愿之间的交易系统，尽管企业可以自愿加入，但是一旦加入就被强制要求承担减排义务。

② 何钢：《芝加哥气候交易所》，《世界环境》，2007年，第2期。

式会员、Offset 提供商、Offset 汇集商、交易参与商等,行业涉及航空、电力、环境、汽车、交通等,既包括美国国内外大型企业和地方政府,还包括国外的会员,例如墨西哥政府。中国亦有五家公司是其会员。

CCX 涵盖的可交易气体种类包括了《京都议定书》中的全部六种气体。在 CCX 注册的会员必须首先根据自身情况做出减排的具体承诺,该承诺出于自愿但具有强制的约束力。如果该会员的实际减排量超过承诺减排额,它可以将超出额在 CCX 市场上卖出获利或者存入自己在 CCX 开立的账户;但是如果实际减排量低于承诺的减排额,则它必须通过在市场上购买碳金融工具合约(Carbon Financial Instrument,CFI)以实现其减排承诺,否则属于违约行为。

CCX 采用的交易方式包括两种:配额交易与补偿交易。配额交易方式是指采用将注册会员在 1998~2001 年间的温室气体排放量作为基线,在两个阶段逐年减少的减排方案。第一个阶段为 2003~2006 年,所有会员应当每年减排 1%,从而实现将排放量减少到小于基线的 4%。第二个阶段为 2007~2010 年,对于在不同阶段加入的会员做了有差别的规定:第一阶段加入的会员每年应当再减排 0.25%,实现减少到小于基线的 6%,但第二阶段新加入的会员应当做到每年减排 1.5%。会员之间可以进行排放额的交易,通过购买 CFI 来实现其减排承诺。

补偿交易则是一种具有公益性质的以限制性补偿计划产生的交易方式,主要适用于农业、森林、水资源和再生能源部门,CCX 规定参与补偿交易的会员必须首先在 CCX 办理登记,该会员如果有减排量,而且能向 CCX 提供合规的证明文件,就可以作为合法的补偿计划在 CCX 市场上进行交易。CCX 具有较强的开放性,同时还接受其他项目的减排量,它是美国唯一可以和 CDM 项目对接的碳交易体系,但是由于其 CFI 的价格较低,与欧洲碳市场上 CDM 项目的减排额价格相比差距过大,导致在实践上交易很难发生。[①]

3. 交易系统

交易系统由三个主要部分组成。一是芝加哥气候交易所交易平台,它是一个通过互联网运行的系统,能够执行 CCX 账户持有者之间的交易指令,在成交后及时确认并公示交易结果。这个系统采取保证金(合约值的 10%)交易的方式,交易标的是标准化的 CFI,以保证交易价格的透明度和匿名特点,交易发生

---

① 任捷,鲁炜:《关于中国温室气体排放权交易体系的构想》,《南京理工大学学报(社会科学版)》,2009 年 6 月。

的当天合约在登记账户者之间交付,但次日进行交割(T+1模式)。这个交易平台为会员控制排放量提供了技术支持,会员可以根据平台记录的数据,有选择地采用各种减排技术,定期测量以实现对排放量有效的控制。而且这个交易平台可以帮助会员完成减排任务,激励减排成果显著的企业,在这个平台上,超额完成减排任务的会员可以通过出售超额的减排量来获得额外利润,未实现减排承诺的会员可以通过购买减排量以及农业碳汇等途径完成其减排任务,但是为了保证总的减排效果,CCX对会员所购买的碳汇量的比例有所限制,最高不能超过其目标减排量的一半。[①] 总之,这个交易平台意义重大,可以向客户、环保机构和社会公众展示关于气候变化的战略远景,会员由此可以了解碳交易市场的走向,结合企业情况制定发展战略,采取具有信用度的减排和认购补偿行动,对企业的温室气体减排计划做出更系统的安排,从而为参与全球碳交易做好准备。

二是结算平台。该平台用来处理每天在CCX交易平台上发生的所有交易活动的数据和信息。这个系统与登记注册系统直接相连,便于向登记账户所有者交付当日发生的CFI的交易活动。所有的发生在交易平台上的买卖活动都必须通过这个结算平台进行结算。三是登记注册系统。这个系统是合约交易的电子数据库,可以为碳财务工具提供官方持有人的记录服务。所有的CCX成员都必须在CCX注册,拥有独立的登记账户。

CCX的发展迅速,2008年的成交量是2007年的四倍,为6900万吨二氧化碳当量,交易金额高达3.09亿美元。但是CFI的价格起伏较大,在美国社会对碳排放市场充满信心时曾达到过7美元。但由于联邦政府一直不正式认可CFI的价值,在2009年时也跌到几美分。目前随着CCX第二减排阶段届满,又走到了十字路口,关于CCX的未来,将在下节进行评析。

第四节　对美国碳排放权交易制度的评价

一、美国碳排放权交易制度取得的成绩

(1)美国关于二氧化硫排放权交易机制的经验为其他碳排放市场包括EU ETS,提供了技术方面的范例。这是首先应当肯定的。美国人口虽然仅占全球

---

① 林云华:《国际气候合作与排放权交易制度研究》,北京:中国经济出版社,2007年版。

人口的3%~4%，但高度发达的经济水平却导致其所排放的二氧化碳占到全球总排放量的25%以上，成为世界上最大的温室气体排放国。美国经济实力也最雄厚，在保护全球环境上有不可推卸的责任。美国在早期的气候变化谈判中扮演了重要的角色，是《联合国气候变化框架公约》最初的几个缔约国之一，并最早开始了关于二氧化硫排放权交易机制的探索，近30年的实践证明该项政策具有显著的环境和经济效果，二氧化硫排放削减量大大超过了预定目标，排污许可的市场价格远低于预期水平，治理污染的费用节约了30亿美元，有效地降低了治理成本和管理成本。

(2)但是到了20世纪90年代末美国的态度却发生根本性的转变，坚决反对建立具有法律约束力的国际温室气体减排制度。2001年美国政府单方宣布退出《京都议定书》，并且以对发展中国家没有设定强制减排任务为由，多次公开批评《京都议定书》缺乏公平性，拒绝承担强制减排任务，全国性的碳排放权交易体系没有形成。这导致美国在温室气体排放方面的成效不佳，从1990~2000年排放量增加了14.4%，平均每年增加1.44%。2002年的排放量在1990年的基础上增长了13%，而且呈现出之后可能会逐年递增的趋势，说明美国的温室气体排放交易体系有一定的作用，但是非常有限。由此趋势可以推断，美国实现2012年排放量在1990年的基础上降低7%的目标的可能性不大。

(3)美国联邦政府层面推出了多部有关碳排放交易的立法(详见本章第二节)。美国联邦法律还未有针对碳排放权交易制度的专门性立法，但2007年以来已经提出一系列的国家议案，呈现出重视气候变化和碳排放交易立法的发展趋势。这些法案主要有：2007年1月12日提出的《气候责任和创新法案》，2007年1月16日提出的《全球变暖污染控制法案》，2007年1月22日提出的《气候责任法》，2007年2月1日提出的《减缓全球变化法案》，2007年7月11日提出的《低碳经济法案》，2007年10月18日提出的《美国气候安全法案》，而最新提出的2009年《清洁能源与安全法案》和2010年《美国能源法草案》，昭示着美国正在迈向气候变化的联邦立法。

尤其是2007年《美国气候安全法案》，承诺到2050年温室气体排放量将下降至2000年的50%~85%，运用科技手段、经济手段、外交手段进行综合性的管理控制[①]，减排范围将涵盖全部六种温室气体。2007年《低碳经济法案》的目标是，到2050年美国的温室气体排放量在2000年的基础上降低59%。这两个

---

① Deborah Gordon, Findings of the IPCC Fourth Assessment Report: Climate Change Mitigation, http://www.ucsusa.org/global_warming/science/ipcc-highlights3.html, last visited Dec. 15,2007.

法案的减排力度都很大,而且内容很丰富,涵盖了排放配额的分配机制、降低减排成本的约束机制、对项目外企业的激励措施、排放的监测与规制、拍卖配额所得收入的使用方式等。2009 年《清洁能源与安全法案》则用立法的方式提出了建立美国温室气体排放权限额——交易体系的详尽设计,这无疑对推动美国的碳排放权交易立法有着重大的意义。

这些法律提案的减排方式主要有三种:总量控制与排放交易手段、温室气体排放税以及部门混合手段。总量控制与交易手段还包含两种方案:"上游选择"和"下游选择"。"上游选择"主要适用于汽油、家庭供热燃料的精炼和供应厂家,"下游选择"主要适用于大型固定排放源,例如发电厂。

然而,尽管有诸多提案,但美国在联邦层面尚无法制定全国统一的限额和交易体制。因为这将涉及多方面的因素,除了温室气体排放问题本身,协调好各方面主体的利益平衡更是关键,尤其是如何保护好弱势群体在环保法律体系下的权利以及妥善解决联邦气候立法与地方政府相关立法的权力划分问题。

(4)美国的某些地方和州有着强烈的环保意愿,它们自愿承担温室气体减排责任,主动加入减排行列,并形成了区域间的碳排放权交易市场(具体情况详见本章第三节)。

美国联邦政府的行为并不能全面地反映整个美国对待气候变化的态度,只关注联邦政府的碳排放立法也有失偏颇。各州和地区才是美国当前的主要减排动力,也是逐步推进建立强制性的全国统一碳交易体系的基础。对这些州和城市的环保人士的努力应当给予肯定。除了前文讲到的 WCI、RGGI、加州碳交易体系以外,2006 年,美国西部州长协会发起清洁和多样化能源的倡议,涵盖了西部 18 个州,致力于提高电力系统效率和开发可再生能源的战略。[1] 2007 年成立的中西部温室气体减排联盟(the Midwestern Greenhouse Gas Reduction Aliance, MGGRA)[2],也将发展碳排放的限额交易机制作为重要的减排措施。这些州际联合,集中了各州原来很零散的温室气体减排力量,扩大了影响范围,具有更深刻的现实意义。

尤其是 2010 年 11 月美国加州通过投票决定,2006 年州议会通过的《加州

---

[1] Randall S. Abate, Kyoto or Not, "Here We Come: The Promise and Perils of the Piecemeal Approach to Climate Change Regulation in the United States", Cornell Journal of Law and Public Policy, Spring, 2006.

[2] 中西部温室气体减排联盟包括伊利诺斯、密歇根等在内的美国中西部 7 个州。

全球气候变暖解决法案》将于2012年开始生效,这意味着加州可以依据2006年的州议会立法,在2012年正式建立碳限额交易机制。与此同时,新墨西哥州政府也加快了碳交易立法的步伐,于2010年11月2日通过了建立温室气体减排机制的法案,其中包括碳限额交易机制的建立。而且加州在2007年加入了西部气候倡议WCI,预计加州碳市场的发展将带动WCI的扩大,这个强制碳市场的规模将达到7.7亿吨。而且以上几个区域减排市场之间的合作也日趋密切,将有市场联动的可能,区域间的合作在总量控制与排放交易上有广阔的空间。届时碳排放交易市场将扩大覆盖面,增强影响力,对联邦政府形成巨大的压力。

(5)美国的公众(非政府环保组织、企业与个人)在减少温室气体排放、推动碳交易制度发展上的贡献。

相对美国联邦政府在减排上的消极态度,美国国内的一些跨国企业却先行一步,主动调整企业经营策略,自愿减少温室气体排放。例如,美国《商业周刊》评选出的在温室气体减排方面成绩显著的世界十家企业之首杜邦公司,它在1994年承诺到2000年温室气体排放量削减至1990年的40%,杜邦公司如期达到这一目标。之后它又制定了到2010年减排65%的新目标,杜邦公司在2003年就兑现了其减排承诺,比原计划提前了七年。而且在实践上,杜邦公司通过减少温室气体排放也获得了经济上的收益。以1990年为基础,2003年时能源消耗减少了7%,但企业的产量却增加了30%,这一进一出综合起来共计节省了近20亿美元。

另外,非政府环保组织为了推动温室气体减排,在科技、法律、教育等方面做出了不懈的努力,个人的贡献在多元化的美国社会也是不可忽视的力量。在法律方面,美国民众针对联邦政府消极不作为的气候变化政策,采取了气候变化诉讼的重要举措。这种诉讼主要针对的是由于气候变化给人类带来的不良影响,例如,气候变化引发的人身、财产损害赔偿以及公共环境、资源利用等问题,公众可以作为原告通过诉讼的途径推动美国社会温室气体减排制度的发展。美国作为判例法国家,成功的气候变化诉讼案例也是在立法方面的进步。

(6)由企业倡议成立的芝加哥气候交易所机制完善,成为碳排放交易体系的楷模。

芝加哥气候交易所主席理查德·桑德尔博士,也是美国西北大学凯洛格商学院经济学教授,他首创用市场经济模式推动全球环境保护的理论,为国际社会成功应对这个时代的环境挑战做出了杰出贡献,《时代》杂志评价他为"地球上的英雄",并且由于他是 CCX 的主要创建者,而被誉为"碳贸易之父"。[①]

芝加哥气候交易所是目前全球唯一一家同时开展二氧化碳、甲烷、氧化亚氮、氢氟碳化物、全氟化物、六氟化硫等《京都议定书》项下全部六种温室气体的交易市场,其成交量能占到欧盟碳排放权交易体系的交易总量的 80% 以上,成为欧盟系统对外连接的最大的交易所,也是全球第二大的碳汇贸易市场,联合国前秘书长安南先生赞扬其为"建立二氧化碳排放市场的成功范例"。[②] 芝加哥气候交易所建立了现行减排补偿项目明细表的碳汇市场,建立了多家子公司,例如欧洲气候交易所(European Climate Exchange, ECX),实现了与欧盟碳交易市场的对接。而且它设计了先进完善的操作和监管机制,成为各国建立碳排放权交易所的学习对象。

二、美国碳排放权交易制度的特点

(1)美国在制定政策与立法上非常具有创新精神,同时呈现出多元化的特点。美国既沿袭了自己在环境法历史上的先进之处,也吸取了其他国家在碳交易制度中的有益经验和最新成果,并给予适当的改进与创新。从联邦政府的多项国家议案,到地方政府和区域间合作的领先实践,到社会公众的广泛参与,无不体现了美国在推进碳排放权交易制度上的创造性。为了使碳排放权交易制度更加科学,操作性强,有些州还采用了很有特色的制度创新工具,例如能源效率配比标准、再生电力配比标准、净计量、节能及可再生能源公众集资受益计划、建筑法规能效规定以及早期温室气体减排登记制度等。通过运用这些创新工具,美国不仅实现了减少温室气体的目标,还降低了能源成本,推动技术创新,提高就业率,促进国家经济增长。

(2)区域碳排放权交易市场中关于温室气体总量交易的规定,主要侧重对电力部门的减排控制。WCI 虽然要求多类高排放行业提供数据,建立监测标准,但是专设了电力委员会,负责就总量交易计划与电力部门沟通,着重控制电力部门的排放量。RGGI 实际上目前只针对电力部门进行总量控制。这主要是因为,首先从各生产部门的碳排放量排序来看,电力部门是高排放的部门,其减排成效直接影响到全国减排目标的实现;而且,美国已经运行多年、比较成熟的

[①] 早在 20 世纪 70 年代初,就在美国芝加哥贸易委员会担任副总裁和首席经济师,曾经创造了以银行浮动利息为基础的金融期货理论,为现代国际金融期货市场的发展奠定了理论基础,被全球最大的期货交易所芝加哥贸易委员会誉为"金融期货之父"。

[②] 何钢:《芝加哥气候交易所》,《世界环境》,2007 年,第 2 期。

二氧化硫总量交易计划,和碳交易机制相近,就是针对电力部门的二氧化硫排放实行许可交易制度。因此,美国的电力部门更容易接受碳排放权交易机制,从电力部门开始推行碳交易制度,可操作性比较强,且能实现较好的减排效果。

(3)美国在碳交易体系中加强对Offset的设计,扩大了减排行动的行业影响,而且排放实体能够以更低的成本实现减排目标,使得碳排放交易机制更加灵活,富有成效。例如,2003年芝加哥气候交易所在全球最早推出了Offset碳指标,目前经第三方核证批准,已经有8000万吨的Offset量登记注册,正式签发,包括农业、林业、可再生能源、消耗臭氧层物质ODS等,其中有200万吨来自中国的项目。加州碳市场最初的设计中,排放企业在合规的排放配额中,Offset指标的使用上限为4%,但最后的版本中,这个上限被提高到8%,足见加州碳市场对Offset项目的青睐有加。

另外,美国区域交易市场还很注重与国际的接轨,加强与其他国家的合作,例如,2006年7月31日,美国加州与英国达成一项协议,宣布建立一个新的泛大西洋二氧化碳交易市场。

(4)跨州的区域性碳排放市场的建立方式比较科学。一般是先建立一个总的规则制度,为各成员州提供范例和参考,各州可以根据其立法精神和基本要求,结合各自的实际情况制定自己的减排规则,并将"限额和交易"制度中最易引起争议的"分配配额"环节留给各州自己处理。这样就使得成员州的立法在总体上协调一致,形成各有特色的地方联合立法,各州分配的许可能够彼此进行调剂,形成一个流动的区域交易市场。由于各州政治制度和经济结构的不同,这种模式使得立法更加科学、有效,且能体现各州自己的特色。

(5)温室气体减排工作的部署尽量在全国范围内进行,这样可以避免区域性减排容易引起的"外溢效果",即参与的各州为了避免因排放量逐步紧缩而导致的减排成本增加,从而将有关企业转移至不受限制的地区。这样一来,该体制所期待的减少温室气体排放的目标将实质性落空,碳价格会有巨大波动,碳排放交易市场就无法保持正常运作。

(6)美国区域碳排放权交易体系所涉及的成员州,基本没有美国的主要能源生产地区。排在美国能源生产前十位的是得克萨斯州、怀俄明州、路易斯安那州、西弗吉尼亚州、肯塔基州、加利福尼亚州、宾夕法尼亚州、新墨西哥州、俄克拉荷马州、科罗拉多州。加州是个例外,由于环保团体势力较强,能够成为自主减排行动的先锋,同理,新墨西哥州也是减排行动的积极拥护者。这说明美国各州实力雄厚的利益集团,在相当程度上能左右着州政府的政治决策,影响了美国碳排放权交易制度的发展。

三、美国碳排放权交易制度的不足及未来

虽然目前美国的奥巴马政府执行绿色行政，推出了系列减排法案，但这些法案均是将气候变化问题与能源安全、经济转型和技术创新三大战略相联系。其中，2009年6月众议院通过《美国清洁能源安全法案》，规定要实行温室气体排放权交易机制，政府为发电厂及工厂等设定碳排放量上限。国际上都认为美国全国碳交易市场有望以该法案为基础形成。① 但实际上在2010年奥巴马政府为了国内的经济增长，稳定就业，却并未能使这部法律真正生效。这表明，美国减排温室气体的根本目的，不单是为了应对气候变化、应对国际压力，而更多的是从本国发展战略考虑，为本国经济的可持续发展和巩固美国在全球的地位服务。

碳排放交易体系正常运行的基础是流动性强的交易市场，这就必须创造出交易标的即碳排放权的稀缺性，而在法律上进行强制性的碳排放总量限制是基本前提。但是美国单方退出《京都议定书》，拒绝在国际上做出具体的减排额度承诺，使得美国在政治上很难制定出全国性的总量控制政策，相关立法也就不可能出台。由于美国政府没有强制的总量控制，就不会为企业颁布二氧化碳排放配额指标，碳信用没有稀缺性，碳市场就失去了存在的根基。由于美国联邦政府对碳交易立法的缺失，目前CCX面临很大的困难，其会员已表示在2010年底结束第二期后，没有兴趣再继续进行第三期，这宣告了美国目前唯一一个全国性碳交易市场的终结。

交易的减少和企业的"撤退"，源于联邦政府碳限额立法的缺失，自愿交易难以为继；无论买方或卖方，都认为CCX碳限额交易的是否继续，取决于对美国实施联邦层面的碳限额交易的预期，以使CCX的自愿交易变成强制性的市场。芝加哥气候交易所（CCX）曾经被当作用市场驱动方式解决气候变化的典范，但现在它已经变成美国政府在解决这个全球性问题上面无所作为的牺牲品。这个美国唯一的具有法律约束力的自愿性碳交易市场的经验说明，这样的自愿性机制注定要随着强制性减碳机制的命运起落。而由于参议院在2011年夏天抛弃了对碳限额交易的立法，共和党在11月初的国会中期选举中赢得了众议院的胜利，所以碳限额联邦立法的希望变得很渺茫。这也立刻体现在碳交易价格及成交量上，CCX的碳限额交易已经名存实亡，连续数月只有少量的现货成交。目前交易单位CFI（一个单位代表100吨二氧化碳当量）价格已降至5

---

① 赵坤：《发达国家如何实施低碳经济政策和措施》，载《中国科技投资》，2010年，第11期，P33。

美分(0.34元人民币)，而2008年年终历史最高价格则是7.4美元(49.59元)。①

实际上对CCX的批评之声也一直存在，认为CCX的减排成就是"最低限度的，只是达到避免国际灾难的减排要求"。自从2003年交易开始以来，其成员总共减少了4.5亿吨的碳排放。相比之下，美国仅在2008年的总排放量就达到70亿吨。

但实际上CCX的影响还是很深远，其经验表明限额与交易不仅是可以做的，而且是可以承担和大家所期盼的。CCX实现了与部分经济圈的关联，甚至包括中国、巴西及印度等发展中国家，而且还向各国政府和环保组织输送了关于碳排放交易的理念，强调这确实是一个对世界有益的产业。可以说CCX担任了排放权交易的教育者的角色，向后来的参与者诠释了总量控制与排放权交易的含义，交易机制的具体规则。

我们认为不能把CCX当做政府行动的替代品，CCX在作为探索碳交易可使用性的一个大规模示范工程上是成功的，自愿性市场是为强制性机制铺路的。CCX现在正处在一个十字路口，前途未卜，也许随着美国联邦政府强制性碳交易立法的推进，CCX仍有机会成就辉煌的业绩，但即使无法为继，它所建立的成熟完善的碳交易机制仍将为各国所借鉴，在这种形式上实现其减少地球温室气体排放的初衷。

---

① 《芝加哥气候交易所的启示》，《中外对话》，http://www.co188.com/if_51081264_4.htm。访问日期:2010年11月2日。

第四章 欧盟与美国碳排放权交易制度比较研究

第一节 欧盟与美国碳排放权交易制度的相同点

欧盟和美国的相同之处首先在于,同样具有科学技术发达、工业化程度较高的特点,在应对气候变化问题上都有着突出的优势。它们对待碳排放权交易制度的态度和方式直接影响到全球统一的碳排放权交易市场能否成功建立。

其次,欧盟和美国的基本立场相同,即都倡导通过国际社会的合作来应对气候变化的威胁,发达国家和发展中国家应当共同努力减少碳排放量,建立碳排放权交易市场是解决气候变化问题的重要途径。

最后,欧盟和美国都积累了关于排放权交易制度的丰富经验,碳交易额也在国际碳市场上占据了绝对的份额,在法律制度上都制定了相对完善而且具有操作性的法规,通过科学而有效率的电子平台进行交易注册管理,并建立了标准化的技术检测及核准制度。它们的碳排放权交易制度都值得我们深入研究分析,我们将在下节针对这两种制度的特点及各自的优点做对比分析,以期为我国提供有益的借鉴。

第二节 欧盟与美国碳排放权交易制度的区别

欧盟作为一个超国家的政治联盟,是一个集政治实体和经济实体于一身、在世界上具有重要影响的区域一体化组织。欧盟通过立法建立了一个集合整个欧洲共同体的强制性碳排放权交易市场,EU ETS 成为强制性减排的碳交易制度的成功范例。而美国与之比较,最根本的不同之处在于美国虽然是一个主权国家,但并未形成全国统一的碳排放权交易市场,而是依靠各州政府、社会团体及企业等自愿成了区域性减排组织,建立了区域性的碳排放权交易制度。因此有着不同的立法模式,取得了不同的减排效果。

一、制度的成效

总体而言,欧盟的碳排放权交易机制更完善,取得了更佳的效果。欧盟通过 2003/87/EC 指令设立的 EU ETS,是迄今为止世界上覆盖国家最多、涉及行业最多的碳排放权交易体系。EU ETS 比所有较早的碳排放交易体系发展更快,交易制度的规模及其机制的复杂性,都是其他排放交易制度无法比拟的。EU ETS 对管理主体、实施的范围和产业、许可和分配、履约及处罚、监测与核查、核证程序和方法等都做出详细的规定。

而美国缺乏联邦政府的支持,未能形成全国统一的强制性碳交易体系,只有部分州政府主动采取减排行动,自愿在某些地区之间进行碳交易。主要包括"区域气候行动倡议"、"美国西部区域气候行动倡议"、环保人士推行的"绿色标签"产品等,这些区域性减排组织共同制定减排目标,自愿履行减排义务,实施环保项目,产生了一定的积极效用。另外,CCX 也是美国碳排放交易制度中的成功范例,它的意义已经超越了一个交易平台的定位,它是美国唯一一个全国性的碳排放交易市场,虽然目前由于第二履行期已满,处于发展的十字路口,但是它对美国碳排放权交易制度的贡献可圈可点,代表了美国的自愿性碳排放权交易市场,我们在下文对欧盟和美国的碳交易制度进行比较时,也是主要以芝加哥气候交易所作为美国自愿性碳排放交易机制的范例进行评析,同时结合美国部分区域性强制排放交易机制为补充,例如建立在《加州全球气候变暖解决法案》基础上的加州碳排放交易机制。

就取得的成效看,EU ETS 从 2005 年发展至今与其他排放交易机制最明显的优势在于它的规模与影响力。现在的欧盟排放交易机制涵盖了 27 个成员国下大部分高耗能、高排放产业,排放额度 2009 年全年的交易量 50 多亿吨等价二氧化碳,交易金融约 800 亿美元,是全球排放交易第一大规范市场。而全球第一大自愿市场,CCX 2009 年排放交易量是 1.1 亿吨。此外,美国区域性强制减排及交易计划实际上现在只有一个已经进入实施阶段,即 2009 年 1 月 1 日开始的 RGGI,其一年的二氧化碳交易量达到 9.8 亿吨,交易金额为 22 亿美元,无论规模还是交易金额都不能与欧盟排放交易机制相提并论。

而发生这种结果的主要原因在于美国没有国家的强制碳排放立法,未能提高全社会的减排动力,完全依靠自愿,就无法涵盖较大的范围和行业,自然在规模与影响力上无法达到满意的效果。相比而言,美国国内对于二氧化硫排放权交易制度有着强制性的立法,就取得了良好的减少排放及节约成本的效果。

二、立法模式

欧盟的立法模式是在欧洲共同体的层面统一制定了专门的法律,而美国则没有国家层面的碳排放权交易专门立法。欧盟通过各成员国的积极讨论,在欧洲共同体的层面制定了统一的专门的碳交易法规,EU ETS 形成的专门法律文件是欧盟 2003/87/EC 号指令,之后继续通过统一的欧盟 2004/101/EC 号指令依据《京都议定书》的相关规定对原有 EU ETS 进行修正,并通过 2008/101/EC 号指令将航空活动纳入 EU ETS 体系之内。同时制定了统一用于欧盟内部各国碳排放权分配的国家间碳排放权分配方案,用于确定总量计划及二氧化碳排放情况的监控与报告计划及三项关于指令实施细则的规章,为欧盟碳排放交易机制奠定了坚实的法律基础。

而美国则没有专门的国家层面的碳排放权交易立法,关于碳排放交易的联邦立法散见于《美国气候安全法》、2009 年《清洁能源与安全法案》和 2010 年《美国能源法草案》中。只有美国加州作为气候变化的先驱,在 2006 年制定了《加州全球气候变暖解决法案》,属于专门性的州级立法,而 CCX 的成立只是企业性的自愿行为。2006 年,CCX 制定了《芝加哥协定》,在协定中,详细规定了建立 CCX 的目标、覆盖范围、时间安排、包含气体、投资回收期和银行、减排、注册、监测程序、交易方案等等,可操作性非常强。但它只是 CCX 的内部规程,不属于立法的范畴。

三、强制效力及处罚制度

EU ETS 具有法律效力,且制定了严格的处罚制度。EU ETS 明确规定了减排的目标和覆盖的行业,具有法律强制力,即 EU ETS 下的排放实体在不能达到减排要求时,都会受到经济处罚,甚至面临诉讼的风险。而且惩罚制度非常严格,各成员国国内的经营者如果在每年 4 月 30 日之前,未能提交足够的许可用来抵消其上年度的温室气体排放,就必须缴纳比 EUA 市场价格还高的罚金。第一阶段的处罚较轻,每吨二氧化碳排放当量的罚款为 40 欧元;从第二阶段开始,每吨的罚款提高到 100 欧元。更严厉的规定是缴纳罚款并不能免除该经营者在下一年度提交同等数量超额排放许可的责任,即在下一年,企业获得的排放配额中还将扣除相应的超标排放数量。如此严厉的处罚,就使得企业自身会从收益最大化的角度来进行减排规划。

而美国碳减排主体的加入一般遵循自愿原则,都不是强制性的。尽管美国政府鼓励企业及公众积极参与温室气体减排,但缺乏具体的经济惩罚措施作为有效的制度依托,仅仅依靠企业的自愿行动。因此,美国整体的碳减排制度缺乏压力,碳交易制度也就缺乏生命力,可以说以美国目前的温室气体减排速度,《京都议定书》中要求在1990年基础上减少7%的目标不可能实现。

不过具体到加州内部碳交易制度,也是具有法律强制力,但是其规定的惩罚机制是否可行只有在2012年正式运行之后才可得知。芝加哥气候交易所的会员完全是自愿加入,但是一旦选择加入,就要接受该碳排放交易机制的约束,实现其减排的承诺,如果不能完成其减排承诺,就需要在交易所内购买排放权,但是这种方式比较温和,会员只是出于遵约的角度控制碳排放并交易,并无行政性的强制处罚机制。

四、管理模式

在管理模式上,EU ETS 采取了集中和分权和谐统一的管理模式,而美国没有集中管理模式。EU ETS 中,2003/87/EC 号指令规定由欧洲委员会设立欧盟中央管理处对碳排放权的交易和行使进行规制,负责对欧盟各成员国提交的国家配额计划进行审批,并运用"欧盟独立交易系统"对许可的交易和注销进行监测和管理,保证碳排放权交易和行使的合法合规。如果存在违规行为,中央管理机构可以通知成员国政府并在违规行为消除前禁止对碳排放权进行交易,交易的范围包括正在进行的和将要进行的交易。这体现了欧盟集中管理、宏观调控的一面。

但欧盟碳排放权交易机制比较特色的是它在集中的前提下适度放权,赋予了其成员国在排放交易机制中较大的自主决策权。由于 EU ETS 所覆盖的27个主权国家,在经济水平、政治体制和产业结构等方面差异较大,很难完全统一,于是 EU ETS 并没有直接指定成员国的排放权监管机构,而是仅对监管机构的权利义务职责做了原则性的规定,成员国可以享有一定灵活性的自主权,根据本国国情设计监管机制。例如,关于排放量的确定规则,欧盟并不预先自行设定碳排放总量,而是要求各成员国先将自己确定的本国排放量上报欧盟委员会,在符合欧盟排放交易指令的标准并经过欧盟委员会审批后,再汇总形成欧盟排放总量。但是各成员国确定上报的排放量,尤其是在正式运行阶段的排放量,应当不低于《京都议定书》制定的减排目标。各成员国在内部排放权的分配上,虽然应当遵循一致的分配原则,但是可以根据具体国情,自主决定排放权在本国各产业之间的分配比例。而且,每个成员国都有权自行设计本国排放权的交易程序以及监督管理制度。因此,有学者评价欧盟碳排放权交易机制在某种程度上可以被视为"遵循共同标准和程序的27个独立交易体系的联合体"。[①]

完善的协调机制是集中与分权相结合的管理模式运行顺畅的保障。欧盟委员会通过发布多项关于排放交易的指令,为 EU ETS 奠定了法律基础,确定了各成员国实施排放交易时应当遵循的共同标准,达到了最终集权管理的效果。而且,欧盟委员会还从技术层面建立了功能强大的电子注册登记系统,规定排放权的交易、排放量的确认都必须在该注册登记系统进行登记。欧盟委员会通过上述协调机制把赋予各成员国的自主权有效地统一在一个有机的整体下。

这种管理模式有利于统一监管,充分发挥碳交易制度的市场效率优势,同时也给了各成员国一定的自由,有利于成员国根据自己的国情发挥积极性和主动性。欧盟采用这种管理模式,可以兼顾各成员国的差异性需求,平衡各国之间及其和欧盟整体的利益,从而更好地实现议定书规定的减排计划。EU ETS 在集中和分散之间进行合理平衡的能力,是世界上区域排放交易体系学习的楷模。

而美国因为没有统一的全国碳交易市场,也就没有设置相关的联邦管理机构,由各个区域碳排放组织或者地方政府自行设置机构进行管理。但具体到州,例如加州也在法案中明确规定了在州范围内设置加州理事会,专门进行降低温室气体排放、碳交易机制的合规运营等方面的统一监管。而美国的二氧化硫排放交易体系则是完全集中决策的治理模式。

五、涉及行业

在涉及行业上,欧盟碳排放交易涉及行业更加广泛,而美国集中在电力产业。欧盟碳交易制度涉及的企业行业广泛,在第一阶段就包含了能源业、耗能20兆瓦以上的炼油、水泥、钢铁、陶瓷、玻璃以及造纸等行业,到第二阶段调控范围更是扩大到交通、化学、铝等行业,最引人注目是将航空业纳入欧盟排放交易机制。涉及行业越广,减排效果越好,而且市场越大,交易的成本越低,碳价格也会越稳定,这会形成一个良性循环。但是这意味着欧盟顶住了巨大的压力,显示了欧盟通过 EU ETS 解决温室气体排放的决心,而且这也是 EU ETS 成功的因素之一。

美国的强制碳交易制度则比较保守,主要集中在电力产业。例如,《2010年美国能源法草案》明确规定在 2016 年之前,只有电力行业被纳入碳交易体系。《加州全球气候变暖解决法案》的控制对象也主要是针对电力提供者的温室气

[①] 李布:《欧盟碳排放交易体系的特征、绩效与启示》,《重庆理工大学学报:社会科学》,2010年,第3期。

体排放。这一方面显示了美国在电力行业治理酸雨的二氧化硫排放交易的成功,电力行业比较熟悉排放交易制度,容易接受这种市场手段;另一方面也揭示了影响美国气候立法的重要因素是美国的利益集团的势力影响。利益集团是美国政治把戏的幕后操纵者,这并不是什么秘密。能源、石油财团的说客和美国政客的亲密关系以及对美国政府政策的左右更是众人皆知。法律强制的气候变化政策是能源、石油、化工巨头们最不愿意面对的,所以虽然众议院在2009年《美国清洁能源和安全法案》中将碳排放大户能源、石油、化工均纳入减排及交易体系,到了2010年参议院出台的配套法案2010年《美国能源法草案》又明确补充2016年之前,只有电力行业被纳入碳交易体系。这可以视为是政府对那些能源石油公司的一种安抚。[①]

六、交易气体的种类

在交易的气体种类上,EU ETS中的交易气体种类只限于二氧化碳,而美国交易的气体种类则涵盖了《京都议定书》规定的六种温室气体。2003年欧盟排放交易指令规定,EU ETS在第一阶段调控的温室气体种类只限于二氧化碳,这是由欧盟当时的排放情况和监测能力决定的。欧盟在1999年的二氧化碳排放量占到了温室气体排放总量的80%以上,因此只要控制好二氧化碳的排放量就可以完成《京都议定书》规定的温室气体减排任务。而且,只有能够获得准确可靠的排放数据作为基础,才能计算出合理的配额总量,向企业分配排放配额,监测企业的排放行为,管理排放配额的交易。因此,对哪些气体排放量具备监测能力是选择哪些种类的温室气体作为调控对象的重要技术因素。欧盟认为当时的技术水平只能监测二氧化碳的排放,无法对其他五种温室气体进行有效的监测。这种现实的做法集中了有限的管理资源,在当时成功地控制了二氧化碳的排放,并且使环保部门在缺乏碳排放权交易管理经验的情况下,保证了一定的管理效率。不过随着EU ETS的逐步成熟,监测技术也显著提高,2008年修改提案规定了在第二阶段,各成员国在获得欧盟委员会批准的前提下,可单方面将排放交易机制扩大到其他温室气体的种类。

但是显然在技术成熟的前提下,如果将更多种类的温室气体纳入调控范围,可以进一步降低减排成本,增加排放权交易机制对环境保护的效能,这方面美国的规定比较合理先进,无论是区域强制性碳排放交易机制,如RGGI、加州

[①] 李月:《美国气候立法进展跟踪》,http://blog.sina.com.cn/liyuestanford。访问时间:2010年12月5日。

碳排放交易体系;还是自愿型的,如芝加哥气候交易所,都是把《京都议定书》规定的所有六种气体纳入交易体系。

七、交易主体

依据欧盟2003/87/EC号指令规定,EU ETS体系下碳排放权交易主体为某一排放源的法律上或事实上的掌控者,主体范围包括自然人和法人。但具体而言,欧盟碳排放交易主体限于加入《京都议定书》的附件一的发达国家缔约方及其这些国家的经营实体,所谓的经营实体主要包括企业、非政府组织等机构。另外,这些交易主体还应当符合如下资格要求:是《京都议定书》的缔约国或者缔约国的经济实体;排放指标满足了计算和记录要求;有适当的国家级评估系统;提交了最新要求的国家清单报告;提交了关于清单报告变动的补充信息。如果违反了关于监测和报告规定,或者没有在秘书处进行登记,就会丧失交易主体资格成为不适格的主体。

美国的自愿性碳排放交易主体,是指不承担约束性减排指标,而自愿通过参与交易的方式进行减排的国家、地区、机构组织或者个人。CCX实行会员制,交易会员的行业分布广泛。主要分为如下类型[①]。

(1)基本会员:直接排放温室气体的排放源,如钢铁、化工、交通、加工业等。基本会员与交易所订立具有法律拘束力的协议,承诺承担减排时间表上的义务,并需接受核证核查机构的年度确认。基本会员根据其基准线分配到排放指标,并与交易所订立减排时间表,做出具有法律拘束力的承诺,减排量超过时间表规定的额度的会员可以出售或储存剩余的指标,没有达标的会员为了履行减排义务则需购买碳交易金融合约。

(2)协作会员:间接排放源,行业分布在零售商业、旅游服务、技术科研、金融服务、文化娱乐、非政府机构等。虽然没有直接的排放,但是由于用电、商务旅行或其他活动也会产生间接的排放,主要包括建筑照明、暖通等实际能源消耗和由业务运营产生的实际交通燃料消耗。减排方式是通过在CCX交易平台购买当年全部排放量的补偿额。审计核证主要针对其年度间接CO_2排放总量,完成合约的情况。排放数据要经过美国金融行业管理局[②]的认证。

(3)参与会员:①供应商。第一,用于分离、销毁或减少温室气体的合格的

---

① http://chicagoclimateex.com. 最后访问日期:2011年1月5日。
② 美国金融行业管理局FIRA(the Financial industry Regulatory Authority)是美国最大的非政府金融监管机构,2007年年初由全美券商协会(NASD)和纽约证券交易所监管业务合并后产生。

补偿项目权利所有者,能够直接在交易所销售该项目的有效碳排放补偿额;第二,可以作为技术持有方和业主按照约定共同享有项目产生的碳排放补偿额;第三,可以受项目业主委托代为销售补偿额,不得将同一补偿额在其他市场重复销售。②减排项目集成商。第一,不直接拥有隔离、销毁或减少温室气体排放的项目,但是受减排项目业主委托,可以将若干减排量较小的项目打捆直接在 CCX 销售;第二,不得将同一补偿额在其他市场重复销售;第三,承担履行与项目业主及有关各方所签订的委托销售代理合同规定的全部责任,他们之间的任何纠纷与 CCX 无关。③投资交易商。第一,在 CCX 平台上从事以盈利为目的的投资或投机性交易的商业实体或个人;第二,具有一千万美元以上的资产作为条件之一;第三,可以在 CCX 进行排放权和补偿额的现货期货和选择权合同买卖交易。

(4)专项交易参与商:进行专项交易的参与者。第一,交易参与商是为了特殊碳平衡目的而按照自行制定的日程在 CCX 采购碳交易金融合约的实体或个人;第二,碳平衡对象为会议、集会或其他活动产生的能源消耗和相应的温室气体排放;第三,无需第三方核证,自行确定温室气体排放量和相应的碳交易金融合约补偿额;第四,缴纳申请费和每年的年费,拥有注册账号;第五,购买碳平衡补偿量合约,自行按市价购买碳金融交易合约,以履行义务。

由此可见,CCX 作为自愿性碳交易的场作,其交易主体的种类更加丰富,除了电力、钢铁、化工等常规工业部门,还包括项目交易商及某些自愿减排而在交易所购买碳平衡合约的实体或自然人。

八、交易客体

依据欧盟 2003/87/EC 号指令规定,EU ETS 体系下的碳排放权交易客体为碳排放权交易主体依据指令规定从国家取得的一年内的排放分配数量的二氧化碳的权利,或欧盟以外国家通过清洁发展机制所获碳排放权。在限额与交易机制下,由主管机构确定的分配的碳排放权指标,最典型的是《京都议定书》中规定的附件一发达国家缔约国获得的 AAU 和在欧盟排放交易计划下的各成员国获得的 EUA。这些排放权配额需要在交易系统进行登记才能生效。

根据自愿性交易的特点,芝加哥气候交易所开发出的碳交易金融产品包括温室气体排放配额、经过验证的排放补偿量和经过验证的先期行动补偿量三种基本产品。

(1)温室气体排放配额产品。涵盖的温室气体种类包括二氧化碳、甲烷、氧化亚氮、全氟化物、氢氟碳化物、六氟化硫等《京都议定书》规定的全部六种。产品的计量单位为 100 吨二氧化碳,其他非二氧化碳的温室气体均折算成二氧化碳当量进行交易。

(2)经过验证的排放项目补偿量产品。已经在 CCX 建立方法学并有具体交易规则和标准合约的减排项目种类包括以下八种:农业甲烷气排放补偿项目、垃圾填埋甲烷处理减排项目、农田土壤碳排放、林业碳减排项目、可再生能源项目、煤层气收集项目、牧场土壤碳减排管理、销毁臭氧消耗物质排放项目。[①]还包括需要个案审批的两种项目:能效提高和燃料置换减排项目、适当的 CDM 项目。

(3)经过验证的先期行动补偿量产品。这是发放给从 1995 年至 1998 年期间完成的项目。它必须是:第一,由 CCX 会员最初承担或资助;第二,直接减排或隔离;第三,必须毫无争议的由 CCX 会员所有;第四,可以计量和认证;第五,在美国联合履行创议(USA Initiative on Joint Implementation, USIJI)或其他相当的登记系统上登记。只有享有最初的所有权的会员才能将它用于履行义务。

项目类型为:第一,重新造林、造林、避免森林滥伐项目;第二,美国的垃圾填埋场甲烷处理项目;第三,燃料置换或其他 USIJI 能源项目。先期行动补偿量以 1995~2006 年期间的合格项目减排的总吨数为基础发放。会员可以用先期行动补偿量来履行义务。但是除非得到 CCX 的授权,XES 作为碳金融工具不能在登记账户持有者之间交易。随着技术进步和市场培育的成熟,还将开发适应市场交易需要的其他新型产品。

同样的,芝加哥气候交易所由于减排方式的灵活性,交易的客体即产品的种类也是比较丰富,其关于交易主体和客体的详尽规定给我们建立自己的碳排放权交易所提供不可多得的启示。

九、配额的分配制度

EU ETS 中的核心是排放权配额的分配制度,而且欧盟关于配额的分配是其制度中的亮点所在,我们将其制度中的主要特点评析如下。

(1)欧盟排放权交易机制采取了绝对控制的管理模式,即总量与交易模式绝对控制模式。首先由政府管理部门设定一个国家或地区的温室气体排放总量,作为调控范围内所有排放实体在规定期间的最高排放值,管理部门可以选择以无偿分配或者有偿拍卖的方式,将配额分配给各排放实体。每个排放实体

---

① Chicago Climate Exchange Inc 2004, The Chicago. Accord.

在分得配额后,可以自行选择减少排放量,并出售结余的排放配额以获利;或者从市场上购买排放配额以完成减排任务。但是,到了规定期限,所有排放实体都必须上交与该阶段实际排放量同等的配额。

欧盟委员会在第一阶段没有自行先为各成员国应当削减的碳排放量做出规定,而是要求各个成员国自己决定本国的削减量。对此,非政府环境保护组织表示强烈反对,它们认为只有欧盟通过立法为各成员国设定明确的减排量,才能真正对温室气体做到总量控制,才能达到改善环境的实效;此观点亦得到了欧洲议会的支持。但是从另外一个角度考虑,如果在当时的条件下,欧盟委员会强行为各成员国设定排放总量,则排放权交易机制指令不可能很快通过并付诸实施。这是因为在排放权交易机制指令起草之初,排放权交易机制可以纳入哪些行业的燃烧装置的技术信息不足,而且各成员国纳入 EU ETS 的行业组成和分布情况也迥异,这使得欧盟委员会基本无法为各成员国准确设定控制总量。因此,欧盟排放权交易机制指令没有对排放配额总量做出直接的规定。

但从另一方面,排放权交易机制指令规定了一项特定的程序来弥补上述缺陷,即严格的国家分配方案的制定和批准程序。指令规定,各成员国应当按照程序要求向欧盟委员会提交本国的国家分配方案,明确说明每个交易期间的国家排放总量、配额的分配方案及每个排放实体分得的配额量。而且,指令对国家分配方案的制定标准也有明确的规定,要求成员国按照附件三所要求的标准制定,必须保证其客观性和透明性。欧盟委员会将对成员国提交的国家分配方案进行审议,并有权否决或者要求其修改。

(2) EU ETS 的配额初次分配方式有两种,即无偿分配与有偿拍卖。这种规定遭人诟病已久,EU ETS 在第一阶段,95% 的配额是无偿分配的,仅有不到 5% 的配额通过有偿拍卖的方式进行分配,而实践中拍卖所占比例更低,在每年分配的 22 亿 EUA 中,仅有 300 万 EUA 是通过拍卖进行分配的,只占到分配总额 0.13%。第二阶段可以拍卖的配额比例增加到 10%。在未来的第三阶段,欧盟将改革初始分配机制,取消国家对本国排放实体的二次分配,改为由欧盟直接对所有的排放实体进行分配。分配的方式将主要以拍卖方式进行,比例至少达到 60% 以上。其中,各行业的拍卖比例有所不同,电力行业最高,预计在 2013 年拍卖比例将达到 30%,在 2020 年之前改为全部拍卖。但配额的拍卖权是由各成员国各自行使,还是由欧盟统一执行,尚没有最终决定。[1]

---

[1] NAPS of the Different Countries, http://www.eoearth.org/article/European Union-mission-tradingscheme.

(3)对新的产业加入者和终业者配额分配规定。EU ETS 的创新之处是为新的产业加入者预备免费的许可,同时对停工的企业没收以前分派的排放许可。这是以往的排放体系从未有过的规定,以往通常要求新产业进入者必须购买许可,而停业的设备拥有者可以保留他们以前所分配到的许可。减排行动对成员国可能会有不利影响,造成在减排区域内新公司进入市场的困难,被限排的公司可能会做出终业的博弈反应,而这可能会帮助非减排区域吸收新增投资,促使产业由减排区域向非减排区域的转移。因此,考虑到减排区域以外的应对博弈,为了避免减排区域内的国家在吸引新投资的竞争中处于不利地位,防止停业激励的负面效应产生,欧盟做出了创新性的规定。

欧盟关于新产业加入者和终业者的设计细节非常科学,有效地减缓了减排对新兴产业的冲击。

①关于新投资许可证的具体规定:欧盟各成员国在第 1 至第 3 年间,为新的产业加入者预留的排放许可达到 19500 万吨,占排放总量的 3%,不同国家的预留比例差别很大,波兰最低,只有 0.4%,而马耳他高达 26%。由于排放许可的分配原则通常是先到者先得,对大部分国家而言,还是有可能出现预留配额耗尽的情形。对此,不同的国家也有不同的做法,意大利和德国表示,如果没有足够的预留配额提供给新的产业加入者,为了保证分配的公平性,政府将会出资到市场上购买排放许可。另外,当为新产业加入者预留的排放许可出现剩余时,各国的处理方式也不同:大多数国家在规定排放期间到期时进行拍卖;而有的国家则会宣布将剩余的预留许可作废,例如德国、法国、西班牙。

②关于终业的许可处理规定:各国关于终业的许可处理规定差别也很大。例如,瑞典和荷兰允许关闭设备的许可拥有者可以暂时持有许可,直到许可交易期正式结束。比较有特色的规定是德国提倡的"转让规则",即允许关闭设备的拥有者转让许可给拥有新设备的新产业加入者。在界定多少许可可以被转让方面,所制定的规则非常复杂,考虑的因素包括关闭旧设施和新设施开工的时间间隔,被关闭设备和新设备的所有权归属等。通常情况下,新旧设备位于同一的成员国是适用这种转让规则的前提条件。

而美国的碳排放权交易制度也是采用了混合模式,即根据不同的行业,拍卖和免费分配占不同的比例。但在新的产业加入者和终业者配额分配上,并没有欧盟这样详尽的规定。欧盟的转让规则是其碳排放权交易设计中的亮点,它在维持本地生产方面起到了激励作用,这对我国构建碳排放权交易机制有着重要的启示。因为我国处于经济高速增长时期,每年的新增投资规模庞大,如何保障新增投资的发展权是摆在我们面前的重要课题。这也是在考察地方政府对排放权交易体系的设计是否合理,因为如果损害了新兴产业的投资,必然影响地方经济增长,地方政府可能会弱化排放权交易体系的实施力度。而且,如果没有对新投资和新进入者预留排放许可,也会降低排放权交易体系的流动性和公平性。我国之前曾在电力行业的二氧化硫减排实践中,有过零成交的经历,而未给新增发电厂预留许可是试点失败的重要原因之一。

十、核证制度

EU ETS中,明确规定了检测、报告与核证制度的具体程序,这是整个制度流程里最耗费时间的,因为在考虑制订和执行一个新计划时,不仅要考虑到现有数据的采集频率和精确性,还要考虑到数据供给者或者排放报告中的能源数据是否能够满足未来数据核查的需要。EU ETS中的核证制度包括排放权配额的核证和通过实施项目获取的减排量的核证。

其中对于排放权配额的核证的规定如下:这种对于二氧化碳的排放检测,可以通过计算或以测量为基础的方式确定,排放量的计算公式为:活动数据×排放因数×氧化因数。测量排放量应当使用规定的标准的或可接受的方法,并有辅助的排放量计算来确认。每个经营者在关于每种装置的报告中应该包括识别装置的数据、活动的测量排放量及氧化因数。成员国要确保经营者是按照相关规定进行核证的,核证首先应当在对排放源装置从事的所有活动进行战略分析的基础上进行,核证主体应当在适当的条件下对排放主体提交的信息在排放装置的所在地进行核证,并提交排放装置中包含的所有排放源,以便评估每一种排放源在装置的总体排放中所占比例的数据的可靠性。核证主体应当可以进入所有地点并获得与核证有关的任何信息,并考虑该装置是否根据欧盟的环境管理审核规则的生态管理和审计计划进行了登记。[①]

欧盟对于项目减排量的核证也有详细的规定:在初始核证阶段,核证主体通过联合国秘书处公布项目设计文件,从公布之日起30日内,征求项目参与方、投资方和其他相关方的意见以及任何支持信息。由核证主体决定项目是否经过了相关方的批准,是否实现了额外性减排,是否具有符合标准的适当的基准线和检测计划,参与方是否已经向经过认证的独立实体提交了项目活动的环

---

① Directive 2003/87/EC of the European Parliament and of the Council of 13 October 2003, Establishing a Scheme for Greenhouse Gas Emission Allowance Trading within the Community and Amending Council Directive 96/61/EC.

境影响分析报告以及是否根据东道国政府要求的程序进行了环境影响评估。①

而自愿性减排交易的典型代表芝加哥气候交易所所采用的是由交易所自己制定的、独立的温室气体减排和交易的核证体系,因此核证主体也是由交易所来认证的。它所采用的是国际标准化的独立第三方核证核查体系,保证了核证的透明性、精确性和完整性。交易所首先将其确定的具有相应资质的核证主体制作成名录予以公布,会员可以从该名录中自行选择核证机构。同时,还为会员提供了一种灵活机制,即如果会员欲委托的核证机构不在该名录之内,则可以由该核证机构向交易所抵消委员会提出申请,经抵消委员会审查批准后加以确认,并将其加入交易所的核证机构名录内。基于其业务特点,芝加哥气候交易所的核证客体主要是其会员的抵消项目。

交易所的工作人员将帮助抵消额度指标的所有者评估其项目,并对整个核证过程提供技术支持。② 会员必须提交季度排放报告,交易所可以对项目参与方提交的项目建议书或项目调查问卷表提供指导,提交给抵消委员会审查并做出初步同意意见后,再提交给科技咨询委员会。一旦抵消项目经过抵消委员会的批准,项目所有者必须得到由交易所认可的核证机构的核证取人。项目供应商或集成商加入项目不受数量限制,但必须通过登记注册。

核证在排放权交易体系中的核心地位决定了对核证主体进行法律规制的必要性。因此,欧盟和美国都对核证制度的规定非常严格,欧盟对核证主体的处罚规定非常严厉,当核证主体由于玩忽职守等存在过错的情况不但要赔偿因为核证不实导致的各种损失,还可能面临被吊销核证资格的惩罚。但在核证主体的选择上,芝加哥气候交易所的机制还是相对灵活宽松。

十一、登记结算制度

欧盟碳排放权交易制度中规定了科学、完善、特色的登记结算制度,除了遵守京都机制下的登记交易系统,即通过国际交易日志进行登记结算以外,欧盟排放交易立法对交易规则的规定超出了其在《京都议定书》中的协议规定,欧盟委员会还实施了补充的交易日志制度,即欧盟独立交易日志(Community Independent Transaction Log, CITL),CITL 从 2005 年其正式实施减排交易机制时建立,并且正在运行中,取得了良好的效果。CITL 与国际交易日志是相连接

---

① 参见 http://ji.unfccc.int/index.html。访问日期:2010 年 11 月 13 日。
② CCX Exchange Offsets and Exchange Early Action Credits. CCX Rulebook Chapter 9. January 2004. CCX.

的,国际交易日志将对所有的欧盟和非欧盟登记系统提议的排放权交易进行"京都核查"。当该交易涉及欧盟登记系统时,国际交易日志会向CITL提供相关的信息,使之能够在欧盟交易体系下进行补充核查。CITL通过与国际交易日志及成员国国家注册系统的链接使用,取得了良好的效果,是欧盟碳排放权交易制度取得成功的平台。

芝加哥气候交易所也有自己的电子交易及注册登记平台,所有的抵消项目都必须通过同一个标准化的登记、核查和确认过程,并在交易登记注册系统进行登记。该登记注册系统是服务于碳交易金融合约交易机制和官方统计的电子数据库。每个会员都有独立的登记账户。登记账号持有者可以利用它:第一,管理温室气体排放清单;第二,管理碳金融工具;第三,寻找交易和指标买卖;第四,审查会员状态;第五,获得会员专享信息。①

另外,会员都要通过电子交易及结算平台完成全部的交易。这个交易平台最大的特征是价格公开透明,因而显示了市场的秩序、深度和连续性。该系统还能阻止匿名交易和通过私人谈判达成的双方交易,进一步保证了前述的公开透明性。交易平台是通过互联网连接的,执行注册账户持有者之间的交易指令、成交确认并公示交易结果的场所。交易平台是匿名的、完全电子化的系统,记录和接受买卖碳交易金融合约的报价和要约。交易所的标准化碳产品的电子交易保证了产品价格具有透明度和匿名的特点。所有的交易都必须通过交易所的结算系统提供担保金,数额为交易标的的10%。交易发生的同一天合约在登记账户持有者之间交付,成交后次日交割(T+1模式)。而结算平台处理每天在交易平台上发生的所有交易活动的日常信息。它与登记系统直接相连,便于向登记账户持有者交付当天发生的碳交易金融合约的交易活动。所有的在交易平台上的买卖活动都必须通过交易所的结算系统结算,碳交易金融合约根据登记账户发生转让。会员可以通过登陆交易所的登记结算系统获得每日和每午的结算账目报告。当天交易活动的信息在下午3点半以后可以查询。结算报告主要包括下列内容:第一,交易账户的碳交易金融合约的活动;第二,前期交付的通知;第三,碳交易金融合约的交易活动;第四,费用和折扣信息;第五,结算说明;第六,当日碳交易金融合约持有结果。

相比而言,芝加哥气候交易所的电子平台比较独立,在技术上更加科学完善,即使将来芝加哥气候交易所无法继续营运,它所创制的先进的电子交易平台技术也应该值得所有拟建立温室气体排放交易所的国家学习借鉴。

---

① http://chicagoclimateex.com。最后访问日期:2011年1月5日。

十二、联营的规定

EU ETS 比较独特周到地设计了关于联营（Pooling）的规定。[①] 而美国碳交易制度中则没有相关规定，这显示了欧盟在碳排放交易制度的设计上更加精细、全面、长远，显示了欧盟对未来碳交易的信心。法令草案规定，允许排放实体在第一阶段和/或第二阶段实行排放配额联营。联营集团将任命一个代理人，由他接受整个联营集团的配额，负责上缴足够数量的配额来履约。如果代理人没有完成任务，则联营集团中的每个排放实体就要履行各自的职责。联营需要欧盟委员会批准。如果欧盟委员会在三个月内没有批准，就意味着关于联营的申请被拒绝。法令中没有说明什么情况会被拒绝，但规定联营规模不能太大，因为联营集团大了将限制市场的流动性。而且联营集团应该是透明的，成员国不能强迫企业参加联营。

十三、对外的连接

EU ETS 对外是开放的，其前途是光明的，而美国国家碳交易制度则比较保守。欧盟提倡具有强制力的全球性的解决方案，并且利用外交手段积极引导其他国家共同建立全球性的碳交易体系，是每一次全球性或地区性的气候变化谈判的重要政治力量，欧盟在碳排放权交易制度中的成绩影响了国际环境价值观。

EU ETS 具有开放式特点，其开放性主要体现在它与《京都议定书》和其他排放交易体系的衔接上。欧盟排放交易体系允许被纳入排放交易体系的企业可以在一定限度内使用欧盟外的减排信用，但是，它们只能是《京都议定书》规定的通过清洁发展机制、或联合履约获得的减排信用。在欧盟排放交易体系实施的第一阶段，CER 和 ERU 的使用比例由各成员国自行规定，在第二阶段，CER 和 ERU 的使用比例不超过欧盟排放总量的 6%，如果超过 6%，欧盟委员会将自动审查该成员国的计划。[②] 对被交易机制所涵盖的排放实体而言，对基于 CDM 和 JI 项目所产生的碳信用的承认，扩大了它们限制排放的选择范围，增强了排放许可的市场流动性和降低许可的价格，因此降低了履行限制排放

---

① Directive 2003/87/EC of the European Parliament and of the Council of 13 October 2003, Establishing a Scheme for Greenhouse Gas Emission Allowance Trading within the Community and Amending Council Directive 96/61/EC.

② 这种对接也有限制，核能的开发利用、土地利用和森林活动所产生的碳信用，不在此列，同时水能发电项目(超过 20 兆瓦)产生的 CER 和 ERU 之核准使用，必须符合某些国际标准。

的成本。当然并非仅是排放实体才需要基于 CDM 和 JI 项目所产生的碳信用,许多欧盟成员国政府亦想利用这些信用来履行其在《京都议定书》下的减排义务。

此外,为扩大欧盟排放交易体系的影响,进一步降低欧盟企业的履约成本,EU ETS 也积极通过双边协议与《京都议定书》缔约国的可兼容的碳排放交易机制实现兼容。例如,2008 年 1 月 1 日,EU ETS 和挪威、爱尔兰及列支敦士登连接,这是交易机制的第一次外部扩张。目前,它能够与《京都议定书》附件一国家的排放交易制度连接,如加拿大、日本、瑞士等国的 ETS。通过双边认可,它还实现了与其他非《京都议定书》机制连接的需要,如美国加利福尼亚州和美国东北部的一些州建立的州级二氧化碳排放交易机制。[①] 欧盟排放交易机制作为一个开放的交易机制,其经验足以为各国建立和运作温室气体排放交易机制所借鉴。EU ETS 在未来将真正成为一个全球性的排放交易市场。

CCX 与欧盟市场之间也通过 ECX 产生连接,但两个市场由于所在国基本气候政策的迥异,这种对接合作的实际意义并不大。2010 年《美国能源法草案》的规定比较保守,在 2016 年之前,只有和美国同处于一个多边或双边国际框架协议的国家才有资格向美国出售碳抵消指标。而对美国的碳指标出口将主要以行业减排的形式进行。在《联合国气候变化框架公约》下以项目减排形式注册的碳指标,只有在通过美国 EPA 的一套标准的进一步审核之后,才能进入美国市场。即使 2016 年之后,《联合国气候变化框架公约》下的项目减排也只有转变为行业减排,才能进入美国市场。这些限制性条款大大增加了发展中国家产生的国际减排指标进入美国的难度。本来美国在控制二氧化硫等气体排放方面取得了巨大成功,它所实施的严密监控体系和测算体系,为市场交易提供强有力的支撑,也是各国学习的对象。但美国没有通过《京都议定书》,并不承担强制减排任务,也导致美国政府在碳交易制度和执行上不够重视。奥巴马竞选总统时,将绿色经济、强制减排等作为竞选纲领,也曾在碳交易立法上取得一定的进步,但随着 2011 年年底民主党中期选举的失利,共和党对于强制减排及碳交易制度极为抵制。这意味着可能在两年内美国将无法建立全国统一的强制性碳市场和碳交易制度,芝加哥气候交易所面临被关闭的风险。

---

① 李布:《欧盟碳排放交易体系的特征、绩效与启示》,载《重庆理工大学学报(社会科学版)》,2010年,第 3 期。

第三节 欧盟与美国碳排放权交易制度不同的原因分析

从上一节可以看到欧盟和美国的碳排放交易制度虽然都在技术上有着先进之处,但存在很多的不同,这些不同产生的原因大致如下。

一、地理因素

欧洲的多数国家海岸线绵延长远,地势低洼,气候变化带来的海平面上升将直接对这些国家造成较大的损害,比如英国、瑞典、意大利、荷兰、挪威等。而且欧盟担心全球变暖危及欧洲冬暖夏凉气候,损失农业利益,从近几年欧洲夏天的高温就可以看到全球变暖对欧洲人民生活的巨大影响。而美国幅员辽阔,内陆面积较大,资源丰富,对气候变化带来的直接损害并不敏感,所以美国并没有把气候变化造成的损害提升到足够重要的地位,自然也不会在建设碳排放权交易体系上像欧盟国家那样殚精竭虑了。

二、政府立场

美国气候政策受利益集团的影响。欧盟和美国碳交易制度的法律规定的不同是欧美不同气候政策的重要分水岭。从根本上说,美国在国际法领域的角色远不如欧盟积极主动,例如,美国拒绝签署《京都议定书》,拒绝签署《生物多样性公约》,不愿意参加国际刑事法庭,甚至对联合国国际法院持怀疑态度。美国曾经一度对《京都议定书》公开持怀疑态度,认为议定书规定的要求太高会损害美国的经济,小布什总统当年就强调目前科学界对于气候变化的研究还没有定论。此外,他对条约的一些细节也不满意,例如,他对把附件一国家和其他国家区别对待表示不满,他说:"世界第二的温室气体排放国是中国,但是中国却被排除在《京都议定书》的限制之外。这是一个需要全世界付出100%努力的问题,我们以及世界其他所有国家。美国还要在对付气候变化的问题中担任领导地位,但不愿意被需要承担义务的这一有缺陷条约所束缚。相反,美国政府一贯乐于在有关气候变化的事务中担任领导角色。我们现在的做法必须和降低大气中温室气体浓度这一长远目标相一致。"[①]

[①] Press Release, U. S. Dept. of State, President Bush and the Asia-Pacific Partnership on Clean Development(July 27,2005), http://www.state.gov/g/oes/rls/fs/50314.htm. 最后访问日期:2010年12月14日。

与此相反,欧盟的政治家更直接主动地探讨气候变化的科学性,公开探讨如何通过国际合作有效控制气候变化等问题,而不像美国那样对气候变化的存在问题躲躲闪闪、含糊其辞,欧盟认为:"气候变化应当超越政治……美国政府请相信我们欧盟各国不仅十分重视气候变化问题,而且对于如何解决的态度也是一致的。"

三、经济利益

经济利益的考虑是美国国家政策选择的根本原因。当欧盟签署《京都议定书》,采取基于"风险预防原则"和"共同但有区别的责任原则"的减排措施的同时,美国却以发展中国家不参与减排为由拒绝加入《京都议定书》。美国之所以以中国印度不参加为借口拒绝签署议定书,实质原因是担心会使美国企业在国际市场的竞争中处于劣势,从而影响美国的经济发展。小布什说:"我反对《京都议定书》就是因为它把这世界上中国、印度80%的人口排除在外,而且对美国经济产生损害。"因此,经济利益的因素是美国鼓励企业自愿减排,但不接受《京都议定书》的强制减排的根本原因。

可见欧盟和美国气候变化政策最本质的决定因素是各自的国家利益。欧盟主张继续严格限制工业国家的温室气体排放,并将发展中国家纳入减排的制度框架,采取灵活机动的减排方法,结合先进的环保科技,在联合国框架下进行合作。所以欧盟在气候变化中的表率地位看似是由于欧盟愿意承担"共同但有区别的责任",弥补工业化进程中排放大量温室气体,其实是因为欧盟国家看出了未来世界竞争中能源的重要作用,希望抓住经济制高点,把能源技术优势转化为经济优势。就像德国经济合作和发展部部长维乔雷克—措伊尔曾说的:"通过我们和非洲国家进行的共同论坛,我了解到,这些国家对能源的需求极大,原因很简单:他们现在的经济增长率都在5%~7%之间,需要更多的能源来源。因此,建设可持续的能源基础设施非常重要。这尤其涉及技术领域的合作。一些国家特别是亚洲转型国家依然依靠且加大力度发展化石燃料。单中国就有13亿人口,要发展,要能源。因此,无论是与中国还是与印度的合作,都涉及我们的根本利益。"

而美国不反对《京都议定书》的基本思想,愿意承担"已开发国家可以做到的实际承诺,但前提是不损害经济发展"。而且无法接受发展中国家不参与强制减排,主张废除所有硬性减排指标,倾向于建立起一套独立于《京都议定书》的非约束性目标的多边气候变化协议,在自由市场模式下,运用新环保科技减少污染,力争"在不损害经济健康的情况下参与减排。"并坚称中国等发展中大国应该做出更大的减排承诺。

从本质上讲,美国的国家利益是担心强制减排损害企业国际竞争力,用国家利益的视角去看待美国的气候变化政策,就可以理解美国的消极被动,甚至有些无赖的态度了。害怕有约束力的减排会挫伤美国企业的国际竞争力,进而对美国经济带来损害。因此,小布什政府在相当长一段时间内坚持执行自愿减排政策。而且美国的法律政策受能源、电力利益集团的左右,所以美国对《京都议定书》的迟疑,在气候谈判中对实质进展的阻碍都可以很好地被解释了。但是美国通过了一系列法案《国家能源独立与安全法》、《气候与安全法》等以及马萨诸塞州诉环保局案的胜利,一方面说明了美国国内来自环保民众的呼声非常强烈,对美国政策产生了一定的积极影响,另一方面我们也可以看到美国政府也认识到了欧盟正在努力转化技术优势为国际竞争力优势的策略,并且进行仿效。

所以欧盟和美国都倡导发展中国家的减排责任,都是基于各自的国家利益做出的立场选择。虽然二者的考虑不同,欧盟希望通过碳交易转化技术优势,美国希望发展中国家也承担减排责任,从而使美国企业在国际竞争中收到更多所谓"公平"的待遇。

现在 EU ETS 已经是全球最大的碳交易市场了,但为建立一个全球性的排放交易网络体系,欧盟仍结合世界上其他通过 CDM 和 JI 所产生的减排交易机会,并提供链接兼容第三国的排放交易机制。在坎昆大会前,欧盟代表就表示应当将欧盟碳交易市场覆盖到整个欧洲,将更多非欧盟国家涵盖进来。同时面对当前碳价格低迷的状况,欧盟称应当制定更严格的排放标准,提高碳价格将对推进排放和加速低碳经济转型起到更大推动作用。

第四节 欧美碳排放权交易制度的比较研究对我国的启示

一、我国碳排放权交易制度的现状

我国对碳排放权交易制度的态度一直是有争议的。碳排放权交易体系是否真的能为应对全球变暖做出巨大贡献始终处于激烈争论的旋涡之中,有的专家批评《京都议定书》所产生的"碳交易"概念乃是一种道德风险。当国际义务都可变成信用商品,这种减碳的义务又怎么可能落实?我们目前在制度上没有关于总量限制的立法,参与国际碳交易制度的方式也仅仅是 CDM 项目,但在这种制度的运作中，也出现了若干问题，例如，中国三大化工企业山东东岳、浙江东阳和山东中氟化工股份有限公司就在2010年8月份接受了联合国专业委员关于碳补偿贸易的审查，因为它们涉嫌在对碳排放信用的申请中，可能有欺诈造假行为。

  有的观点甚至认为"碳交易是花点儿钱就可以作孽的混账游戏"，碳交易只是那些有话语权的强国以及那些强势企业，为了确保自己的利益，策划出来的一种盈利模式，而不是真正为了严控环境指标不再继续恶化的有力举措。[①] 在现阶段，它们为了自己的经济扩张速度不至于受到环境制约而降低，所以才玩弄出这样一个通过向落后地区购买碳排放指标的手法以求达到将自身企业对地球环境破坏乃至作孽的行径合理化、合法化的伎俩。表面上看，是对全球环境很负责任的一种"高姿态"。其实不然，它们只是不愿意花更多的钱彻底治理由自己产生的污染而已。很显然，如果购买一吨碳排放指标的花费等同于它治理污染的投资，它们绝不会再这么"积极主动"地花钱买指标。因此，国内目前自愿性碳排放交易体系更是形同虚设，虽然北京环境交易所在2009年推出了自愿碳减排的熊猫标准，实现了在制度上与国际的接轨，但是实际上近年来自愿性碳交易实例寥寥无几，偶尔的几起也更像在作秀。

  我国在20世纪80年代开始实行的排污权交易试点，积累了一定的经验，但更多的是教训，批评之声一直不绝于耳，在制度上尚有很大的改进空间，但不可否认的是中国目前有几个城市已经开始考虑借用这些经验试行碳排放交易制度，例如深圳试图在市级范围内建立碳排放交易机制。

  虽然我国对外坚持"共同但有区别的责任原则"，暂时不承担强制减排责任，但是未来我国是早晚要承担碳减排义务的。因此，我国政府在2010年底已将发展碳排放交易制度列入"十二五"规划，有了国家政策的支持，我国碳交易制度的建立只是时间问题。与其质疑，还不如切实采取行动积极探索，尽量完善我国的碳交易制度。因为即使碳交易看似是一种买卖空气的生意，只是一种虚拟的交易，参与其中的有些人本意并非保护环境，而是通过其投机暴富，但是不可否认的是，不管出于何种目的，碳交易制度都在一定程度上促使曾经完全无视环境保护的国家及企业放慢只顾经济发展的步伐，匆匆改变着生产经营方式，朝着可持续发展的方向走去。可见，碳交易的深层意义在于人类利用贪婪来抵御因为贪婪而对环境肆无忌惮的破坏，达到保护生存环境的目的。

---

  ① 《"碳交易"——花点儿钱就可以作孽的混账游戏》，http://shaweng.home.news.cn/blog/a/01010004EA61098F28A7FB4E.html. 访问日期：2010年3月1日。

二、欧美碳排放权交易制度对我国的有益启示

1. 在减少温室气体排放的手段选择方面可以充分利用市场机制,但也不能忽视行政手段适度干预

目前主要有两种应对气候变化的手段:政府强制型与市场激励型。其中,政府强制型手段的优点是明确、有效,但如果指导方法有误,也会对经济发展造成巨大的负面影响。而市场激励型手段的优点是比较灵活,成本低,可以避免因不妥的强制手段造成的不良后果。我国目前并不承担国际法上的强制减排义务,有一定的学习探索时间,可以采用市场机制来引导排放交易机制的运行,降低减排的社会总成本。但为了避免市场失灵风险,我国也应该加强行政手段的调控和指导,因为芝加哥气候交易所的教训就是没有政府行政支持,最终参与方失去信心,碳价格波动巨大,碳市场震荡,导致交易所的运营停滞。

2. 我国应当建设并完善碳排放权交易制度,积极搭建交易平台

我国目前所进行的碳排放权交易方式主要是通过清洁发展机制项目进行的,而这种交易完全依托欧美国家的交易平台,由欧美国家来决定交易的方式、价格及程序,我国在国际碳市场上的地位比较被动,仅仅充当的是"卖炭翁"的角色,没有价格制定权和交易方式决定权。因此,我国应当尽快构建起适合本国国情的碳排放权交易制度,为区域性乃至全国性的碳排放权交易体系的建立提供法律基础,积极搭建好交易平台,制定完善的交易规则,拥有在国际气候变化谈判中的话语权,改变目前不合理的交易规则和定价模式,使我国的企业由被动的排放权供应者早日转变为市场的主动参与者,直至决策者。

3. 吸收借鉴欧盟及美国碳交易制度中的精华,结合我国国情,加快碳排放权交易法律制度的完善

欧盟碳排放权交易计划的实践带来的经验是全方位和多重的。例如,快速行动,不求完美,干中学;民众参与,区别对待,减少反对;多重政策组合,保护投资,鼓励竞争等等。这些经验既有架构上的蓝本意义,也有组织实施细节的经验、法律和制度建设的经验。但是我国不能照搬欧盟的经验,因为欧盟各国的自然文化经济条件还是相对比较相近,而中国地域辽阔,各个省份自然、经济、政治条件差异大,马上推出全国性的统一市场是不现实的。建议先在几个条件相对成熟的省市或者区域试点,最终推向全国,形成统一的全国市场。

我国碳排放权交易制度的成功建立和运行必须有完善的法律做保障,而我国目前的碳排放权交易的法律制度尚未建立,现行的相关立法存在许多冲突之处,应当进行统一协调,构建符合中国国情的碳排放权交易法律制度。本书最后一章将对此进行重点论述。

第五章 我国碳排放权交易的法律制度构建

第一节 通过立法确认碳排放权,确定碳排放权交易标的

一、在法律上确认碳排放权的必要性

目前我国还没有在法律、法规中明确认可碳排放权的法律地位,其法律属性也处于争议状态。碳排放权究竟是一种行政性的个人公权利,不具有可以自由转让的属性,还是属于允许进行交易的个人私权利的性质,都没有明确的立法规定,这种不确定性就给碳排放权的交易造成很大的障碍。因为碳排放权交易的标的是企业节余的碳排放指标,如果没有这种节余的碳排放指标,碳排放权交易就会成为无米之炊。但是目前我国并没有一部法律法规确认这种节余的碳排放指标,也没有从法律上确立企业对于其通过减排而节余的碳排放指标,能够拥有所有权、使用权、收益权和处分权。交易标的的合法性决定了交易本身是否受到法律保护,是否能够顺利成功交易,因此这是碳排放权交易制度建立时必须首先解决的问题。

只有在法律确认碳排放权的前提下才能进行碳排放权交易,因为碳排放权转让的前提之一是必须有清晰明确的碳排放权归属。碳排放权交易的表现形式是碳排放配额的交易,因此明确的碳排放权是碳排放权交易制度的前提条件。产权不明确,无法转让,因为不清楚谁是合法的转让人。即使签订合同,也会导致合同效力未决,纠纷迭起,导致经济秩序混乱。《合同法》第132条第1款明确规定:"出卖的标的物,应当属于出卖人所有或者出卖人有权处分。"第51条则补充规定了:"无处分权的人处分他人财产,经权利人追认或者无处分权的人订立合同后取得处分权的,该合同有效。"也就是说,如果真正的权利人事后不追认,出卖人在履行合同时仍未取得标的物的处分权的,该合同就没有法律效力,其交易行为无法得到法律保护。

由于单位内的碳排放容量符合民法学上关于"物"的概念,虽然交易过程中可能会有行政参与,但其交易行为归根结底也属于一种民事行为。因此从法律属性上讲,碳排放权交易合同具备民事合同的一般特性,《合同法》第132条第1款关于合同效力的条件之规定同样也应当适用于碳排放权交易合同。具体而言,碳排放权交易合同也要求转让人必须享有碳排放权,或者对碳排放权具有处分权,因此,产权的明确是交易的前提条件。

综上所述,我国要建立完善的碳排放权交易法律制度,保证碳排放权交易市场的顺畅运行,必须首先从法律上确认碳排放权,从法律上对碳排放权交易合同做出明确而详尽的规定,并且从法律上保障企业节余的碳排放权可以用于交易,同时在法律中确认有权出卖节余碳排放权的卖方以及有需要购买碳排放权的买方各自的权利与义务,并在法律上明确地规范碳排放权交易的程序和监管机构的职责。

二、通过立法确认碳排放权的法律地位

本书所讨论的碳排放权并非指向自然环境任意排放温室气体的权利。"任意排放"的理解显然是扭曲了碳排放权的含义,环境法的最高准则是适度,这种权利实应该理解为单位和个人在正常的生产和生活过程中,必须适度向自然环境排放温室气体的权利。因而关于碳排放权的法理内涵,我们赞成单位和个人的碳排放权,实际上是赋予单位和个人合理利用环境(即碳排放容量)的权利。这是因为适度地享受和利用环境资源是单位和个人维持自身生存发展的不可或缺的基本条件,必须向自然环境中排放适量的温室气体是单位和个人正常生产生活的前提条件。"从环境自身的特性来看,单位和个人必须向环境排放(即符合生产和生活规律)的适量的(即不超过环境容量的)温室气体,这不但不会破坏大气条件,而且是合理利用环境容量的合理行为,只有向环境排放过量的(即超过环境容量的)温室气体才会引起全球变暖的问题。"[1]在目前的生存方式下,单位和个人只有进行适度的碳排放活动才能维持正常的生产和生活,而且这种碳排放活动也可以通过合法程序获得许可,那么这种获得许可的碳排放行为就应当成为单位和个人的法定权利。因此,我国就应当通过法律对单位和个人合理利用环境容量的碳排放权给予确认和保护。

当前中国的市场经济发展迅速,环境管理手段呈现出日益市场化的趋势,国际上关于碳排放权交易的实践已经展开多年,积累了大量的经验。马克思曾

---

[1] 于杨曜,潘高翔:《中国开展碳交易亟须解决的基本问题》,《东方法学》,2009年,第6期,P79。

指出:"立法者应当把自己看做一个自然科学家。他不是在制造法律,不是在发明法律,而仅仅是在表述法律,他把精神关系的内在规律表现在有意识的现行法律之中。"我们认为,中国在制定碳排放权交易法规时,应当结合现实的国情,科学合理地借鉴欧美等发达国家有益的立法技术和规则,将那些行之有效而且适合我国国情的制度移植到中国的立法中来。为了使碳排放权交易制度得到法律的保障,我们所设定的碳排放权应当符合如下条件:碳排放权应当得到法律的确认,是碳排放权所有者可以依法占有、使用、收益和处分的权利;其原始取得及交易行为都应当在国家环境行政主管部门登记备案;可以取得碳排放权的主体资格应当明确;碳排放权应当有数量和时间的概念,能够用碳排放量计量和拆分。

碳排放权必须是专属的、安全的、稳定的、可转让的,其所有者才会有足够的利益驱使而尽力节约使用这些资源,并重视对这些资源的保护。否则,权属关系不清晰,碳排放者对其进行的减排技术投入及碳排放权交易活动无法形成稳定的预期,而单纯的碳排放权交易合同保障又不足,这样就容易导致碳排放者的短期行为,最终既不利于充分调动企业的减排积极性,也影响了碳排放权的顺畅流转以及交易市场的有效形成。

现行的《中华人民共和国环境保护法》作为我国的环境基本法,在第二章明确规定:"国务院环境保护行政主管部门制定国家环境质量标准和国家污染物排放标准;省、自治区、直辖市人民政府对国家没有规定的可以做出地方规定,对国家已经规定的可以严于国家标准制定地方标准。"根据这一规定,地方政府可以在不与国家碳排放标准相冲突的情况下,实施比国家更严格的地方碳排放权许可交易制度。因此,我国目前地方政府在展开碳排放权交易试点的过程中,也可以在不违反国家规定的情况下,根据自己当地的情况制定相应的地方立法和规章制度。

第二节 确立科学合理的碳排放权初始分配制度

一、碳排放权初始分配制度的模式分析

碳排放权的初始分配是指环境管理部门首先确定碳排放的总量,再根据各碳排放源的排放状况,结合经济、技术方面的可行性,经碳排放主体的申请,核准碳排放主体的允许排放量,按照一定的方式授予申请主体碳排放权。

科斯定理的基本含义是在交易成本为零时,无论法律对产权如何界定,资源都可以通过市场机制得到有效的配置。但是,科斯定理假设的前提是交易成本为零,而在现实世界中交易成本总是大于零的。因此,产生了科斯第二定理,即除非交易成本为零,否则资源能够有效配置就取决于产权的初始界定。由此可见,初始碳排放权分配的合理性、有效性和公正性是保证碳排放权交易顺利进行的基础条件。因此,制定科学合理的碳排放权初始分配制度就成为构建碳排放权交易制度的前提和重点。对于刚刚开展碳排放权交易制度的我国而言,不合理的碳排放权初始分配方式不仅影响碳排放权交易的顺利实施,而且造成交易成本的增加,降低交易的效率,碳排放权的合理分配对企业的生存与发展有着至关重大的意义。

实践中碳排放权的初始分配有两种模式,一种是无偿分配,企业获得碳排放权不需支付费用;另一种是有偿分配,企业获得碳排放权需要支付一定的对价。有偿分配又包括固定价格出售和拍卖两种方式。对于环境容量资源的初始分配,我国主要是通过行政手段采用无偿分配的方式,有的学者认为既然碳排放权已成为可用来交易的"有价资源",就应该对占用碳排放权者收取一定的费用。这既可防止企业通过非正常渠道占有过多的碳排放权谋利,也可使环保基金有一笔稳定的收入,从而不损伤企业从事清洁生产的积极性,又能使企业拥有碳排放权交易费用的自主支配权,以确保企业能够最大限度地减少碳排放总量。① 当然,在特殊情况下,政府也可以根据社会公益需要而无偿分配初始碳排放权,但对这类碳排放权的行使应当有严格的限制,按照指定的用途使用,不得随意转让。

实行公开拍卖方式分配初始碳排放权的,通常应由政府充当拍卖人,确定一个底价进行竞拍。鉴于碳排放权的公益属性,应当对每个企业竞购的数量做出限制,最多不能超过现有的排放量或者是现有排放量的一定比例。碳排放权本身并不产生利润,不能为企业带来直接的经济效益,碳排放企业也不会因为持有碳排放权而获得利息。特别是在碳排放权交易制度实施的初期,企业不仅要为购买碳排放权支出费用,还要承担获取信息的费用,承受影响生产经营的后果,需要付出相当高昂的综合成本。因此,企业出售碳排放权的价格,必须要高于原始购买价格才有可能获利。当买卖差价不足以弥补交易费用时,企业就失去交易的动力,导致交易冷清、有行无市,碳排放权交易就失去了制度价值,

---

① 冷罗生:《构建中国碳排放权交易机制的法律政策思考》,《中国地质大学学报(社会科学版)》,2010年,第2期,P22。

从而对企业也就失去吸引力。①

以固定价格出售的分配方式,是指政府综合考虑企业规模、行业特性和国家产业政策等因素,按照一定的比例在特定区域内的所有企业间进行有偿分配,碳排放权的价格由政府、企业、社会环保组织及个人等多方共同协商确定。这种分配方式有利于环境污染外部性的内部化,防止市场价格的扭曲,增加财政收入用于环保事业。以固定价格出售的分配方式是否能够有效配置环境资源,关键就在于要确定合理的碳排放权初始价格,不同地区、不同行业的初始价格也应当不同。这就需要政府掌握足够的信息才能合理定价,对政府提出了较高的要求,产生了大量的管理成本,而且以政府目前的管理水平,难以保证这种分配方式的公平与公正。这种分配方法除了具有以上弊端,甚至还可能出现部分集团操纵市场的严重后果,对交易价格和交易费用产生恶劣的影响,一般不建议使用。

美国在1990年的《清洁空气法》修正案中,提出公开拍卖、免费分配和奖励这三种初始分配方案,经过国会内部的激烈讨论,最终确定了主要先采用免费分配的方案。而 EU ETS 在第一阶段的分配方式也基本免费。其实碳排放权作为一种权利,在赋予权利的同时,更多的是一种限制,即使是免费取得,碳排放企业将来的碳排放行为也会受到制约。而且,新改扩项目为获得碳排放权,得向有节余指标的其他企业购买,这可能不利于新成立企业在市场中的竞争。不过 EU ETS 中特色的规定是为新进入企业预留了部分免费的碳排放指标,而退出企业在终业时要交出碳排放指标,我国在设立分配制度时也可以借鉴,因为这有利于保护市场的流动性,在保护参与企业上比较公平。

二、关于初始碳排放权分配方式的理论

碳排放权初始分配问题在理论界有很大的分歧。有的学者认为,在实行碳排放权交易的初期,碳排放指标初始分配应采用无偿的方式。因为碳排放权交易制度是一项新推行的环境保护制度,它以总量控制和碳排放许可证制度为基础。我国的排放许可证制度实行已有近20年,碳排放许可证是通过申报、登记等程序无偿获得的,碳排放权交易制度要解决的分配问题就是可交易的碳排放许可证制度,为了使新旧制度能够平稳过渡,在碳排放权交易制度实行的初期,应无偿分配碳排放指标给现有企业。但是这种无偿分配的方式只能在一定时期内推行,且碳排放指标必须要受到制约。从长远来设计,再逐步过渡到有偿

---

① 韩良:《国际温室气体排放权交易法律问题研究》,中国法制出版社,2009年版,P98。

分配。①

具体做法可以是,地方环保部门按照科学的方法及原则,首先确定该地区环境能够容许的最高碳排放总量,再上报国家环保部门,经过全国范围内的综合平衡,设定合理的排放总量,制订出全国碳排放总量控制计划。最后将这个总量计划分配到各级政府,由地方环保部门确定碳排放量的分配权重或影响系数,最终层层分解到下一级的排放企业。一般以一吨为一个碳排放指标(许可配额)。而有的学者认为碳排放权应当有偿分配,原因如下。

第一,碳排放权的初始分配本质是环保部门向碳排放实体颁发的允许其在规定期间向环境排放规定数量的温室气体的一种经济行政许可,排放实体因而获得有限的碳排放权。环境容量资源具有稀缺性,在一定时期和范围内是有限的,这种科学的环境资源价值观为环境资源应当有偿使用的观点提供了理论依据,同时也为碳排放权有偿转让市场的建立奠定了基础。环境容量资源的价值来源于人类从事环保活动所凝结的劳动,例如,人类研发减排技术所投入的劳动。环境容量资源的使用价值则体现在它能容纳碳排放实体在规定期间内排放的定量温室气体,保证其正常的生产生活。综上所述,环境容量是具有价值和使用价值的稀缺资源,不应该由少数人或单位无偿取得。② 对碳排放权进行初始分配的行为,其实质是对环境容量资源的一种配置,而这种配置应当是有偿的。

第二,对碳排放权实行有偿取得原则有利于体现市场主体竞争的公平性。因为在市场机制下,无偿取得碳排放权就意味着无偿获得了财富,碳排放总量的限制必然导致一部分后进入的市场主体不能无偿获得碳排放权,这就剥夺了它们在同等条件下无偿获得相同财富的机会,对于这部分市场主体而言就是不公平的。作为同样的生产者和碳排放者,它们只能向其他生产者购买其无偿获得的碳排放指标,或者提高生产成本,投入资金研发减排技术,这就使得它们与无偿获得碳排放权的生产者处于起点的不公平,或者因为成本的增加提高商品的售价而降低竞争力,这就违背了市场经济下通过合同手段配置环境资源的等价有偿原则和公平原则。因此,碳排放权的初始分配应当实行有偿取得原则,这样碳排放者必须支付相应的对价才能得到碳排放权,对于市场主体而言,有

---

① 郑少华,孟飞:《论排放权市场的时空维度:低碳经济的立法基础》,《政治与法律》,2010年,第11期,P89。
② 李爱年:《排污权初始分配的有偿性研究》,《中国软科学》,2003年,第5期。

机会在同等的条件下获得碳排放权,竞争才是公平的。[①]

三、我国碳排放权初始分配制度的构建

目前,我国在环境管理上存在诸多问题:政府的管理水平有限,信息不全面、不对称、不透明,每个企业的环保技术水平参差不齐,承受能力相差很大。如果我国全部采用免费发放碳排放权的初始分配方式,极易造成环境资源的分配不公平,企业在市场竞争中的地位不平等,影响环境正义。因此,我国在实际的碳排放权初始分配中,可以借鉴欧盟碳排放交易制度的方案,选用免费发放与公开拍卖两者组合的模式,以便尽量兼顾各方利益,公开、公平、公正地分配排放总量指标。可以按照如下比例进行分配:首先,将80%的排放配额免费分配给排放企业,以稳定碳交易市场的发展,激励企业引进环保节能技术,从而促进科技的进步及社会的良性发展;其次,可预留5%排放总量配额进行公开拍卖;另外,预留5%给新成立的企业;最后,将剩余的10%用于鼓励技术创新,奖励对温室气体减排做出特殊贡献的企业。

关于有偿分配的方式,我们认为拍卖更有效率,更有利于资源配置。因为拍卖相对于其他有偿分配方式有如下优点:①成本较低,交易形式上更加透明、高效。②拍卖可以促使碳排放权流向减排效益高的企业,实现资源优化配置。因为拍卖的原则是价高者得,通过这种公开竞价的方式使经济实力强的企业获得有限的碳排放指标,从而该企业可以利用同样数量的碳排放权指标生产更多的产品,创造更高的利润,促进企业间的优胜劣汰。③拍卖这种交易形式能够真实地反映环境资源的价值。通过公开竞价能够体现出碳排放指标真实的市场价格,使其接近于温室气体治理的边际成本,从而反映出整个社会治理的平均成本,从而能够更好地指导国家对温室气体治理计划进一步完善,实现科学管理。拍卖当然也有弊端,我们在拍卖中要坚持按照合法的程序,严格执行拍卖法规,防止有些实力雄厚的大企业高价购买指标,排挤竞争对手,导致真正需要的企业买不起碳排放权,囤积居奇者则可以从中炒作牟取暴利,扰乱市场经济秩序。

因此,即使将来采取公开拍卖的初始分配方式,也不意味着任其按照经济规律进行,我们更要考虑如何保证碳排放权的初始分配处于公开透明的背景之下,公众可以以合法形式参与,而不是仅由环保部门一锤定音,避免新的权力寻租行为。目前,我国的经济发展还偏向粗放型,某些地方政府片面追求经济发

[①] 于杨曜,潘高翔:《中国开展碳交易亟须解决的基本问题》,《东方法学》,2009年,第6期,P81。

展速度,不断突破碳排放权容量的总量控制底线。更有甚者,为了完成 GDP 任务,明里控制排放总量,暗里却给某些企业行方便,对其违法排放行为包庇纵容,造成新的不公平。以上问题都妨碍了碳排放权真实价值的确定,扰乱了市场价格的形成,造成碳排放权的交易基础不够稳固,影响排放权交易的实际效果。

综上所述,碳排放权的初始分配对于构建整个碳排放权交易制度意义重大,但也存在很多难点,由于单一采取任何一种方式均各有利弊,我们应当遵循公平、公正、公开、透明、效率的原则,综合制定适合我国国情的初始分配方式,并根据发展情况适时调整。

第三节 确立科学合理的碳排放权总量控制制度

一、通过立法制定科学的总量控制管理办法

总量控制是温室气体排放总量控制的简称,是相对于浓度控制而言的,是将某一区域或环境单元作为一个完整的系统,采取相应的措施控制排入这一区域内的温室气体数量,使其总量在规定期间不超过规定的数量,从而满足该区域的环境质量要求。这种为环境容量的使用设定上限的方式,可以明确资源的稀缺性,为碳排放权作为商品进行交易提供了可能性。总量控制的导向是源头控制、全程控制,优先考虑结构减排、科技减排。① 可以说,总量控制制度是排放权交易的基石,但是我国长期以来只重视浓度控制,忽视了环境容量的有限性,对环境资源形成了无度破坏的恶性循环,难以实现环境保护的目标。我国目前环境法律体系中没有专门的有关总量控制具体实施的法规,只有一些零散的条文提及了总量控制的概念,因此,我国应当在立法中明确规定关于总量控制的具体管理办法,包括确定总量控制目标、总量分布机制、总量监测及核查制度等,以保证总量控制制度的实效。

碳排放权交易制度的前提条件是对温室气体排放总量予以量化控制,并使其保持一定的富余,因为如果该区域内的温室气体排放已趋于饱和,那么就不会再有碳排放权的剩余,也就不会发生碳排放权的交易。因此,如何科学合理地确定温室气体容量的总量,是实现碳排放权交易的重点和难点,这需要一定的技术水平和先进设备做支撑。美国治理酸雨成功的关键就是建立了科学合

---

① 施问超:《中国总量控制实践与发展态势》,《污染防治技术》,2010 年,第 2 期。

理的排放权总量控制制度。①

二、我国碳排放权总量控制制度的构建

一般来讲,我国在确定环境容量总量时应考虑如下几点因素。

(1)自然条件发生变化,通常环境容量总量也会随之变化,所以一定区域内的碳排放权总量并非恒定值。这就要求环保部门必须做好大气监测,及时发现碳排放容量的变化,并及时采取措施。

(2)实现总量控制的关键是科学地将区域温室气体总量分配到指定排放源。我国在排污权交易制度试点中的排放总量分配标准不够科学,通常根据历史数据,每年按照一定比例进行总量分配,这就使得总量控制难以发生作用。我国在构建碳排放权交易制度中的总量控制制度时应当特别注意制定科学的标准,这可以向有成熟经验的国家借鉴。

(3)总量的合理确定应当有高质量的碳排放数据支撑。在温室气体总量控制中,温室气体排放数据的质量是否合格,决定了总量数据的正确与否,也决定了总量控制制度的成功与否。然而,我国目前对于碳排放数据的认证尚无有力的法律保障,也没有建立科学的认证系统,而且我国对排放源的监测能力不强,使得我国的碳排放数据的质量得不到保证。

(4)总量控制需要通过立法明确制定相应的实施规则。我国在进行总量控制制度立法时,应注意明确规定实施主体的资格,权利及实施程序。当然,详细具体、操作性强的奖罚措施也是必不可少的,EU ETS 成功的关键之一就是处罚制度严格。

因此,我们认为在碳排放权交易时,就应该严格以碳排放容量总量为基础,这样才能够通过对环境容量资源的合理和充分利用,大大降低传统的行政性碳排放许可制度的成本,确保总量控制目标的顺利实现。

第四节 规范碳排放权交易合同

在碳排放权交易制度中,碳排放权交易合同的作用极其重要,可谓通过私法手段实现公法目的的途径。可以说,它在当事人的经济利益与公众的环境利

---

① Richard Conniff, The Political History of Cap and Trade in America. Smithsonian magazine, July, 2009.

益两者之间起了关键的协调作用。建立完善的碳排放权交易制度的前提之一是对碳排放权交易合同的规则,制定全面、统一而又明确的立法,主要应当包括以下几个方面:①合同应遵循的基本原则;②合同的形式;③合同主体资格;④合同的标的;⑤当事人的权利和义务;⑥合同的成立、生效、变更与解除;⑦合同的履行;⑧违约责任及救济途径;⑨纠纷解决的方式。

碳排放权交易合同法律关系也具备一般法律关系的基本构成要素,即主体、客体和内容。我们在下文将从主体、客体、内容及合同的生效要件等方面对碳排放权交易合同的法律制度构建进行分析。

一、碳排放权交易合同的主体

拥有合格的合同主体,是合同的效力得以产生和履行的基本前提。一般标的物的买卖合同的主体可以是一般民事主体,合格的主体要求由所有权人作为合格的卖方,法律不禁止拥有该物所有权的人为买方。碳排放权交易在本质上属于私法主体之间的权利转让,因此原则上一切民事主体都可以担任此类合同的主体。但实际上碳排放权交易行为不是一切民事主体都可以从事的,所以实际上是应该有所限制的。

碳排放权交易合同的主体是指参加碳排放权交易的买卖双方。合格的碳排放权交易主体要求卖方必须依法享有碳排放权,确切地讲,出售的碳排放权应该是卖方合法持有的节余部分的碳排放权,而买方则是法律不禁止持有碳排放权的民事主体。

从理论上讲,政府、企业、社会组织和自然人都可以成为碳排放权交易合同的主体,但从实践看,企业无疑是碳排放权交易最多的主体,包括那些被纳入总量控制计划而且已经取得碳排放指标的排放企业以及希望通过购买碳排放指标进入总量控制区内从事生产经营的排放企业。但是在必要的时候政府也应当可以成为交易主体,以便在碳排放过量造成气候恶化时,通过买入碳排放权来抑制过度碳排放,实现宏观调控的职能。

首先,碳排放权的卖方必须是适格的主体。卖方应当是依法取得碳排放许可证,并通过技术改造或由于国家产业政策调整、企业季节性减产或停产、不可抗力等其他正常原因而有节余碳排放指标的企业。[1] 如果本身没有碳排放指标,就没有出售节余指标的资格。对于那些故意过高虚报碳排放量,妄图通过碳排放权的买卖价差而牟取暴利的企业,则应当严格追究其法律责任,取消其

---

[1] 韩良:《国际温室气体排放权交易法律问题研究》,中国法制出版社,2009年版,P319。

卖方资格。

其次,碳排放权的买方亦应当是适格的主体。买方主要是因项目新建、改建或扩建而有使用碳排放指标需求的企业,这些企业是真正的碳排放者,交易行为的发生具有生产碳排放的真实性,而且其从事的项目应当符合国家的技术标准和产业政策,国家明令淘汰的生产设备和工艺是禁止使用的。对于那些为了囤积居奇,赚取利差的买方也应当通过立法做出严格限制,严禁发生为了交易而交易的行为。

在碳排放权交易市场中,除了直接参与交易的买卖双方以外,还包括广泛的其他参与主体,例如环保组织、专业的碳排放评价机构、提供碳排放权交易信息等服务的中介机构、其他社会组织及自然人等。要建立完善的碳排放权交易市场,必须保证交易参与者的范围尽量广泛。符合标准的环保组织可以参与碳排放权交易,购入并存储碳排放权,从而减少市场上的碳排放权总量,这样也就达到了减少相等数量的温室气体的目的,提高了环境质量。其他主体虽然参与交易的数量有限,但作用不可忽视,有效地完善并活跃了碳排放权交易市场。未来随着碳排放权交易市场的完善,交易主体还可以进一步扩展。

二、碳排放权交易合同的客体

碳排放权交易合同的客体是指碳排放权交易主体之间权利和义务共同指向的对象。要建立完善的碳排放权交易制度,就需要通过立法明确碳排放权客体的地位,这也可以从根本上解决相关产权制度缺失问题,减少环境资源的滥用。但是碳排放权交易的客体并不是指政府分配或批准给企业的许可碳排放总量,而是碳排放企业节余下来的可以进入市场参加交易的碳排放权。因为政府分配或批准给企业的许可碳排放总量,并不能进行转让或交易,而只有企业的富余碳排放量,即碳排放权经过初始分配后,排放企业依法享有的许可排放量和实际排放量之间的差额,这才是企业没有使用过的碳排放权,才能成为转让或交易的对象。[1]

另外,规范碳排放权交易合同应当明确碳排放权交易的品种。目前国际上对于六种温室气体的监测及数据分析都已经有了一定的经验,在技术上是可行的,建议我国可参考这些经验,规定碳排放权交易涵盖的温室气体与《京都议定书》中一致,实现与国际碳排放权交易的接轨。

我国现处在起步阶段,碳排放权交易的客体主要是以清洁发展机制项目为

---

[1] 韩良:《国际温室气体排放权交易法律问题研究》,中国法制出版社,2009年版,P322。

代表的基于项目的碳排放权指标的交易。但是我国应当随着碳排放权交易制度的逐步完善,逐渐扩大交易客体的范围,加强交易客体的流通性。我国可以借鉴欧美等国家的先进经验,构建以配额交易为主导的碳排放权交易市场,在时机成熟的时候,推出基于配额的碳排放权交易产品,在科学的总量控制和初始分配制度的基础上建立全国性统一的碳排放权交易所,从而为扩大的碳排放权交易客体提供平台。

三、碳排放权交易合同的内容

碳排放权交易合同的内容从广义上讲是指合同的全部条款,主要内容则是指交易双方当事人所享有的权利及应当承担的义务,某些情况下还包含第三人可以享有的权利。

(一)碳排放权出让方的权利与义务

(1)自主决定是否出让碳排放权。

(2)因出售节余碳排放权而要求受让方给付一定对价的权利。

(3)按照合同约定转让碳排放权给受让方,并保证该碳排放权的权属没有纠纷。

(4)按照法律规定及时到环保部门办理变更登记手续。

(5)碳排放权出让方负有采取合理措施,评价出让碳排放权可能带来的风险,并管理风险,减少损害的义务。

(6)碳排放权出让方负有告知受让方碳排放行为可能引起的后果的义务,同时应当将可预见的风险后果告知环保部门,必要时还负有协助控制风险的义务。

(7)碳排放权出让方的行为应当接受环保部门的监督管理,并且不得违背社会公共利益。

(二)碳排放权受让方的权利与义务

(1)自主决定是否购买碳排放权。

(2)自主选择购买碳排放权的种类、使用期限的权利。

(3)与碳排放权出让方约定出让价格、支付方式的权利。

(4)根据合同约定要求出让方转让碳排放权的权利。

(5)对于取得的碳排放权拥有排他的使用权,并可以因此享有收益的权利,例如受让方取得的碳排放权如果有节余,则既可以在获得对价的情况下出售给其他受让人,也可以储存起来,结转到下一年度使用。

(6)受让方负有按照合同约定及时支付对价的义务。

(7)按照法律规定及时到环保部门办理变更登记手续。

(8)受让方对于取得的碳排放权,负有遵照国家环保标准、有利于环境公共利益的方式行使的义务。同时负有采取合理措施减轻或消除其可能产生的风险的义务。

(9)碳排放权受让方的受让及行使碳排放权的行为应当接受环保部门的监督管理,并且不得违背社会公共利益。

(三)第三人享有的权利

碳排放权交易合同中第三人的权利是指为了合法利用环境资源而享有的权利。具体而言包括以下内容。

1. 环境知情权

指第三人对可能影响到环境公益的碳排放权交易合同中相关信息知晓的权利。知情权是环境保护的民主程序,目前在某些环境立法中已经有了明确的规定,环境影响评价制度、环境标准等环境保护基本法律制度中都规定了环境状况知情权。因此,在碳排放权交易制度中也应当为第三人设立这一权利,以保证公众对碳排放权的交易行为符合环境保护目的享有监督的权利。

2. 环境参与权

公众行使参与权的主要途径是各种听证会,我国应当通过立法保障公民的听证权利,对于可能对大气质量造成重大影响的碳排放权初始分配及转让行为应当召开听证会,从而保证碳排放权交易行为的公正和公开,以实现环境保护的最终目的。

3. 损害请求权

如果第三人的环境权利受到侵害,享有要求侵害人停止侵害,并给予损害赔偿的权利以及在上述权利无法得到保护时向司法机关请求法律救济的权利。

四、碳排放权交易合同的成立与生效要件

合同的成立是一种合意,当事人意思表示一致即可成立合同,但合同成立以后并不一定产生法律效力。而合同的生效是指合同的内容发生法律效力,受到法律的保护。因此,合同的成立与生效要件并不相同,碳排放权交易合同作为一种特殊的民事合同,也有着不同的成立和生效要件。

(一)碳排放权交易合同的成立要件

碳排放权交易合同的成立,是指碳排放权交易双方对合同的标的、数量等内容协商一致,达成合意,其成立要件如下。

1. 应当有两个以上当事人

签订合同是一种双方意思表示一致的行为,主体必须是双方或多方当事人,其利益相对但又相互关联,通过合同来得以实现。

2. 当事人对合同条款达成合意

衡量碳排放权交易合同是否成立的标准在于当事人是否就合同条款达成一致意见,碳排放权交易合同应当包括如下主要条款:①双方当事人的名称、地址及法定代表人;②交易标的;③交易配额的数量和金额;④交易时间;⑤办理转让手续的时间;⑥碳排放总量的监控方式;⑦交易费用的支付方式;⑧风险责任的承担;⑨违约责任以及纠纷解决方式;⑩当事人特别约定的其他条款。

3. 合同的成立应当经过了要约和承诺阶段

如果只有要约,没有相对方的承诺,合同也不能成立。

(二)碳排放权交易合同的生效要件

碳排放权交易合同的生效,是指已经合法成立的合同符合法定要件,发生法律效力,合同的执行受到法律的保护。碳排放权交易合同具体的生效要件应当包括以下内容。

(1)碳排放权交易合同的当事人应当具有相应的民事权利能力和民事行为能力。签订碳排放权交易合同的主体通常情况下是企业,则该企业以及授权签订合同的代理人都应当具备相应的民事权利能力和民事行为能力。

(2)当事人意思表示应当真实。碳排放权交易合同中当事人协商一致签订合同,通过欺诈、胁迫等手段使当事人在意思表示不真实的情况下而签订的合同不能发生法律效力。

(3)合同的内容和形式应当合法。碳排放权交易合同的内容不得违反现行法律、法规的规定,不得损害社会公共利益;出让人保证其出让的碳排放权符合环保部门的出让条件,且没有权属纠纷。碳排放权交易合同属于关系到社会公共利益的重大环境合同,应当采取书面形式,以避免争议,有利于环保部门的监督。

(4)签订合同的程序应当合法。碳排放权的出让程序应当包括当事人申请、行政审查、公告与听证、行政批准及办理变更登记等五个阶段:①当事人申请。合同当事人应当在合同成立后,及时向环保部门提出申请,并提供当事人的身份资料、碳排放权权属证明文件、交易合同、交易的可行性说明、第三方的核证结果等,以供环保部门审核。②行政审查。环保部门根据交易当事人提供的上述资料,对交易主体的资格、碳排放权权限、交易数量及金额等进行审核,在符合国家相关管理规定的条件下批准进入公告及听证程序。③公告与听证。环保部门应当将碳排放权交易的事实予以公告,给予利害关系人提出异议的机会,明示碳排放权的权利归属。关系到第三人利益或者社会公共利益的,第三人有权利要求经过听证程序,环保部门应当按照国家有关规定举行听证会。④行政批准。在通过上述法定程序后,交易行为符合国家相关管理规定的,环保部门应在规定期限内给予批准。⑤变更登记。环保部门批准交易后,当事人必须及时到环保部门办理碳排放权变更登记手续,至此,交易合同正式生效,合同当事人必须按照合同约定履行各自的义务,否则将承担法律责任。

第五节 通过立法建立规范的碳排放权交易市场

一、碳排放权交易市场的构成要素

完善的市场机制是实施碳排放权交易制度的必然要求。在碳排放权交易制度框架下,随着碳排放权交易活动的增加,客观上就需要在一定范围内建立一个统一的交易市场体系,包括完善的交易规则、碳排放权在一级市场上的初始定价和在二级市场上的交易价格形成、碳排放权的交易信息获得途径等,以便买卖双方能够寻求交易机会,掌握市场价格,判断市场走向,做出正确的交易决定。①

碳排放权交易市场的构成要素主要包括交易主体、交易客体和中介机构等。碳排放权交易主体指具备碳排放权交易资格的法人及自然人。市场客体是通过合法途径取得的可用于交易的碳排放权。具体规定在第四节中已经做了系统的阐述,本节不再赘述。

中介机构是指核证机构、排放权交易所、评估机构和仲裁机构等交易辅助机构。在碳排放权交易的过程中必然会产生各种交易成本,包括合同磋商的成本、获取信息的成本、合同执行的成本等,这些交易成本在一定程度上会抵消交易主体预期通过交易获得的因科学减排而应有的收益,从而降低交易主体的积极性,不利于交易市场的发展与繁荣。而专业化、社会化的碳排放权交易中介

---

① 周艳,韩文龙:《建立我国完备性和竞争性碳排放权交易市场的构想——基于对比分析的视角》,《企业经济》,2010年,第8期,P51。

机构能够有效降低交易成本,促进交易市场的发展。因此,必须在法律上确立碳排放权交易中介机构的地位,保障中介机构的运行。

比较重要的机构是核证机构及排放权交易所,在第四章曾介绍过核证机构是碳排放交易中的重要环节,核证机构是最富有碳市场特色的参与方,欧盟碳交易制度中对于核证制度有着严格的规定,核证机构的资质认定及处罚机制都有明确规定,值得我国在建立核证机构时借鉴使用;排放权交易所可以提供交易信息,进行交易经纪,办理碳排放权的储存、借贷等,使交易主体能够通过接受市场服务寻求信息,尽可能地降低交易成本。在交易所的规程设计上,可以借鉴欧美先进国家的交易所实施经验,少走弯路,目前我国已经在北京、上海及天津建立了排放权交易所,成为碳排放权交易的重要平台。

二、设立规范的碳排放权交易市场

为了真正实现市场配置资源、激励减排的功能,碳排放权交易市场的设立应当遵循如下原则:宏观调控间接化、资源配置市场化、交易行为自主化、监督管理规范化。

具体而言,在碳排放权交易制度的设计过程中必须充分尊重市场的主导地位。政府应当顺应经济规律的要求,加快转变政府职能,由直接的行政控制转变为间接通过提供服务而培育市场。这就是说碳排放权交易的价格应由市场决定,政府的主要任务是确定碳排放权总量控制目标和初始分配模式,不应该干预市场的经济行为。政府应当建立畅通的信息获得途径,并可提供完善的中介服务以保证交易的安全和便捷。其次,可以借鉴欧盟及美国的做法,大力发展碳金融,建立碳银行,开展碳容量及碳排放量存贷业务。此外,政府应当遵循价值规律建立相应的价格评估制度,并制定科学的交易审批程序及操作规则。

未来随着碳排放权交易市场的规模不断扩大,我国应当组建专门的统一碳排放权交易市场,实行碳排放权集中交易的方式,以保证其规范化和公开化。我国可借鉴芝加哥气候交易所先进的网上交易经验,由政府或环保部门或其他组织搭建网上交易平台,买卖双方可以通过交易中介获得全面的交易信息,并参考中介提供的交易方案,自主决定是否进行交易。企业可以根据自身的情况,选择交易方式,或者是直接的买卖交易,或者是基于项目的合作交易。我国可以借助科学统一的网上交易方式,实现碳排放权交易市场的规范化。

第六节 确立碳排放权交易的法定程序

一、碳排放权交易程序的设计原则

碳排放权的市场交易按照主体不同,可以分为两级:政府环保部门与排放企业之间的交易为一级市场交易,排放企业之间的交易为二级市场交易。碳排放权的初始分配属于一级市场交易,它是排放权交易得以顺利并有效率开展的前提和保障,只有在一级交易市场上获得的碳排放权是公平而又适当的,才能保证二级市场的健康发展。这方面,我国应当吸取欧盟碳排放权交易机制在第一阶段初始分配不当的教训,一级市场交易程序的设计原则应当是分配公平和额度适当。

如果企业的碳排放量低于环保部门规定的标准,节余部分就可以转让,从而进入碳排放权交易的二级市场,二级市场的目标是借助市场力量实现环境资源的合理配置。在这个完全自由化的市场上,碳排放权交易主体可以从自身利益出发,选择购买或者出售碳排放权,从而实现效益最大化。但是,碳排放权交易主体的这种逐利本性容易造成二级交易市场的无序性和投机性,因此二级市场交易程序的设计原则就是在保障交易自由的前提下如何最大程度减轻交易的无序性和投机性。

环保部门应当相应地为碳排放权的持有者建立两类账户:一是企业账户,在排放企业符合排放源的排放量标准下登记其结余碳排放权的持有量;二是为所有交易主体建立的普通账户,在交易双方签订碳排放权交易合同后,经过环保部门审批确认后,交易主体可以将碳排放权从出让方的账户转移至受让方的账户。[①]

总之,在设计碳排放权交易程序时应根据不同的市场来确立不同的规定,但是都必须遵循公开、公正、高效的原则,以保证环境正义精神在碳排放权交易制度中的体现,真正实现以交易促环保的目的。

二、碳排放权交易程序的具体设计

结合我国的国情,以促进碳排放权交易合规高效为目的,本部分主要针对

---

① 陈炳才,陈安国:《业内:建立中国的碳排放交易制度》,《中国经济时报》,2011年1月12日。

碳排放权交易的二级市场,将具体程序设计如下。

(1)交易双方向主管的环保部门提出碳排放权交易申请,并提供核证机构出具的证明文件、双方交易意向书、碳排放权权属证明文件及交易可行性评估报告等,以供环保部门审核。在没有明确的交易相对方时,环保部门可以为其联系合适的卖方或买方。由于我国目前尚未建立完善的碳排放权交易市场,中介机构还不够专业化。因此,现在碳排放权交易的买方大多通过政府来寻求卖方。等到日后市场成熟,信息渠道畅通,交易双方便可通过中介机构寻求交易机会,政府不必过多干涉。

(2)交易双方可以根据自身情况提出交易数量的申请,但环保部门应当在保证整体环境效益不降低的情况下,组织环境监测机构计算交易双方的碳排放量变化,从而批准具体的可交易碳排放权的数量。

(3)碳排放权交易双方就交易数量、价格、时间等具体内容磋商一致签订碳排放权交易合同,并报环保部门审批备案。由于碳排放权交易不仅仅是单纯的民事交易,它涉及国家的环境保护及其他社会公共利益。因此,碳排放权交易合同应当经过环保部门的批准才能实施,政府可以依此来减轻交易市场的无序性和投机性。

(4)环保部门对碳排放权交易合同审批通过后,交易双方应当及时到环保部门办理碳排放权变更登记手续,合同方能正式生效。在这里,我国可以借鉴CCX关于电子交易平台的先进经验,即根据我国国情建立电子注册登记、交易及阶段平台,以便交易更加灵活、透明、易监督。

第七节 建立和完善碳排放权交易的救济机制

法律规范的重要特征之一就是国家的强制性,即可以追究违法行为人的法律责任。按照立法的要求,一部完善的法律法规必须具备相应的责任追究机制。因此,构建完善的碳排放权交易法律制度也必须有明确的法律责任追究机制。碳排放权交易法律责任是指碳排放权交易法律关系的主体对自己实施的违法或违约行为承担的不利后果,一般包括行政、民事和刑事责任。追究违法行为人的法律责任也是对被侵害人的一种救济,是碳排放权交易制度能够正常运行的保障。

总量控制配额型碳排放权交易在我国尚没有正式起步,某些企业利用碳排放权交易制度尚不完善的现实情况,从事违法的交易行为,造成环境破坏,损害公众的环境利益。因此,为了保障碳排放权交易的科学性和实效性,有必要将交易损害救济机制设计在碳排放权交易法律制度之中。

一、基于碳排放权交易合同产生的责任

基于碳排放权交易合同产生的法律责任一般包括民事、行政和刑事责任。碳排放权交易的责任承担主体主要包括碳排放权交易主体、辅助参与人及环保部门相关责任人员。

(一)民事责任

碳排放权交易引起的民事责任主要有两种:一种是合同责任,发生在碳排放权交易市场行为中;另一种是侵权责任,碳排放权主体由于行使碳排放权而造成损害的法律责任。

1. 合同责任

合同责任能够明确市场交易主体之间的关系,有利于市场交易主体直接根据合同约定向相对方追究违约责任,寻求救济。但是,合同责任严格遵循合同相对性原则,只用合同责任来规范碳排放权交易中的民事责任存在局限性。

2. 侵权责任

当碳排放权交易主体对没有合同关系的企业、自然人、社会团体以及国家公共利益等造成损害时,则应当适用侵权责任。我国《环境保护法》第41条第1款规定:"造成环境污染危害的,有责任排除危害,并对直接受到损害的单位和个人赔偿损失。"因此,我国现行法律对环境侵权行为归责原则采用的是无过错责任原则,即行为人承担责任并不以其有过错为前提。采用这种归责原则的目的在于最大限度保障受害人的利益,当依据传统的过错责任原则受害人无法获得赔偿时,能够依据无过错责任原则得到相对公平的补偿。我们认为在碳排放权交易立法中亦应明确规定采用无过错责任原则,严厉追究违法行使碳排放权的行为人的法律责任,这样同时可以保持环境法律体系的一致。

(二)行政责任

主要是环保部门在对碳排放权交易市场进行监督管理时,在具有行政监督管理关系的法律主体之间发生的法律责任。

(1)负责国家碳排放权交易管理的行政机关,主要是环保部门,对碳排放权交易市场主体的违法行为所做出的行政处罚。在此情况下,受到处罚的主体有权利申请复议,要求减轻或免除行政责任。

(2)负责国家碳排放权交易管理的行政机关对其责任人员的违法作为或不

作为行为造成的后果应承担行政责任,对由此造成的损害负有赔偿义务。另外,行政机关的直接责任人员也应当为其违法管理行为受到相应的行政处罚,受害人可以通过行政诉讼的途径追究行政机关做出违法行为所应承担的法律责任。

(三)刑事责任

国家对于交易主体及行政机关直接责任人在行为严重违法,触犯刑事法律的情况下,追究其刑事责任,对其进行刑事处罚。这是一种最严格的法律责任。

最后,我们还要严格规定碳排放权交易辅助参与人应承担的法律责任。目前我国的碳排放权交易市场机制尚不完善,难免有些中介机构妄图利用制度的不健全,从事违法行为,以牺牲环境保护为代价赚取非法利润。我们应当特别注意的是要加强对核证机构的监管,因为核证机构的核证行为决定了出让人的碳排放权是否可以进行交易,是保证碳排放权交易制度公正性和科学性的关键,核证机构必须严格遵循法定程序和业务要求,审慎履行职责。如果核证机构严重不负责任,为了牟取非法利益出具虚假的核证报告,甚至与被核证的交易主体勾结起来欺诈社会公众,逃避监管,这无疑会对相关方造成严重的损害,违背碳排放权交易制度设立的初衷。对此,应当撤销核证机构的资格,追究其法律责任,如果给利益相关人造成损失的,核证机构还应当承担民事赔偿责任。

二、碳排放权交易合同违约责任的承担

碳排放权交易合同作为一种特殊的环境民事合同,具备一定的环境公益性,其主体也承担一定的公法上的义务,这就决定了其主体所应承担的违约责任不同于普通的民事合同。①损害赔偿方式的不同。普通民事合同的缔约目的一般是获取经济利益,因此货币赔偿是主要的损害赔偿方式,通过这种方式,受害人完全可以实现合同目标。但碳排放权交易合同的最终目标是获得环境利益,获得一定的经济利益只是表象目标,因此,货币赔偿无法完全弥补因违反合同约定而造成的损害,亦无更好的赔偿方式来实现合同预期目标。②由于环境要素一般技术性较强、形式复杂多变,实际履行存在诸多不可控因素,导致合同目标的落空。

在碳排放权交易合同中,违约人承担损害赔偿责任的形式主要包括:①继续履行;②赔偿损失、排除危害、恢复原状;③违约金赔偿。

1. 继续履行

继续履行是指要求违约方在指定期限内必须实际履行合同义务。如果合

同的继续履行还具备可能性,则当合同当事人一方违约而给相对方造成损失时,相对方就可以要求其继续履行,必要时通过人民法院强制执行。但是如果己不具备继续履行的客观条件,相对方就不能要求适用这种方式。

2. 赔偿损失、排除危害、恢复原状

赔偿损失是指违约方以货币补偿的方式对给相对方造成的实际经济损失进行弥补,这种具有补偿性的违约责任的承担方式是最常用的。但是,在碳排放权交易合同中有一定的局限性。因为碳排放权交易合同的目标包括经济利益和环境利益,当事人一旦违约,只用经济手段无法有效弥补环境利益的损失,环境利益的合同目标往往会落空。而适用排除危害、恢复原状这两种责任承担方式可以恢复环境功能,实现环境利益。因此,在适用赔偿损失的同时应当综合这两种方式,以有效地补偿相对人的合同损失。

3. 违约金赔偿

违约金是指按照当事人的约定或者法律直接规定,一方当事人违约的,应向相对方支付的金钱。采取违约金赔偿的方式必须要有事先的约定,我国民事合同中的违约金主要具有补偿性,只是有限度地体现惩罚性。在碳排放权交易合同中,双方当事人应当科学核算,协商确定违约金的数额,在承担违约责任时能够以支付违约金的方式合理补偿财产的损失以及生态环境的损失。

三、碳排放权交易合同纠纷的救济

建立行之有效的救济机制是解决碳排放权交易合同纠纷的保障。如果碳排放权交易制度中缺少纠纷解决机制,则当事人之间的纠纷会导致合同无法全面、正确、及时地履行,而且还可能损害第三人的环境利益。因此,如何及时有效地妥善解决碳排放权交易合同纠纷,为受害的当事人及第三人提供救济,是碳排放权交易制度得以正常运行的基本保障,具有重大的意义。

碳排放权交易合同的救济途径包括非诉讼和诉讼两大类。非诉讼途径主要有调解和仲裁。调解是指双方或多方当事人在中立的调解人的主持下,以法律法规和合同约定为依据,互相协商,达成谅解,自愿达成和解协议从而解决纠纷的活动。这是效率最高、成本最低的解决方式,因此在发生碳排放权交易合同纠纷后,当事人可以首先请求环境行政管理部门进行调解,由于环保部门的专业性,掌握碳排放权交易方面的信息和技术,可以公平地解决当事人之间的纷争。

仲裁也是解决争议的重要方式,由于其具有便捷性、专业性和一裁终局的特点,现在已经成为人们熟悉并经常采用的解决纠纷的方式。仲裁裁决虽然不是国家司法行为,但是同法院的终审判决一样具有法律效力,可以申请法院强制执行,而且《纽约公约》的缔约国之间还可以承认和执行外国的仲裁裁决,因此在技术性比较强的碳排放权交易合同纠纷中通过仲裁途径,可以提高纠纷解决效率,打破地方保护主义。

如果非诉讼途径无法解决碳排放权交易合同纠纷,这就不得不借助诉讼途径来解决争议,诉讼是法律保护的最后一道防线,也是具有强制执行力的解决途径,诉讼虽然具有时间和金钱成本较高的缺点,但是可以申请强制执行的法院判决是纠纷解决的有力保障,碳排放权交易合同往往标的金额较高,很多纠纷最后还是通过诉讼才得到解决。如何在诉讼程序中保障受害第三人的环境利益是一个需要重点解决的问题,因为依据合同相对性原则,第三人不是合同当事人,难以以碳排放权交易合同为依据提起诉讼,但是为了保护受害第三人的合法权益,建议赋予其直接请求权,即当第三人的环境权益受到不法侵害时,有权直接向人民法院提起诉讼,请求侵权人赔偿损失或排除危害、恢复原状。

受害第三人在诉讼中处于当事人的地位,与民事诉讼程序中有独立请求权的第三人类似。但是,由于第三人与合同当事人之间的信息明显不对称,因此,在第三人提起损害赔偿的诉讼时,也应该适用无过错责任归责原则,即第三人只需要证明合同当事人在履行合同的过程中造成了环境侵害的事实,就能要求当事人赔偿损失或排除危害、恢复原状,从而有效地保障了第三人的环境权益。

第八节 发挥政府在碳排放权交易中的职能

一、政府在碳排放权交易制度中的监管职能

碳排放权交易虽然主要应当遵循市场经济的运行规律,通过市场手段进行调控,但政府的监督与管理也是必不可少的。可以说,政府的有效监管是保障碳排放权交易正常进行的基本条件。[①] 各国碳排放权交易的经验与教训都表明如果离开政府监督,碳排放权交易就可能陷入市场失灵的境地,难以达到环境控制的最终目的。由于标的物环境容量资源的特殊性,碳排放权交易相比较一般的商品交易也存在很多特殊之处,而我国市场经济体制还不够完善,需要政

---

① 冷罗生:《构建中国碳排放权交易机制的法律政策思考》,《中国地质大学学报(社会科学版)》,2010年,第2期,P23。

府在适当时刻进行宏观调控。碳排放权既然可以成为买卖的标的物,而且其价格在未来呈现上升的趋势,那么碳排放权必然会成为炒卖的对象,有些人会为了牟取暴利而不择手段,甚至出现垄断碳排放权市场的负面后果。以上情况的出现无疑是和碳排放权交易制度的环保目标背道而驰的,将导致气候变暖的局面持续恶化。因此,我国必须切实转变政府职能,加强政府在碳排放权交易中的立法和监管职能,从而保证碳排放权交易的正常进行。

二、规范政府在碳排放权交易制度中的职能行使

我们应当充分发挥政府在碳排放权交易制度中的职能,但同时也要注意规范其职能的行使,谨防政府滥用职权,影响市场的公平交易,具体措施如下。

1. 通过立法建立完善的碳排放权交易的监督管理机制

在碳排放权交易管理中,履行监督管理职责的应当是各级环保部门,为了保障监管制度顺利运行和各地市场有机衔接,国家应当划分好各级环保部门的管理权限,确定碳排放权交易的最终审批权则是监管的核心问题。一般而言,各级环保部门对其行政区域内部的碳排放权交易享有最终审批权,跨区交易的最终审批权则应由其同一上级区域的环保部门行使。此外,国家还可以建立专门的机构,统一管理跨区域的温室气体治理和碳排放权交易。

2. 环保部门应当通过立法为参加的主体创造有利于碳排放权交易的客观条件

总量目标的划分和碳排放指标的初始分配问题是首先要解决的问题。只有对碳排放权进行了科学、公平、合理的初始分配,交易才有取得实效的可能性。另外,环保部门可以借鉴欧盟和美国芝加哥气候交易所关于电子注册系统的先进经验,为碳排放权所有者建立账户,登记碳排放权,通过网上系统进行交易结转,及时跟踪交易合同执行情况,实施监督管理职能。

3. 环保部门应当在碳排放权交易过程中切实严格履行好审核监管职能

第一是应当严格审核交易主体(包括买方和卖方)的资格,做好市场准入工作,防止碳排放权交易偏离环境保护的目标,沦为利益交换的工具。第二是应该从严控制交易的标的物种类,在立法规定了交易标的物种类之后,为保证监管的有效性,不得随意增加交易标的物的种类。第三是应当对碳减排的监测和报告过程严格把好关。为避免造成某些地区环境温室气体排放加重,从全局上保持平衡,环保部门在审核时还需注意碳排放权的分布情况,防止自由交易导致碳排放权过分集中的现象。碳排放权能够得到批准进行交易之前必须经过具有资质的核证机构的计量和评估,核证机构出具的核准报告具有重要意义,

环保部门是否批准碳排放权可以进行交易必须以该文件作为重要依据。世界上实施碳交易制度的国家一般都将碳减排的监测和报告制度作为整个碳交易制度监管运行的核心[①],我国应当加强这方面的建设和管理。

4. 环保部门应当做好信息管理及交易结束之后的监督工作

第一是为了保证交易的公开透明,环保部门应当定期公布碳排放权交易信息,并且随着排放权交易的结束,及时更新信息库,使得有交易意向的企业能够方便地掌握最新信息,做出正确的决策。第二是环保部门应当做好碳排放权交易结束后的监督工作,定期核查交易合同的履行情况。第三是环保部门应当切实加强对碳排放权制度执行的监管,定期核查碳排放权制度的执行情况,对违法碳排放行为追究法律责任。

但是,需要注意的是在碳排放权交易制度中,政府的职责应当是监管与服务者,而不能过多地干涉或参与交易。碳排放权交易制度的目标就是使碳交易成为企业自主的市场行为,而不是政府的强制性行为,从而充分调动企业的积极性。因此,政府在碳排放权交易制度中的身份只能是规则的制定者和交易的裁判员,如果政府超越制度的监管者角色,过多参与具体的市场交易,必然会使经济规律不能充分应用到市场交易中,影响其经济杠杆的导向作用,降低碳排放权交易制度的公平与效率。但是这也不意味着政府就完全放任市场自由发展,一旦出现市场失灵问题,政府也应当适度干预调整,使其回到正常的运行轨道上。这是因为在碳排放权交易时,市场失灵问题的发生是很有可能的,尤其是在我国市场经济尚不够完善的条件下,政府更要做到能够及时修正市场的错误发展倾向,避免出现过大的损失和不可收拾的局面。在碳排放权交易过程中,减排技术的提高使得碳排放权可能会出现贬值;但另一方面随着碳减排力度的进一步加大和碳排放总量更大程度的削减,导致减排的边际成本上升,碳排放权的价值也可能会出现难以想象的剧增,这些不确定的问题极易导致买卖双方交易期望值的矛盾,严重失衡时就会使得碳排放权交易市场不能正常运行。因此,政府必须对碳排放权交易进行有效的监督,在市场失灵时及时进行适度的行政干预,否则可能会造成整个制度的失败。这方面,CCX给了我们惨痛的教训,政府的行政支持是碳排放权交易制度的保障,完全自由的市场运作换来的可能是悲剧。

---

① 于杨曜,潘高翔:《中国开展碳交易亟须解决的基本问题》,《东方法学》,2009年,第6期,P83。

第九节 深化环境审计,推进碳排放权交易制度

一、环境审计在碳排放权交易制度中的作用

环境审计是对生产、生活活动过程中产生的环境问题的抑制、消除或改善环境而进行的经济活动的真实性、合法性、效益性进行监督、鉴证、评价,使之符合可持续发展要求的一种独立监督行为。① 环境审计始于20世纪60年代末,首先兴起于美国和加拿大,20世纪80年代扩展到欧洲,近年来全球包括许多发展中国家都开始重视环境审计,这极大地推动了环境审计理论与实践的发展。

作为审计的新兴领域,环境审计在健全环境管理系统,提高其管理效果方面有着显著的作用。按照主体的不同,环境审计可分为三类:政府环境审计、内部环境审计和社会环境审计。其审计主体分别为:国家审计机关、内部审计机构和民间审计组织。以上三类审计共同构成统一的环境管理系统,它们在执行环境审计时各自有所侧重:国家审计机关依法在宏观上对环境管理经济活动进行独立的审查及综合评价,并对内审和民间审计进行监督、管理和指导;企业内部审计机构负责对企业的环境管理经济活动进行监督和评价;民间审计组织的职能是接受相关部门或企业的委托,为环境管理经济活动提供专业的咨询和鉴证服务。

环境审计蕴含的主要内容可以归纳为以下三个方面:合规性审计、绩效审计和财务审计。其中合规性审计是指审查企业是否遵守环境政策、法规,是否设置了完备的内部控制制度,制度的实施效果如何。截至目前,我国虽然颁布了一系列关于环境保护和资源管理方面的法律法规,但当前我国环境政策的执行仍然不尽如人意,存在十分突出的环境问题。因此,就有必要通过合规审计,对环境法律法规和政策的执行情况进行审查,揭示并反映执行中存在的问题,促进其得到有效的遵守,取得良好的执行效果。绩效审计主要是评估国家环保政策和制度的可行性,审查国家宏观环境规划是否合理,并预测和评价各个区域的总量控制及生产布局的合理性;审查企业利用环境资源的方式是否经济和高效。财务审计是指通过审查企业年度财务报表,评价其是否公允地反映了环境问题对企业财务状况、经营成果的影响,监督企业筹集和使用环保资金是否

---

① 陈正兴:《环境审计》,中国审计出版社,2001年版,P52。

真实、合法、有效益,评价环境保护项目的效果等。

我国对于环境审计的研究与实践都还不够成熟,且主要采取了政府环境审计的形式。我国近年来一直保持经济的高速增长,导致生态环境的破坏加剧,如何以最小的环境代价实现经济的快速增长是摆在我们面前的重要课题,而实现这个目标,就需要我们高度重视并妥善解决经济发展与环境保护之间存在的矛盾,加强环境审计在我国环境保护中的重大作用。

碳排放权交易作为一种保护环境的经济手段,目前受到社会的高度重视。碳排放权交易的实质是使气候治理的任务在各企业之间重新分配,从而使治理成本低的企业承担更多的治理任务,降低企业治理成本,增加整个社会的福利。碳排放权交易有利于保证环境质量,促进企业研究开发、采用先进的治理技术,更有力地遏制环境行政管理机关的权力寻租行为。

2008年8月5日,我国成立了上海环境能源交易所和北京环境交易所,这两家环境交易所的竞相设立标志着我国环境交易市场的初步形成,同时表明了我国政府希望通过充满活力的市场化手段实现减排的决心。但是我国的碳排放权交易制度存在诸多问题和障碍,例如监测费用投入不足,环保部门随意简化环境监测程序,放松碳排放标准,极易造成环保部门的新的权力寻租问题。要实现碳排放权交易制度的良好运作,必须建立完善的监管机制,保证碳排放权交易制度的合规及高效,达到经济与环境保护的双赢。独立、专业、权威的审计部门是碳排放权交易制度良好运作的保障,环境审计对于促进碳排放权交易制度的发展具有重大意义,深化环境审计就成为当前一项具有紧迫性和必要性的任务。

二、环境审计是完善碳排放权交易市场的保障

建立关于交易市场完善的制度意义重大,是市场效率的重要保障。在我国应当建立完善的碳排放权交易市场,具体包括:培育碳排放权交易市场,调节不合理的价格交易制度,提供市场服务信息,维护市场秩序,在创造市场交易机制和弥补市场失灵方面发挥积极作用;组建专业的碳排放权中介机构,建立相关的信息网络系统,提高交易的透明度,降低交易的费用;政府部门应建立相应的激励机制,对积极减少排放、积极出售碳排放权的企业从资金、税收、技术等方面予以扶持;新增碳排放企业,可以通过市场交易获得碳排放权。

环境审计是保障碳排放权交易市场科学高效运转的重要手段,也是财务审计、合规性审计和绩效审计的综合审计所致。首先是环境财务审计。在环境问题日益受到重视的今天,社会公众对于上市公司的关注,不再限于账面效益,而

是越来越多地注重环境业绩,这是公司可持续发展的重要标志,而且这种绿色品牌也会赢得更为深远的社会效益。因此,对于成熟的碳排放权交易市场而言,需要独立第三方的鉴证服务来为这一市场交易双方和监管部门提供权威客观的专业信息,承担这一职责的应当是注册会计师,前提是由政府或职业团体制定一套具有可操作性的权威的环境信息报告准则。

其次是环境合规性审计。碳排放权交易作为一种市场导向的环境经济政策,必须有相应的法律给予保障,才具有合法性和权威性。具体而言,我国关于碳排放权交易制度的立法要确认碳排放权的法律性质和内容;从法律上保障碳排放权的市场主体,只有符合国家法律规定的要求,依法取得特定的碳排放权并有富余碳排放容量的企业才能成为出让者。而受让者则是因为某种原因需要进入一定控制区域或增加碳容量使用份额的企业;从法律上规定碳排放权的市场规则和管理机构,明确在二级市场中环境管理机关的权限以及行使程序等问题,应包括:确定交易范围的权力、对市场价格进行调控的权力、核准交易额的权力及对交易主体附加限制性条件的权力等。因此,对于碳排放权交易双方及环保管理部门的合规性审计将是国家审计的重点。

最后是环境绩效审计。按照碳排放权交易规则,企业节约的碳排放指标,将成为一种可以用于交易的有价资源,既可在企业与企业间进行商业交易,也可储存起来以备自身扩大发展之需。而那些无力或忽视使用减少排放手段的企业,将不得不按照市场价格,从市场上向其他企业购买碳排放指标。从企业长远发展来看,必须不断减排,才能保持持续发展与持续繁荣。因此,企业内部的绩效审计显得尤为重要。

我国环境审计目前还局限于国家审计,随着我国对于碳排放权交易试点项目的推广,相信这一市场的建立将更有潜力,而这对于我国的环境审计提出了更高更全面的要求,社会审计及企业内部审计也必然成为整个环境审计系统的重要组成部分,至于环境审计准则的制定与实施、执业资格的认定等具体问题亟待进一步探索。

三、深化环境审计,推进我国的碳排放权交易制度

首先,从环境审计的主体来看,我国应逐步加强社会审计和内部审计的功能,高度重视民间审计组织和企业内部审计机构的地位,以保证环境审计的全面性和科学性。

从我国环境审计的实践来看,国内有学者认为,至少在现阶段民间审计组织不应列为环境审计的主体之一。我们不认同这种观点,民间审计组织具有高

度的独立性和专业性,在人员供给及专业水平方面都具有明显的优势,随着环境审计的深入发展,必将成为环境审计的主力军,而政府审计也应当将重点集中于负有环境管理职责的行政机关的合规性审计及重大环保资金的财务审计。

我们可以通过国际发展状况及趋势看出注册会计师在未来的环境审计中应当占有最重要的地位:1979年美国环境保护署(U. S. Environmental Protection Agency,EPA)发布的公告中要求由独立的注册环境审计师来访问工厂,收集样本,进行分析,并向政府当局报告结果,执行类似于非政府的验证职能。1992年,加拿大特许会计师协会(Canadian Institute of Chartered Accountants, CICA)发布了《环境审计与会计职业界的作用》,认为注册会计师在未来的环境审计中应该发挥越来越重要的作用。① 国际会计师联合会(International Federation of Accountants,IFAC)下属的国际审计实务委员会于1997年发布了《审计职业与环境》征求意见稿,旨在寻找环境审计的一致观点,进而建立环境审计的准则②;国际注册环境审计师委员会于1999年制定发布了《注册环境审计师实务准则》,对注册环境审计师应遵循的职业道德和实务工作规范做了详细的规定。③ 因此,我国的注册会计师应当迅速行动起来,发挥积极作用,使社会审计渗透到环境审计的各个方面,提高全社会的环境保护意识。

其次,我国应注重建立一整套环境审计人才的培养和选拔机制,建设一支具有复合专业技术的高素质环境审计队伍。

鉴于环境审计在审计对象、审计目标、审计标准、审计方法、审计证据及审计报告等诸多问题上的特殊性,从事环境审计工作的审计人员构成将与传统审计存在相当大的差别。环境审计具有很强的专业技术性和综合性,审计人员除了具备良好的财务审计技术和方法、丰富的审计工作经验外,还必须具备环境政策法规、环境经济学、环境法学、环境工程学、环境管理学、生产经营与环境关系等诸多方面的知识和技能。如果审计人员仅懂得财务审计技术,没有相关的环境专业知识,那么环境审计证据收集鉴定工作将举步维艰,也就无法科学地评价被审项目,环境审计的意见和报告也就没有充分的说明。

最后,我国应加快环境审计立法,促进环境审计的发展,为碳排放权交易制

---

① 孙菊生,刘文国:《环境审计与会计职业界的作用—加拿大和美国环境审计比较研究》,载《审计研究》,1998(2)。
② 高驰,张文贤:《环境审计小议》,《理论研究》,1999年。
③ 吴晓春:《注册环境审计师实务准则》,载《广东审计》,2000(5)。

度保驾护航。

环境审计依据既是环境保护和环境管理的重要手段,又是审计组织开展环境审计的前提。而我国《审计法》第二条虽然规定了"审计机关可以对与环境保护有关的政府环境保护投资预算执行情况、国有金融机构环保信贷资金、国家重点建设项目、国有企业碳排放费、环境支出、国际组织援贷款项目等各种资金的财政、财务收支的真实、合法、效益性进行监督"。但这一规定不能涵盖环境审计的全部内容,而且未对授权注册会计师审计组织参与开展环境审计做出规定。这就大大限制了注册会计师环境审计的开展。因此我们应从以下方面完善环境审计立法。

一方面通过立法扩大审计机关的权限,使其包括环境审计的全部范围,同时对注册会计师审计组织参与开展环境审计进行授权。具体可以通过修改《审计法》、《注册会计师法》,以明确审计主体在环境审计中的地位、权利、工作范围等,为环境审计的开展提供法律支持,并避免审计监督与环保监督职责的混淆。同时应完善环境审计的相关法律法规及标准,主要有:宪法有关环境保护的规定;环境保护的法律;环境保护行政法规和部门规章;地方性环境保护法规等。法律体系的完善对于减少环境污染、有效利用资源会起到良好的促进作用,为环境审计提供充分的法律基础。

另一方面尽快制定、完善环境审计准则和环境会计准则。环境审计准则是指对审计主体进行环境审计而制定的行为规范和工作指南。环境审计准则应当包括国家环境审计准则、注册会计师环境审计准则和内部环境审计准则。我们应当积极借鉴国际成熟经验,进一步制定和完善我国的环境审计和会计准则。要尽快建立起一套操作性强的环境审计执业规范,规定具体的工作程序、方法,为审计人员开展工作提供指南;要建立可操作的环境审计工作细则,避免环境审计的片面性和局限性,使环境审计的范围、内容、程序和方法等制度化、规范化;应尽快制定一套统一的环境会计准则和基本核算体系,为环境审计建立基础,促进环境审计工作的深入发展;要根据具体的环境监管制度的要求,合理制定环境标准实施计划,充分运用环境监测手段,监督检查环境标准的执行。

从总体上看,我国对环境审计的研究还远远不够,理论和实践都落后于西方发达国家,与可持续发展的标准存在较大差距。我国应注意加强环境审计立法,完善环境审计准则,扩大环境审计主体的范围,赋予注册会计师更多的环境审计权限,使我国的环境审计理论和实践均得到快速的发展,从而促进碳排放权交易制度的完善。

结　语

气候变化是一个环境问题,也是一个经济问题,但归根结底是经济问题。正是由于人们为了追求经济发展而对环境的无度消费,造成了温室气体效应与日俱增的情况。同样,碳排放权交易制度作为一种经济手段,对于解决因为经济问题造成的气候变化是有其优势的。无论对于碳排放权交易制度的争议有多大,无论国家参与的态度是积极还是被动,各个国家都在逐步向融入全球碳排放交易市场迈进,我国已经向世界表明了支持减少温室气体排放的决心。2011年作为"十二五"规划的开局之年,我国政府对碳排放交易制度的探索将正式展开。因此,对碳排放权交易制度进行深入研究,具有重大理论意义和制度价值。

《京都议定书》于2012年失效,从哥本哈根到坎昆,各个国家都在为建立后京都时代气候保护的国际法律新秩序而努力。随着温室气体排放空间资源的日益稀缺,如何实现公平且有效率地分配温室气体排放空间,是后京都时代环境正义的主要诉求。能够实现公平与效率目标的法律制度是国际气候法律新秩序的基础,因此,国际与国家碳排放权交易制度的设计均应当紧密围绕公平与效率的价值目标。

欧盟和美国的碳排放权交易制度作为强制性和自愿性的典型代表,都以自己的方式演绎了对环境正义的追求,体现了公平和效率的价值取向。通过对这两种制度的深入研究及对比分析,我们希望能从中吸收更加科学合理的制度设计理念,为我国的碳排放权交易制度构建提供有益的启示。

我国现在是一个处于经济快速发展阶段的发展中国家,有着自己特殊的国情,各个省份和地区的经济发展水平很不平衡,公平与效率在我国尤为重要,是我国立法的价值追求,但也是有争议的难点所在。生存与发展是我国面临的最重要的问题。生存性排放的增长是不可避免的,如何合理控制发展性排放的增长就要靠完善的碳排放权交易法律制度做保障。

当然,别国模式的简单复制很可能会导致法律移植的失败,只有与本国的社会、经济及政治因素相结合,才能发挥制度的优势,实现成功的借鉴。本书致力在欧美制度的对比研究及对我国的启示方面有所突破,但是鉴于水平有限,还是有很多不足,碳排放权交易也是一个日新月异的行业。我们将会在以后继续关注并深入研究碳排放权交易,如何降低交易成本,促进交易的达成,保障交易的顺利进行,帮助政府实现对经济发展与总量控制的全面把握,并得到国外先进的环保技术与资金的支持,实现碳排放资源的优化配置,从而真正实现碳排放权交易对温室气体减排的激励作用,而不是陷入为了交易而交易的局面,达到环境保护的最终目的。

附录一:联合国气候变化框架公约

本公约各缔约方,

承认地球气候的变化及其不利影响是人类共同关心的问题,

感到忧虑的是,人类活动已大幅增加大气中温室气体的浓度,这种增加增强了自然温室效应,平均而言将引起地球表面和大气进一步增温,并可能对自然生态系统和人类产生不利影响,

注意到历史上和目前全球温室气体排放的最大部分源自发达国家;发展中国家的人均排放仍相对较低;发展中国家在全球排放中所占的份额将会增加,以满足其社会和发展需要,

意识到陆地和海洋生态系统中温室气体汇和库的作用和重要性,

注意到在气候变化的预测中,特别是在其时间、幅度和区域格局方面,有许多不确定性,

承认气候变化的全球性要求所有国家根据其共同但有区别的责任和各自的能力及其社会和经济条件,尽可能开展最广泛的合作,并参与有效和适当的国际应对行动,

回顾1972年6月16日于斯德哥尔摩通过的《联合国人类环境会议宣言》的有关规定,

又回顾各国根据《联合国宪章》和国际法原则,拥有主权权利按自己的环境和发展政策开发自己的资源,也有责任确保在其管辖或控制范围内的活动不对其他国家的环境或国家管辖范围以外地区的环境造成损害,

重申在应付气候变化的国际合作中的国家主权原则,

认识到各国应当制定有效的立法;各种环境方面的标准、管理目标和优先顺序应当反映其所适用的环境和发展方面情况;并且有些国家所实行的标准对其他国家特别是发展中国家可能是不恰当的,并可能会使之承担不应有的经济和社会代价,

回顾联合国大会关于联合国环境与发展会议的1989年12月22日第44/228号决议的规定,以及关于为人类当代和后代保护全球气候的1988年12月

6日第43/53号、1989年12月22日第44/207号、1990年12月21日第45/212号和1991年12月19日第46/169号决议，

又回顾联合国大会关于海平面上升对岛屿和沿海地区特别是低洼沿海地区可能产生的不利影响的1989年12月22日第44/206号决议各项规定，以及联合国大会关于防治沙漠化行动计划实施情况的1989年12月19日第44/172号决议的有关规定，

并回顾1985年《保护臭氧层维也纳公约》和于1990年6月29日调整和修正的1987年《关于消耗臭氧层物质的蒙特利尔议定书》，

注意到1990年11月7日通过的第二次世界气候大会部长宣言，

意识到许多国家就气候变化所进行的有价值的分析工作，以及世界气象组织、联合国环境规划署和联合国系统的其他机关、组织和机构及其他国际和政府间机构对交换科学研究成果和协调研究工作所作的重要贡献，

认识到了解和应付气候变化所需的步骤只有基于有关的科学、技术和经济方面的考虑，并根据这些领域的新发现不断加以重新评价，才能在环境、社会和经济方面最为有效，

认识到应付气候变化的各种行动本身在经济上就能够是合理的，而且还能有助于解决其他环境问题，

又认识到发达国家有必要根据明确的优先顺序，立即灵活地采取行动，以作为形成考虑到所有温室气体并适当考虑它们对增强温室效应的相对作用的全球、国家和可能议定的区域性综合应对战略的第一步，

并认识到地势低洼国家和其他小岛屿国家、拥有低洼沿海地区、干旱和半干旱地区或易受水灾、旱灾和沙漠化影响地区的国家以及具有脆弱的山区生态系统的发展中国家特别容易受到气候变化的不利影响，

认识到其经济特别依赖于矿物燃料的生产、使用和出口的国家特别是发展中国家由于为了限制温室气候排放而采取的行动所面临的特殊困难，

申明应当以统筹兼顾的方式把应付气候变化的行动与社会和经济发展协调起来，以免后者受到不利影响，同时充分考虑到发展中国家实现持续经济增长和消除贫困的正当的优先需要，

认识到所有国家特别是发展中国家需要得到实现可持续的社会和经济发展所需的资源；发展中国家为了迈向这一目标，其能源消耗将需要增加，虽然考虑到有可能包括排过在具有经济和社会效益的条件下应用新技术来提高能源效率和一般地控制温室气候通放，

决心为当代和后代保护气候系统，

兹协议如下：

第一条　定义

为本公约的目的：

1."气候变化的不利影响"指气候变化所造成的自然环境或生物区系的变化，这些变化对自然的和管理下的生态系统的组成、复原力或生产力、或对社会经济系统的运作、或对人类的健康和福利产生重大的有害影响。

2."气候变化"指除在类似时期内所观测的气候的自然变异之外，由于直接或间接的人类活动改变了地球大气的组成而造成的气候变化。

3."气候系统"指大气圈、水圈、生物圈和地圈的整体及其相互作用。

4."排放"指温室气体和/或其前体在一个特定地区和时期内向大气的释放。

5."温室气体"指大气中那些吸收和重新放出红外辐射的自然和人为的气态成分。

6."区域经济一体化组织"指一个特定区域的主权国家组成的组织，有权处理本公约或其议定书所规定的事项，并经按其内部程序获得正式授权签署、批准、接受、核准或加入有关文书。

7."库"指气候系统内存储温室气体或其前体的一个或多个组成部分。

8."汇"指从大气中清除温室气体、气溶胶或温室气体前体的任何过程、活动或机制。

9."源"指向大气排放温室气体、气溶胶或温室气体前体的任何过程或活动。

第二条　目标

本公约以及缔约方会议可能通过的任何相关法律文书的最终目标是：根据本公约的各项有关规定，将大气中温室气体的浓度稳定在防止气候系统受到危险的人为干扰的水平上。这一水平应当在足以使生态系统能够自然地适应气候变化、确保粮食生产免受威胁并使经济发展能够可持续地进行的时间范围内实现。

第三条　原则

各缔约方在为实现本公约的目标和履行其各项规定而采取行动时，除其他外，应以下列作为指导：

1.各缔约方应当在公平的基础上，并根据它们共同但有区别的责任和各自的能力，为人类当代和后代的利益保护气候系统。因此，发达国家缔约方应当率先对付气候变化及其不利影响。

2.应当充分考虑到发展中国家缔约方尤其是特别易受气候变化不利影响

的那些发展中国家缔约方的具体需要和特殊情况,也应当充分考虑到那些按本公约必须承担不成比例或不正常负担的缔约方特别是发展中国家缔约方的具体需要和特殊情况。

3. 各缔约方应当采取预防措施,预测、防止或尽量减少引起气候变化的原因,并缓解其不利影响。当存在造成严重或不可逆转的损害的威胁时,不应当以科学上没有完全的确定性为理由推迟采取这类措施,同时考虑到应付气候变化的政策和措施应当讲求成本效益,确保以尽可能最低的费用获得全球效益。为此,这种政策和措施应当考虑到不同的社会经济情况,并且应当具有全面性,包括所有有关的温室气体源、汇和库及适应措施,并涵盖所有经济部门。应付气候变化的努力可由有关的缔约方合作进行。

4. 各缔约方有权并且应当促进可持续的发展。保护气候系统免遭人为变化的政策和措施应当适合每个缔约方的具体情况,并应当结合到国家的发展计划中去,同时考虑到经济发展对于采取措施应付气候变化是至关重要的。

5. 各缔约方应当合作促进有利的和开放的国际经济体系,这种体系将促成所有缔约方特别是发展中国家缔约方的可持续经济增长和发展,从而使它们有能力更好地应付气候变化的问题。为对付气候变化而采取的措施,包括单方面措施,不应当成为国际贸易上的任意或无理的歧视手段或者隐蔽的限制。

第四条 承诺

1. 所有缔约方,考虑到它们共同但有区别的责任,以及各自具体的国家和区域发展优先顺序、目标和情况,应承诺以下几点:

(a) 用待由缔约方会议议定的可比方法编制、定期更新、公布并按照第十二条向缔约方会议提供关于《蒙特利尔议定书》未予管制的所有温室气体的各种源的人为排放和各种汇的清除的国家清单;

(b) 制订、执行、公布和经常地更新国家的以及在适当情况下区域的计划,其中包含从《蒙特利尔议定书》未予管制的所有温室气体的源的人为排放和汇的清除来着手减缓气候变化的措施,以及便利充分地适应气候变化的措施;

(c) 在所有有关部门,包括能源、运输、工业、农业、林业和废物管理部门,促进和合作发展、应用和传播(包括转让)各种用来控制、减少或防止《蒙特利尔议定书》未予管制的温室气体的人为排放的技术、做法和过程;

(d) 促进可持续地管理,并促进和合作酌情维护和加强《蒙特利尔议定书》未予管制的所有温室气体的汇和库,包括生物质、森林和海洋以及其他陆地、沿海和海洋生态系统;

(e)合作为适应气候变化的影响做好准备;拟订和详细制订关于沿海地区的管理、水资源和农业以及关于受到旱灾和沙漠化及洪水影响的地区特别是非洲的这种地区的保护和恢复的适当的综合性计划;

(f)在它们有关的社会、经济和环境政策及行动中,在可行的范围内将气候变化考虑进去,并采用由本国拟订和确定的适当办法,例如进行影响评估,以期尽量减少它们为了减缓或适应气候变化而进行的项目或采取的措施对经济、公共健康和环境质量产生的不利影响;

(g)促进和合作进行关于气候系统的科学、技术、工艺、社会经济和其他研究、系统观测及开发数据档案,目的是增进对气候变化的起因、影响、规模和发生时间以及各种应对战略所带来的经济和社会后果的认识,和减少或消除在这些方面尚存的不确定性;

(h)促进和合作进行关于气候系统和气候变化以及关于各种应对战略所带来的经济和社会后果的科学、技术、工艺、社会经济和法律方面的有关信息的充分、公开和迅速的交流;

(i)促进和合作进行与气候变化有关的教育、培训和提高公众意识的工作,并鼓励人们对这个过程最广泛参与,包括鼓励各种非政府组织的参与;

(j)依照第十二条向缔约方会议提供有关履行的信息。

2.附件一所列的发达国家缔约方和其他缔约方具体承诺如下所规定:

(a)每一个此类缔约方应制定国家(注:其中包括区域经济一体化组织制定的政策和采取的措施)政策和采取相应的措施,通过限制其人为的温室气体排放以及保护和增强其温室气体库和汇,减缓气候变化。这些政策和措施将表明,发达国家是在带头依循本公约的目标,改变人为排放的长期趋势,同时认识到至本十年末使二氧化碳和《蒙特利尔议定书》未予管制的其他温室气体的人为排放回复到较早的水平,将会有助于这种改变,并考虑到这些缔约方的起点和做法、经济结构和资源基础方面的差别、维持强有力和可持续经济增长的需要、可以采用的技术以及其他个别情况,又考虑到每一个此类缔约方都有必要对为了实现该目标而作的全球努力做出公平和适当的贡献。这些缔约方可以同其他缔约方共同执行这些政策和措施,也可以协助其他缔约方为实现本公约的目标特别是本项的目标做出贡献;

(b)为了推动朝这一目标取得进展,每一个此类缔约方应依照第十二条,在本公约对其生效后六个月内,并在其后定期地就其上述(a)项所述的政策和措施,以及就其由此预测在(a)项所述期间内《蒙特利尔议定书》未予管制的温室气体的源的人为排放和汇的清除,提供详细信息,目的在个别地或共同地使二氧化碳和《蒙特利尔议定书》未予管制的其他温室气体的人为排放回复到1990年的水平。按照第七条，这些信息将由缔约方会议在其第一届会议上以及在其后定期地加以审评；

(c)为了上述(b)项的目的而计算各种温室气体源的排放和汇的清除时，应该参考可以得到的最佳科学知识，包括关于各种汇的有效容量和每一种温室气体在引起气候变化方面的作用的知识。缔约方会议应在其第一届会议上考虑和议定进行这些计算的方法，并在其后经常地加以审评；

(d)缔约方会议应在其第一届会议上审评上述(a)项和(b)项是否充足。进行审评时应参照可以得到的关于气候变化及其影响的最佳科学信息和评估，以及有关的工艺、社会和经济信息。在审评的基础上，缔约方会议应采取适当的行动，其中可以包括通过对上述(a)项和(b)项承诺的修正。缔约方会议第一届会议还应就上述(a)项所述共同执行的标准做出决定。对(a)项和(b)项的第二次审评应不迟于1998年12月31日进行，其后按由缔约方会议确定的定期间隔进行，直至本公约的目标达到为止；

(e)每一个此类缔约方应：

ⓐ酌情同其他此类缔约方协调为了实现本公约的目标而开发的有关经济和行政手段；

ⓑ确定并定期审评其本身有哪些政策和做法鼓励了导致《蒙特利尔议定书》未予管制的温室气体的人为排放水平因而更高的活动。

(f)缔约方会议应至迟在1998年12月31日之前审评可以得到的信息，以便经有关缔约方同意，做出适当修正附件一和二内名单的决定；

(g)不在附件一之列的任何缔约方，可以在其批准、接受、核准或加入的文书中，或在其后任何时间，通知保存人其有意接受上述(a)项和(b)项的约束。保存人应将任何此类通知通报其他签署方和缔约方。

3.附件二所列的发达国家缔约方和其他发达缔约方应提供新的和额外的资金，以支付经议定的发展中国家缔约方为履行第十二条第1款规定的义务而导致的全部费用。它们还应提供发展中国家缔约方所需要的资金，包括用于技术转让的资金，以支付经议定的为执行本条第1款所述并经发展中国家缔约方同第十一条所述那个或那些国际实体依该条议定的措施的全部增加费用。这些承诺的履行应考虑到资金流量应充足和可以预测的必要性，以及发达国家缔约方间适当分摊负担的重要性。

4.附件二所列的发达国家缔约方和其他发达缔约方还应帮助特别易受气候变化不利影响的发展中国家缔约方支付适应这些不利影响的费用。

5. 附件二所列的发达国家缔约方和其他发达缔约方应采取一切实际可行的步骤,酌情促进、便利和资助向其他缔约方特别是发展中国家缔约方转让或使它们有机会得到无害环境的技术和专有技术,以使它们能够履行本公约的各项规定。在此过程中,发达国家缔约方应支持开发和增强发展中国家缔约方的自生能力和技术。有能力这样做的其他缔约方和组织也可协助便利这类技术的转让。

6. 对于附件一所列正在朝市场经济过渡的缔约方,在履行其在上述第 2 款下的承诺时,包括在《蒙特利尔议定书》未予管制的温室气体人为排放的可资参照的历史水平方面,应由缔约方会议允许它们有一定程度的灵活性,以增强这些缔约方应付气候变化的能力。

7. 发展中国家缔约方能在多大程度上有效履行其在本公约下的承诺,将取决于发达国家缔约方对其在本公约下所承担的有关资金和技术转让的承诺的有效履行,并将充分考虑到经济和社会发展及消除贫困是发展中国家缔约方的首要和压倒一切的优先事项。

8. 在履行本条各项承诺时,各缔约方应充分考虑按照本公约需要采取哪些行动,包括与提供资金、保险和技术转让有关的行动,以满足发展中国家缔约方由于气候变化的不利影响和/或执行应对措施所造成的影响,特别是对下列各类国家的影响,而产生的具体需要和关注:

(a) 小岛屿国家;
(b) 有低洼沿海地区的国家;
(c) 有干旱和半干旱地区、森林地区和容易发生森林退化的地区的国家;
(d) 有易遭自然灾害地区的国家;
(e) 有容易发生旱灾和沙漠化的地区的国家;
(f) 有城市大气严重污染的地区的国家;
(g) 有脆弱生态系统包括山区生态系统的国家;
(h) 其经济高度依赖于矿物燃料和相关的能源密集产品的生产、加工和出口所带来的收入,和/或高度依赖于这种燃料和产品的消费的国家;
(i) 内陆国和过境国。

此外,缔约方会议可酌情就本款采取行动。

9. 各缔约方在采取有关提供资金和技术转让的行动时,应充分考虑到最不发达国家的具体需要和特殊情况。

10. 各缔约方应按照第十条,在履行本公约各项承诺时,考虑到其经济容易受到执行应付气候变化的措施所造成的不利影响之害的缔约方、特别是发展中国家缔约方的情况。这尤其适用于其经济高度依赖于矿物燃料和相关的能源密集产品的生产、加工和出口所带来的收入,和/或高度依赖于这种燃料和产品的消费,和/或高度依赖于矿物燃料的使用,而改用其他燃料又非常困难的那些缔约方。

第五条　研究和系统观测

在履行第四条第1款(g)项下的承诺时,各缔约方应:

(a)支持并酌情进一步制订旨在确定、进行、评估和资助研究、数据收集和系统观测的国际和政府间计划和站网或组织,同时考虑到有必要尽量减少工作重复;

(b)支持旨在加强尤其是发展中国家的系统观测及国家科学和技术研究能力的国际和政府间努力,并促进获取和交换从国家管辖范围以外地区取得的数据及其分析;

(c)考虑发展中国家的特殊关注和需要,并开展合作提高它们参与上述(a)项和(b)项中所述努力的自生能力。

第六条　教育、培训和公众意识

在履行第四条第1款(i)项下的承诺时,各缔约方应:

(a)在国家一级并酌情在次区域和区域一级,根据国家法律和规定,并在各自的能力范围内,促进和便利:

ⓐ拟订和实施有关气候变化及其影响的教育及提高公众意识的计划;

ⓑ公众获取有关气候变化及其影响的信息;

ⓒ公众参与应付气候变化及其影响和拟订适当的对策;

ⓓ培训科学、技术和管理人员。

(b)在国际一级,酌情利用现有的机构,在下列领域进行合作并促进:

ⓐ编写和交换有关气候变化及其影响的教育及提高公众意识的材料;

ⓑ拟订和实施教育和培训计划,包括加强国内机构和交流或借调人员来,特别是为发展中国家培训这方面的专家。

第七条　缔约方会议

1. 兹设立缔约方会议。

2. 缔约方会议作为本公约的最高机构,应定期审评本公约和缔约方会议可能通过的任何相关法律文书的履行情况,并应在其职权范围内做出为促进本公约的有效履行所必要的决定。为此目的,缔约方会议应:

(a)根据本公约的目标、在履行本公约过程中取得的经验和科学与技术知

识的发展,定期审评本公约规定的缔约方义务和机构安排;

(b)促进和便利就各缔约方为应付气候变化及其影响而采取的措施进行信息交流,同时考虑到各缔约方不同的情况、责任和能力以及各自在本公约下的承诺;

(c)应两个或更多的缔约方的要求,便利将这些缔约方为应付气候变化及其影响而采取的措施加以协调,同时考虑到各缔约方不同的情况、责任和能力以及各自在本公约下的承诺;

(d)依照本公约的目标和规定,促进和指导发展和定期改进由缔约方会议议定的,除其他外,用来编制各种温室气体源的排放和各种汇的清除的清单,和评估为限制这些气体的排放及增进其清除而采取的各种措施的有效性的可比方法;

(e)根据依本公约规定获得的所有信息,评估各缔约方履行公约的情况和依照公约所采取措施的总体影响,特别是环境、经济和社会影响及其累计影响,以及当前在实现本公约的目标方面取得的进展;

(f)审议并通过关于本公约履行情况的定期报告,并确保予以发表;

(g)就任何事项做出为履行本公约所必需的建议;

(h)按照第四条第3、第4和第5款及第十一条,设法动员资金;

(i)设立其认为履行公约所必需的附属机构;

(j)审评其附属机构提出的报告,并向它们提供指导;

(k)以协商一致方式议定并通过缔约方会议和任何附属机构的议事规则和财务规则;

(l)酌情寻求和利用各主管国际组织和政府间及非政府机构提供的服务、合作和信息;

(m)行使实现本公约目标所需的其他职能以及依本公约所赋予的所有其他职能。

3.缔约方会议应在其第一届会议上通过其本身的议事规则以及本公约所设立的附属机构的议事规则,其中应包括关于本公约所述各种决策程序未予规定的事项的决策程序。这类程序可包括通过具体决定所需的特定多数。

4.缔约方会议第一届会议应由第二十一条所述的临时秘书处召集,并应不迟于本公约生效日期后一年举行。其后,除缔约方会议另有决定外,缔约方会议的常会应年年举行。

5.缔约方会议特别会议应在缔约方会议认为必要的其他时间举行,或应任何缔约方的书面要求而举行,但须在秘书处将该要求转达给各缔约方后六个月内得到至少三分之一缔约方的支持。

6.联合国及其专门机构和国际原子能机构,以及它们的非为本公约缔约方的会员国或观察员,均可作为观察员出席缔约方会议的各届会议。任何在本公约所涉事项上具备资格的团体或机构,不管其为国家或国际的、政府或非政府的,经通知秘书处其愿意作为观察员出席缔约方会议的某届会议,均可予以接纳,除非出席的缔约方至少三分之一反对。观察员的接纳和参加应遵循缔约方会议通过的议事规则。

第八条 秘书处

1.兹设立秘书处。

2.秘书处的职能应为：

(a)安排缔约方会议及依本公约设立的附属机构的各届会议,并向它们提供所需的服务；

(b)汇编和转递向其提交的报告；

(c)便利应要求时协助各缔约方特别是发展中国家缔约方汇编和转递依本公约规定所需的信息；

(d)编制关于其活动的报告,并提交给缔约方会议；

(e)确保与其他有关国际机构的秘书处的必要协调；

(f)在缔约方会议的全面指导下订立为有效履行其职能而可能需要的行政和合同安排；

(g)行使本公约及其任何议定书所规定的其他秘书处职能和缔约方会议可能决定的其他职能。

3.缔约方会议应在其第一届会议上指定一个常设秘书处,并为其行使职能做出安排。

第九条 附属科技咨询机构

1.兹设立附属科学和技术咨询机构,就与公约有关的科学和技术事项,向缔约方会议并酌情向缔约方会议的其他附属机构及时提供信息和咨询。该机构应开放供所有缔约方参加,并应具有多学科性。该机构应由在有关专门领域胜任的政府代表组成。该机构应定期就其工作的一切方面向缔约方会议报告。

2.在缔约方会议指导下和依靠现有主管国际机构,该机构应：

(a)就有关气候变化及其影响的最新科学知识提出评估；

(b)就履行公约所采取措施的影响进行科学评估；

(c)确定创新的、有效率的和最新的技术与专有技术,并就促进这类技术的

发展和/或转让的途径与方法提供咨询;

(d)就有关气候变化的科学计划和研究与发展的国际合作,以及就支持发展中国家建立自生能力的途径与方法提供咨询;

(e)答复缔约方会议及其附属机构可能向其提出的科学、技术和方法问题。

3.该机构的职能和职权范围可由缔约方会议进一步制定。

第十条 附属履行机构

1.兹设立附属履行机构,以协助缔约方会议评估和审评本公约的有效履行。该机构应开放供所有缔约方参加,并由为气候变化问题专家的政府代表组成。该机构应定期就其工作的一切方面向缔约方会议报告。

2.在缔约方会议的指导下,该机构应:

(a)考虑依第十二条第1款提供的信息,参照有关气候变化的最新科学评估,对各缔约方所采取步骤的总体合计影响做出评估;

(b)考虑依第十二条第2款提供的信息,以协助缔约方会议进行第四条第2款(d)项所要求的审评;

(c)酌情协助缔约方会议拟订和执行其决定。

第十一条 资金机制

1.兹确定一个在赠予或转让基础上提供资金、包括用于技术转让的资金的机制。该机制应在缔约方会议的指导下行使职能并向其负责,并应由缔约方会议决定该机制与本公约有关的政策、计划优先顺序和资格标准。该机制的经营应委托一个或多个现有的国际实体负责。

2.该资金机制应在一个透明的管理制度下公平和均衡地代表所有缔约方。

3.缔约方会议和受托管资金机制的那个或那些实体应议定实施上述各款的安排,其中应包括:

(a)确保所资助的应付气候变化的项目符合缔约方会议所制定的政策、计划优先顺序和资格标准的办法;

(b)根据这些政策、计划优先顺序和资格标准重新考虑某项供资决定的办法;

(c)依循上述第1款所述的负责要求,由那个或那些实体定期向缔约方会议提供关于其供资业务的报告;

(d)以可预测和可认定的方式确定履行本公约所必需的和可以得到的资金数额,以及定期审评此一数额所应依据的条件。

4.缔约方会议应在其第一届会议上做出履行上述规定的安排,同时审评并考虑到第二十一条第3款所述的临时安排,并应决定这些临时安排是否应予维持。在其后四年内,缔约方会议应对资金机制进行审评,并采取适当的措施。

5. 发达国家缔约方还可通过双边、区域性和其他多边渠道提供并由发展中国家缔约方获取与履行本公约有关的资金。

第十二条 提供有关履行的信息

1. 按照第四条第1款,第一缔约方应通过秘书处向缔约方会议提供含有下列内容的信息:

(a)在其能力允许的范围内,用缔约方会议所将推行和议定的可比方法编成的关于《蒙特利尔议定书》未予管制的所有温室气体的各种源的人为排放和各种汇的清除的国家清单;

(b)关于该缔约方为履行公约而采取或设想的步骤的一般性描述;

(c)该缔约方认为与实现本公约的目标有关并且适合列入其所提供信息的任何其他信息,在可行情况下,包括与计算全球排放趋势有关的资料。

2. 附件一所列每一发达国家缔约方和每一其他缔约方应在其所提供的信息中列入下列各类信息:

(a)关于该缔约方为履行其第四条第2款(a)项和(b)项下承诺所采取政策和措施的详细描述;

(b)关于本款(a)项所述政策和措施在第四条第2款(a)项所述期间对温室气体各种源的排放和各种汇的清除所产生影响的具体估计。

3. 此外,附件二所列每一发达国家缔约方和第一其他发达缔约方应列入按照第四条第3、第4和第5款所采取措施的详情。

4. 发展中国家缔约方可在自愿基础上提出需要资助的项目,包括为执行这些项目所需要的具体技术、材料、设备、工艺或做法,在可能情况下并附上对所有增加的费用、温室气体排放的减少量及其清除的增加量的估计,以及对其所带来效益的估计。

5. 附件一所列每一发达国家缔约方和每一其他缔约方应在公约对该缔约方生效后六个月内第一次提供信息。未列入该附件的每一缔约方应在公约对该缔约方生效后或按照第四条第3款获得资金后三年内第一次提供信息。最不发达国家缔约方可自行决定何时第一次提供信息。其后所有缔约方提供信息的频度应由缔约方会议考虑到本款所规定的差别时间表予以确定。

6. 各缔约方按照本条提供的信息应由秘书处尽速转交给缔约方会议和任何有关的附属机构。如有必要,提供信息的程序可由缔约方会议进一步考虑。

7. 缔约方会议从第一届会议起,应安排向有此要求的发展中国家缔约方提供技术和资金支持,以汇编和提供本条所规定的信息,和确定与第四条规定的所拟议的项目和应对措施相联系的技术和资金需要。这些支持可酌情由其他缔约方、主管国际组织和秘书处提供。

8. 任何一组缔约方遵照缔约方会议制定的指导方针并经事先通知缔约方会议,可以联合提供信息来履行其在本条下的义务,但这样提供的信息须包括关于其中每一缔约方履行其在本公约下的各自义务的信息。

9. 秘书处收到的经缔约方按照缔约方会议制定的标准指明为机密的信息,在提供给任何参与信息的提供和审评的机构之前,应由秘书处加以汇总,以保护其机密性。

10. 在不违反上述第9款,并且不妨碍任何缔约方在任何时候公开其所提供信息的能力的情况下,秘书处应将缔约方按照本条提供的信息在其提交给缔约方会议的同时予以公开。

第十三条 解决与履行有关的问题

缔约方会议应在其第一届会议上考虑设立一个解决与公约履行有关的问题的多边协商程序,供缔约方有此要求时予以利用。

第十四条 争端的解决

1. 任何两个或两个以上缔约方之间就本公约的解释或适用发生争端时,有关的缔约方应寻求通过谈判或它们自己选择的任何其他和平方式解决该争端。

2. 非为区域经济一体化组织的缔约方在批准、接受、核准或加入本公约时,或在其后任何时候,可在交给保存人的一份文书中声明,关于本公约的解释或适用方面的任何争端,承认对于接受同样义务的任何缔约方,下列义务为当然而具有强制性的,无须另订特别协议:

(a)将争端提交国际法院。

(b)按照将由缔约方会议尽早通过的、载于仲裁附件中的程序进行仲裁。

作为区域经济一体化组织的缔约方可就依上述(b)项中所述程序进行仲裁发表类似声明。

3. 根据上述第2款所作的声明,在其所载有效期期满前,或在书面撤回通知交存于保存人后的三个月内,应一直有效。

4. 除非争端各当事方另有协议,新作声明、做出撤回通知或声明有效期满丝毫不得影响国际法院或仲裁庭正在进行的审理。

5. 在不影响上述第2款运作的情况下,如果一缔约方通知另一缔约方它们之间存在争端,过了十二个月后,有关的缔约方尚未能通过上述第1款所述方法解决争端,经争端的任何当事方要求,应将争端提交调解。

6. 经争端一当事方要求,应设立调解委员会。调解委员会应由每一当事方委派的数目相同的成员组成,主席由每一当事方委派的成员共同推选。调解委员会应做出建议性裁决。各当事方应善意考虑之。

7. 有关调解的补充程序应由缔约方会议尽早以调解附件的形式予以通过。

8. 本条各项规定应适用于缔约方会议可能通过的任何相关法律文书,除非该文书另有规定。

第十五条 公约的修正

1. 任何缔约方均可对本公约提出修正。

2. 对本公约的修正应在缔约方会议的一届常会上通过。对本公约提出的任何修正案文应由秘书处在拟议通过该修正的会议之前至少六个月送交各缔约方。秘书处还应将提出的修正送交本公约各签署方,并送交保存人以供参考。

3. 各缔约方应尽一切努力以协商一致方式就对本公约提出的任何修正达成协议。如为谋求协商一致已尽了一切努力,仍未达成协议,作为最后的方式,该修正应以出席会议并参加表决的缔约方四分之三多数票通过。通过的修正应由秘书处送交保存人,再由保存人转送所有缔约方供其接受。

4. 对修正的接受文书应交存于保存人。按照上述第3款通过的修正,应于保存人收到本公约至少四分之三缔约方的接受文书之日后第九十天起对接受该修正的缔约方生效。

5. 对于任何其他缔约方,修正应在该缔约方向保存人交存接受该修正的文书之日后第九十天起对其生效。

6. 为本条的目的,"出席并参加表决的缔约方"是指出席并投赞成票或反对票的缔约方。

第十六条 公约附件的通过和修正

1. 本公约的附件应构成本公约的组成部分,除另有明文规定外,凡提到本公约时即同时提到其任何附件。在不妨害第十四条第2款(b)项和第7款规定的情况下,这些附件应限于清单、表格和任何其他属于科学、技术、程序或行政性质的说明性资料。

2. 本公约的附件应按照第十五条第2、第3和第4款中规定的程序提出和通过。

3. 按照上述第2款通过的附件,应于保存人向公约的所有缔约方发出关于通过该附件的通知之日起六个月后对所有缔约方生效,但在此期间以书面形式通知保存人不接受该附件的缔约方除外。对于撤回其不接受的通知的缔约方,该附件应自保存人收到撤回通知之日后第九十天起对其生效。

4.对公约附件的修正的提出、通过和生效,应依照上述第2和第3款对公约附件的提出、通过和生效规定的同一程序进行。

5.如果附件或对附件的修正的通过涉及对本公约的修正,则该附件或对附件的修正应待对公约的修正生效之后方可生效。

第十七条 议定书

1.缔约方会议可在任何一届常会上通过本公约的议定书。

2.任何拟议的议定书案文应由秘书处在举行该届会议至少六个月之前送交各缔约方。

3.任何议定书的生效条件应由该文书加以规定。

4.只有本公约的缔约方才可成为议定书的缔约方。

5.任何议定书下的决定只应由该议定书的缔约方做出。

第十八条 表决权

1.除下述第2款所规定外,本公约第一缔约方应有一票表决权。

2.区域经济一体化组织在其权限内的事项上应行使票数与其作为本公约缔约方的成员国数目相同的表决权。如果一个此类组织的任一成员国行使自己的表决权,则该组织不得行使表决权,反之亦然。

第十九条 保存人

联合国秘书长应为本公约及按照第十七条通过的议定书的保存人。

第二十条 签署

本公约应于联合国环境与发展会议期间在里约热内卢,其后自1992年6月20日至1993年6月19日在纽约联合国总部,开放供联合国会员国或任何联合国专门机构的成员国或《国际法院规约》的当事国和各区域经济一体化组织签署。

第二十一条 临时安排

1.在缔约方会议第一届会议结束前,第八条所述的秘书处职能将在临时基础上由联合国大会1990年12月21日第45/212号决议所设立的秘书处行使。

2.上述第1款所述的临时秘书处首长将与政府间气候变化专门委员会密切合作,以确保该委员会能够对提供客观科学和技术咨询的要求做出反应。也可以咨询其他有关的科学机构。

3. 在临时基础上，联合国开发计划署、联合国环境规划署和国际复兴开发银行的"全球环境融资"应为受托经营第十一条所述资金机制的国际实体。在这方面，"全球环境融资"应予适当改革，并使其成员具有普遍性，以使其能满足第十一条的要求。

第二十二条　批准、接受、核准或加入

1. 本公约须经各国和各区域经济一体化组织批准、接受、核准或加入。公约应自签署截止日之次日起开放供加入。批准、接受、核准或加入的文书应交存于保存人。

2. 任何成为本公约缔约方而其成员国均非缔约方的区域经济一体化组织应受本公约一切义务的约束。如果此类组织的一个或多个成员国为本公约的缔约方，该组织及其成员国应决定各自在履行公约义务方面的责任。在此种情况下，该组织及其成员国无权同时行使本公约规定的权利。

3. 区域经济一体化组织应在其批准、接受、核准或加入的文书中声明其在本公约所规定事项上的权限。此类组织还应将其权限范围的任何重大变更通知保存人，再由保存人通知各缔约方。

第二十三条　生效

1. 本公约应自第五十份批准、接受、核准或加入的文书交存之日后第九十天起生效。

2. 对于在第五十份批准、接受、核准或加入的文书交存之后批准、接受、核准或加入本公约的每一国家或区域经济一体化组织，本公约应自该国或该区域经济一体化组织交存其批准、接受、核准或加入的文书之日后第九十天起生效。

3. 为上述第1和第2款的目的，区域经济一体化组织所交存的任何文书不应被视为该组织成员国所交存文书之外的额外文书。

第二十四条　保留

对本公约不得作任何保留。

第二十五条　退约

1. 自本公约对一缔约方生效之日起三年后，该缔约方可随时向保存人发出书面通知退出本公约。

2. 任何退出应自保存人收到退出通知之日起一年期满时生效，或在退出通知中所述明的更后日期生效。

3.退出本公约的任何缔约方,应被视为亦退出其作为缔约方的任何议定书。

第二十六条 作准文本

本公约正本应交存于联合国秘书长,其阿拉伯文、中文、英文、法文、俄文和西班牙文本同为作准。

下列签署人,经正式授权,在本公约上签字,以昭信守。

1992 年 5 月 9 日订于纽约。

附录二：京都议定书

本议定书缔约方，作为《联合国气候变化框架公约》（以下简称《公约》）缔约方，根据《公约》第二条所申明的最终目标，忆及《公约》的规定，在《公约》第三条的指导下，按照《公约》缔约方会议第一届会议在第1/CP.1号决定中通过的"柏林授权"兹协议如下：

第一条

为本议定书之目的，应适用《公约》第一条中所载定义。此外：

1."缔约方会议"指《公约》缔约方会议。

2.《公约》指1992年5月9日在纽约通过的《联合国气候变化框架公约》。

3."政府间气候变化专门委员会"指世界气象组织和联合国环境规划署1988年联合设立的政府间气候变化专门委员会。

4.《蒙特利尔议定书》指1987年9月16日在蒙特利尔通过的、后来经调整和修订的《关于消耗臭氧层物质的蒙特利尔议定书》。

5."出席并参加表决的缔约方"指出席会议并投票赞成或反对的缔约方。

6."缔约方"指本议定书缔约方，除非案文中另有说明。

7."附件一所列缔约方"指《公约》附件一所列缔约方。其中所列缔约方可由《公约》缔约方会议随后做出修正，或指根据《公约》第四条第2款（g）项做出通知的缔约方。

第二条

1.附件一所列每一缔约方，为履行第三条中关于排放量限制和削减指标的承诺以促进可持续发展，均应：

（a）根据本国情况执行和/或进一步精心制定政策和措施，诸如：

增强国家经济有关部门的能源效率；

保护和增强《蒙特利尔议定书》未予管制的温室气体的汇和库。同时考虑到其依有关的国际环境协议做出的承诺；促进可持续森林管理做法、造林和重新造林；

在考虑到气候变化的情况下促进可持续农业形式；

促进、研究、发展和增加使用可再生能源、二氧化碳螯合技术和对环境无害的先进新技术；

逐渐减少或逐步消除市场缺点、对违反《公约》目标和采用市场手段的所有温室气体排放部门的财政鼓励、免税措施和补贴；

鼓励在有关部门做出适当改革，旨在促进用以限制或削减《蒙特利尔议定书》未予管制的温室气体的排放的政策和做法；

采取措施在运输部门限制和/或削减《蒙特利尔议定书》未予管制的温室气体排放在废物管理部门以及在能源的生产、运输和销售方面藉回收和使用以减少甲烷的排放；

(b)根据《公约》第四条第 2 款(e)项第(一)目，同其他这类缔约方合作增强它们依本条通过的政策和措施的个别和合并成效。为此目的。这些缔约方应采取步骤分享它们关于这些政策和措施的经验并交流信息。包括设法改进这些政策和措施的可比性、透明度和成效，作为本议定书缔约方会议的《公约》缔约方会议应在第一届会议上或在此后一旦实际可行时审议便利这种合作的方法，同时考虑到所有相关情况。

2. 附件一所列缔约方应分别同国际民用航空组织和国际海事组织一起谋求限制或削减飞机和船舶用燃油产生的《蒙特利尔议定书》未予管制的温室气体的排放；

3. 附件一所列缔约方依本条努力执行政策和措施，尽量减少各种不利影响，包括对气候变化的不利影响、对国际贸易的影响以及对其他缔约方—尤其是发展中国家缔约方和《公约》第四条第 8 款和第 9 款中所指明的那些缔约方的社会、环境和经济影响，同时考虑到《公约》第三条。作为本议定书缔约方会议的《公约》缔约方会议可以酌情采取进一步行动促进本款规定的实施。

4. 作为本议定书缔约方会议的《公约》缔约方会议如决定就上述第 1 款(a)项中所指任何政策和措施进行协调是有益助的，同时考虑到国家情况和潜在作用不一，则应考虑设法推动对这些政策和措施的协调。

第三条

1. 附件一所列缔约方应个别地或共同地确保附件 A 所列温室气体的其人为二氧化碳当量排放总量不超过按照附件 B 中所记其排放量限制和削减承诺和根据本条的规定所计算的其分配数量，以期这类气体的其全部排放量在 2008 年至 2012 年承诺期间削减到 1990 年水平之下 5%。

2.附件一所列缔约方应到2005年时在履行依本议定书规定的其承诺中做出可予证实的进展。

3.在自1990年以来直接由人引起的土地利用改变和森林活动限于造林、重新造林和砍伐森林产生的源的温室气体排放和汇的清除方面的净变化,作为每个承诺期间贮存方面可核查的变化来衡量,应用来达到附件一所列每一缔约方在本条中的承诺。与这些活动相关的源的温室气体排放和汇的清除应以透明且可核查的方式做出通报,并依第七条和第八条做出审查。

4.在作为本议定书缔约方会议的《公约》缔约方会议第一届会议之前,附件一所列每一缔约方应提供数据供附属科技咨询机构审议,以便确定其1990年的碳贮存并能对以后各年的碳贮存方面的变化做出估计。作为本议定书缔约方会议的《公约》缔约方会议应在第一届会议或在其后尽早实际可行时。就与农用土壤和土地利用改变和森林等类温室气体排放和清除方面变化有关的哪些因人引起的其他活动是否应加到附件一所列缔约方的分配数量中或从中减去的模式、规定和指南做出决定,同时考虑到各种不确定性、报告透明度、可核查性、政府间气候变化专门委员会的工作方法、附属科技咨询机构根据第五条提供的咨询意见以及《公约》缔约方会议的决定。这一决定应在第二个和以后的承诺期适用。一缔约方可为其第一个承诺期间就这些额外的因人而引起的活动做出这一决定,但这些活动须自1990年以来已经进行。

5.其基准年或期间系根据《公约》缔约方会议第二届会议第9/CP.2号决定确定的、正在向市场经济过渡的附件一所列缔约方在履行其本条中的承诺时应以该基准年或期间为准。正在向市场经济过渡但尚未依《公约》第十二条提交其第一次国家信息通报的附件一所列任何其他缔约方也可通知作为本议定书缔约方会议的《公约》缔约方会议它有意为履行依本条规定的承诺使用除1990年以外的某一历史基准年或期间。作为本议定书缔约方会议的《公约》缔约方会议应就这种通知的接受做出决定。

6.考虑到《公约》第四条第6款,在履行其除本条中那些承诺以外的承诺方面,作为本议定书缔约方会议的《公约》缔约方会议应允许正在向市场经济过渡的附件一所列缔约方某种程度的灵活性。

7.附件一所列每一缔约方的分配数量,在从2008年至2012年第一个排放量限制和削减承诺期,应等于在附件B中对附件A所列温室气体在1990年或按照上述第5款确定的基准年或期间内其总的人为二氧化碳当量排放总量所记的其百分比乘以5。土地利用改变和林业对其构成1990年温室气体排放净来源的附件一所列这些缔约方,应为了计算它们的分配数量,在它们的1990年排放基准年或基准期包括人为二氧化碳当量排放总量减去1990年土地利用改变产生的清除。

8.附件一所列缔约方,为了上述第7款所指计算的目的,可使用1995年作为氢氟碳化物、全氟化碳和六氟化硫的基准年。

9.附件一所列缔约方对以后期间的承诺应在对本议定书附件B的修正中加以确定,这类附件应根据第二十条第7款的规定予以通过。作为本议定书缔约方会议的《公约》缔约方会议应至少在上述第7款中所指第一个承诺期结束之前七年开始审议这类承诺。

10.一缔约方根据第六条和第十六条之二规定从另一缔约方获得的任何排放削减单位或一个分配数量的任何部分。应计入该缔约方的分配数量。

11.一缔约方根据第六条和第十六条之二转让给另一缔约方的任何排放削减单位或一个分配数量的任何部分,应从该缔约方的分配数量中减去。

12.一缔约方根据第十二条规定从另一缔约方获得的任何经证明的排放削减单位应记入该缔约方的分配数量。

13.如附件所列在承诺期间内的排放少于其依本条确定的分配数量,这一差额。经该缔约方的要求,应记入该缔约方以后的承诺期的分配数量。

14.附件一所列每一缔约方应以将对发展中国家缔约方、尤其是《公约》第四条第8款和第9款所指那些缔约方不利的社会、环境和经济影响降低到最低程度的方式履行上述1款中所指的承诺。依照《公约》缔约方会议关于履行这些条款的相关决定,作为本议定书缔约方会议的《公约》缔约方会议应在本议定书生效后在其第一届会议审议可采取何种必要行动尽量减少气候变化的不利影响和/或依这些条款采取的对应措施对缔约方的影响。须予审议的问题应是资金筹措、保险和技术转让。

第四条

1.凡同意共同履行第三条规定的其承诺的附件一所列缔约方,只要附件A中所列温室气体的其合并人为二氧化碳当量排放总量不超过附件B中所记根据其排放量限制和削减承诺和根据第三条规定计算的分配数量,就应被认为履行了这些承诺。分配给协议各缔约方的各自排放水平应载明于该协议。

2.任何这类协议的各缔约方应在它们交存批准、挂受、核准或加入文书之日将协议条件通知秘书处。秘书处应接着将协议条件或修正或撤销协议的任何决定通知《公约》缔约方和签署方。

3.协议应在第三条第7款所指承诺期的持续期间继续实施。

4. 如果缔约方在区域经济一体化组织的框架内连同该组织一起共同行事,该组织的组成在本议定书通过后的任何改变不应影响到依本议定书确定的现有承诺。该组织在组成上的这一改变只应用于继该改变后通过的依第三条规定的这些承诺。

5. 如这类协议的缔约方未能达到它们的合并排放削减水平,这一协议的每一缔约方应对协议中载明的它的排放水平负责。

6. 如果缔约方在一个本身为议定书缔约方的区域经济一体化组织的框架内连同该组织一起共同行事,该区域经济一体化组织的每一成员国单独地和连同按照第二十三条行事的区域经济一体化组织一起,如未能达到总计合并排放削减水平,则应依本条做出的通知对其排放水平负责。

第五条

1. 附件一所列每一缔约方,应在不迟于第一个承诺期开始前一年,确立一个估算《蒙特利尔议定书》未予管制的所有温室气体的各种源的人为排放和各种汇的清除的国家制度。应体现下述第 2 款所指方法的此类国家制度指南应由作为本议定书缔约方会议的《公约》缔约方会议第一届会议决定。

2. 估算《蒙特利尔议定书》未予管制的所有温室气体的各种源的人为排放和各种汇的清除的方法应是政府间气候变化专门委员会接受的方法,并且是《公约》缔约方会议第三届会议所议定的。如不使用这种方法。则应根据作为本议定书缔约方会议的《公约》缔约方会议第一届会议议定的方法做出适当调整。作为本议定书缔约方会议的《公约》缔约方会议应基于特别是政府间气候变化专门委员会的工作和附属科技咨询机构提供的咨询意见。定期审查和酌情修订这些方法和做出调整,同时充分考虑到《公约》缔约方会议做出的任何有关决定。对方法或调整的任何修订应只用于为了在继该修订后通过的任何承诺期查明遵守第三条规定的承诺。

3. 用以计算附件 A 所列《蒙特利尔议定书》未予管制的温室气体的各种源的人为排放和各种汇的清除的全球升温潜能值应是政府间气候变化专门委员会按受的升温潜值。并且是由《公约》缔约方会议第三届会议议定的。作为本议定书缔约方会议的《公约》缔约方会议应基于特别是政府间气候变化专门委员会的工作和附属科技咨询机构提供的咨询意见。定期审查和酌情修订每种此类温室气体的全球升温潜能值,同时充分考虑到《公约》缔约方会议做出的任何有关决定。对全球升温潜能值的任何修订应只适用于继该修订后通过的任何承诺期依第三条规定的承诺。

第六条

1. 为了履行依第三条规定的承诺。附件一所列任一缔约方可以向任何其他这类缔约方转让或从它们获得由旨在任何经济部门削减温室气体的各种源的人为排放或增强各种汇的人为清除的项目产生的任何排放削减单位,但:

任何这类项目须经有关缔约方批准;

任何这类项目须能削减源的排放,或增强汇的清除,这一削减或增强是对任何以其他方式发生的任何削减或增强的补助;

缔约方如果不遵守其依第五条和第七条规定的义务,则不可以获得任何排放削减单位;

排放削减单位的获得应是对为履行第三条规定的承诺而采取的本国行动的补充。

2. 作为本议定书缔约方会议的《公约》缔约方会议在第一届会议或在其后尽早实际可行时为履行本条、包括为核查和报告进一步制定指南。

3. 附件一所列缔约方可以授权法律实体在该缔约方的负责下参加可导致依本条产生、转让或获得排放削减单位的行动。

4. 如依第八条的有关规定查明缔约方执行本款所指的要求有问题,排放削减单位的转让和获得在查明问题后可继续进行,但任何缔约方直到任何这类遵守问题获得解决之前不可使用任何排放削减单位来履行依第三条规定的其承诺。

第七条

1. 附件一所列每一缔约方应在其根据《公约》缔约方会议的相关决定提交的《蒙特利尔议定书》未予管制的温室气体的各种源的人为排放和各种汇的清除年度清单内载列将根据下述第 4 款确定的为了确保遵守第三条的目的而必要的补充资料。

2. 附件一所列每一缔约方应将根据下述第 4 款的规定,在其依《公约》第十二条提交的国家信息通报中提供必要的补充资料以说明其遵守依本议定书所规定承诺的情形。

3. 附件一所列每一缔约方应依上述第 1 款每年提交信息,于本协定书对该缔约方生效后依《公约》应就承诺期第一年提交第一次清单。每一该缔约方应提交依上述第 2 款所要求的信息,作为在本协定书对该缔约方生效后和在按下述第 4 款规定通过的指南后应提交的第一次国家信息通报的一部分。以后提交依本条所要求的信息的间隔时间应由作为本议定书缔约方会议的《公约》

缔约方会议确定,同时考虑到《公约》缔约方会议就提交国家信息通报决定的时间表。

4. 作为本议定书缔约方会议的《公约》缔约方会议应在第一届会议通过关于编制依本条所要求资料的指南,并在其后定期做出审查,同时考虑到《公约》缔约方会议通过的附件一所列缔约方国家信息通报编制指南。作为本议定书缔约方会议的《公约》缔约方会议也应在第一个承诺期之前就计算分配数量的模式做出决定。

第八条

1. 附件所列每缔约方依第七条提交的国家信息通报应由专家审查组根据《公约》缔约方并依照作为本议定书缔约方会议的《公约》缔约方会议根据下述第 4 款为此目的通过的指南做出审查。附件一所列每一缔约方依第七条第 1 款提交的信息应作为排放清单和分配数量年度汇编和计算的一部分做出审查。此外。附件一所列每一缔约方依第七条第 2 款提交的信息应作为信息通报审查的一部分做出审查。

2. 专家审查组之间的协调应由秘书处进行,审查组的成员应从《公约》缔约方和酌情由政府间组织提名的人选中。根据《公约》缔约方会议为此目的通过的指导甄选。

3. 审查过程中应对缔约方履行本议定书的情况的所有方面做出彻底且全面的技术评估。专定审查组应编写一份报告提交作为本议定书缔约方会议的《公约》缔约方会议,在报告中评估缔约方履行承诺的情形并查明在履行承诺方面任何潜在的问题以及影响到承诺履行情形的各种因素。此类报告应由秘书处分送《公约》的所有缔约方。秘书处应列明此类报告中指明的任何履行问题供作为本议定书缔约方会议的《公约》缔约方会议做出进一步审议。

4. 作为本议定书缔约方会议的《公约》缔约方会议应在第一届会议通过关于由专家审查组审查履行情况的指南,并在其后定期做出审查。同时考虑到《公约》缔约方会议的相关决定。

5. 作为本议定书缔约方会议的《公约》缔约方会议应在附属履行机构并酌情在附属科技咨询机构的协助下审议:

缔约方按照第七条提交的信息和专家审查组关于按照本条进行的审查的报告;

秘书处根据上述第 3 款列明的那些履行问题,以及缔约方提出的任何问题。

6. 根据对上述第 5 款所指信息的审议情况,作为本议定书缔约方会议的

《公约》缔约方会议应就本议定书的履行所必要的任何事项做出决定。

第九条

1.作为本议定书缔约方会议的《公约》缔约方会议,应依据关于气候变化及其影响的最佳可得科学资料和评估以及相关的工艺、社会和经济资料,定期审查本议定书。这些审查应同依《公约》、特别是《公约》第四条第2款(d)项和第七条第2款(a)项所要求的那些相关审查进行协调。作为本议定书缔约方会议的《公约》缔约方会议应基于这些审查结果采取适当行动。

2.第一次审查应在作为本议定书缔约方会议的《公约》缔约方会议第二届会议上进行。进一步的审查应定期适时进行。

第十条

所有缔约方,考虑到它们的共同但有区别的责任以及它们特殊的国家和区域发展优先顺序、目标和情况,在不要求未列入附件一的缔约方做出任何新承诺的情形下,重申《公约》第四条第1款中的承诺,并继续促进履行这些承诺以实现可持续发展,同时要考虑到《公约》第四条第3款、第5款和第7款。均应:

在相关时且尽可能制定符合成本效益的国家方案和在适当情况下制定区域方案以改进可反映每一缔约方社会经济状况的地方排放因素、活动数据和/或模式用以编制和定期增订《蒙特利尔议定书》未予管制的温室气体的各种源的人为排放和各种汇的清除的国家清单。同时采用将由《公约》缔约方会议议定的可比方法,并依照《公约》缔约方会议通过的国家信息通报编制指南。

制定、实施、出版和定期增订载有减缓气候变化措施和促进适应气候变化措施的国家方案,在适当情况下制定、实施、出版和定期增订这样的区域方案:

(一)这类方案将除其他外,涉及能源、运输和工业部门以及农业、林业和废物管理。此外,适应技术和改进空间规划的方法也可有助于对气候变化的适应;

(二)附件所列缔约方应根据上述第八条确定的指南就依本议定书采取的行动。包括国家方案提交情况;其他缔约方应设法在它们的国家信息通报中酌情说明载有缔约方认为有助于减缓气候变化及其不利影响包括削减温室气体排放和增强汇及汇的清除、能力建设和适应办法等措施的方案;

合作促进有效模式用以发展、应用和传播有关气候变化的无害环境技术、专知、做法和过程。并采取一切实际步骤促进、便利和酌情资助将此类技术、专知、做法和过程转让给特别是发展中国家或使它们有机会获得,包括制定政策和方案便利有效转让国有或公有的无害环境技术,为私营部门创造有利环境促进和增进获得和转让无害环境技术;

在科技研究、促进维持和发展有系统的观察系统和发展数据库以减少与气候系统相关的不确定性、气候变化的不利影响和各种反应战略的社会经济后果等方面进行合作,并促进发展和加强本国能力参与国际及政府间关于研究和系统观测的努力、方案和网络,同时要考虑到《公约》第五条;

在国际一级进行合作,酌情利用现有机构,促进拟订和实施教育及培训方案,包括加强国家机构,特别是加强人才和机构能力,交流或调派人员培训这一领域的专家,尤其是培训发展中国家的专家,并在国家一级促进公众意识和公众获得关于气候变化的信息。应当制订适当模式通过《公约》的相关机构落实这些活动,同时考虑到《公约》第六条;

根据《公约》缔约方会议的相关决定。在国家信息通报中说明按照本条进行的方案和活动;

在履行本条中的承诺方面,应充分考虑到《公约》第四条第 8 款。

第十一条

1. 在履行第十条方面,缔约方应考虑到《公约》第四条第 4 款、第 5 款、第 7 款、第 8 款和第 9 款的规定。

2. 在履行《公约》第四条第 1 款的范围内,根据《公约》第四条第 3 款和第十一条的规定,并通过《公约》资金机制的经营实体。《公约》附件二所列发达国家缔约方和其他发达缔约方应:

提供新的和额外资金帮助发展中国家缔约方支付在促进履行第十条(a)项所指《公约》第四条第 1 款(a)项规定的现有承诺方面引起的议定的全部增加费用。

还应提供发展中国家缔约方在促进履行第十条所指《公约》第四条第 1 款中规定的和发展中国家缔约方与《公约》第十一条所指国际实体根据该条议定的现有承诺方面为支付议定的全部增加费用而所需的资金,包括技术转让。

这些现有承诺的履行应考虑到资金流量必需充足和可以预测以及发达国家缔约方之间适当分担的重要性。《公约》缔约方会议相关决定中的《公约》资金机制指导。包括本议定书通过之前商定的那些指导,应经必要修正适用于本款的规定。

3. 《公约》附件二所列发达缔约方和其他发达缔约方也可以通过双边、区域和基地多边渠道为履行第十条提供资金。供发展中国家缔约方利用。

第十二条

1. 兹此规定一种清洁发展机制。

2. 清洁发展机制的目的是协助未列入附件一的缔约方实现可持续发展和增进《公约》的最终目标。并协助附件一所列缔约方遵守其依第三条规定的排放量限制和削减承诺。

3. 依清洁发展机制：

未列入附件一的缔约方将获益于产生经证明的排放削减的项目活动；

附件一所列缔约方可利用通过此种项目活动增加的经证明的削减促进遵守由作为本议定书缔约方会议的《公约》缔约方会议确定的依第三条规定的其排放量限制和削减承诺。

4. 清洁发展机制须由作为本议定书缔约方会议的《公约》缔约方会议授权和指导，并由清洁发展机制的执行理事会监督。

5. 每一项目活动产生的排放削减须经作为本议定书缔约方会议的《公约》缔约方会议授权决定的经营实体根据以下各项做出证明：

经每一有关缔约方批准的自愿参加；

与减缓气候变化相关的实际、可衡量的长期效益；

排放削减是对在无经证明的项目活动的情况下会发生的任何排放减少的额外补助。

6. 如有必要，清洁发展机制应协助安排经证明的项目活动的筹资。

7. 作为本议定书缔约方会议的《公约》缔约方会议应在第一届会议上拟订程序以期通过项目活动的独立审计和核查确保透明度、效率和会计责任。

8. 作为本议定书缔约方会议的《公约》缔约方会议应确保通过经证明项目活动产生的收益份额应用以支付行政开支和协助特别易受气候变化不利影响之害的发展中国家缔约方支付适应费用。

9. 对于清洁发展机制的参与，包括上述第 3 款(a)项所指的活动及获得经证明的排放削减，可包括私有和/或公有实体，并需遵照清洁发展机制执行理事会可能提出的任何指导。

10. 在自 2000 年起直至第一个承诺期开始这段时期内实现的经证明的排放削减可用以协助在第一个承诺期内遵约。

11. 作为本议定书缔约方会议的《公约》缔约方会议应在第四届会议分析上述第 10 款所涉影响。

第十三条

1.《公约》缔约方会议——《公约》的最高机构，应作为本议定书缔约方会议。

2. 非为本议定书缔约方的《公约》缔约方可作为观察员参加作为本议定书缔约方会议的《公约》缔约方会议任何会议的议事工作。在《公约》缔约方作为本议定书缔约方会议行使职能时,依本议定书要求的决定只应由当时为本议定书缔约方成员的缔约方做出。

3. 在《公约》缔约方会议作为本议定书缔约方会议行使职能时,《公约》缔约方会议主席团中代表《公约》缔约方但在当时非为本议定书缔约方的任何成员,应由本议定书缔约方从本议定书缔约方中选出的另一成员替换。

4. 作为本议定书缔约方会议的《公约》缔约方会议应经常审查本议定书的履行情况,并应在其权限内做出为促进本议定书得到有效履行而必要的决定,缔约方会议应履行本议定书交托给它的职能,并应:

基于依本议定书的规定向它提供的所有信息,评估缔约方履行本议定书的情况、根据本议定书采取的措施的全面影响,尤其是对环境、经济、社会的影响和它们的累计影响,以及正在实现《公约》目标的进展程度;

定期根据《公约》的目标、在履行中获得的经验以及科技知识的演进审查依本议定书规定的缔约方的义务;同时适当顾及《公约》第四条第 2 款(a)项和第七条第 2 款要求的任何审查,并在这方面审议和通过关于本议定书履行情况的报告;

促进和便利交流关于缔约方为处理气候变化及其影响而采取的措施的信息,同时考虑到缔约方的情况、责任和能力不一以及它们各自依本议定书做出的承诺;

在两个或更多缔约方提出要求时,促进它们为缓解气候变化及其影响而采取的措施得到协调,同时考虑到缔约方的情况、责任和能力不一以及它们各自依本议定书做出的承诺;

根据《公约》的目标和本议定书的条款,并充分考虑到《公约》缔约方会议的相关决定,促进将由作为本议定书缔约方会议的《公约》缔约方会议为编制和定期改进便利有效履行本议定书而议定的可比方法,并就此提供指导;

就履行本议定书所必要的任何事项作成建议;

设法根据第十一条第 2 款调动额外资金;

设立为了履行本议定书而被认为必要的附属机构;

征求和酌情利用各主管国际组织和政府间及非政府机构提供的服务、合作和资料;

行使为履行本议定书所需要的其他职能,并审议《公约》缔约方会议做出的决定产生的任何任务。

5.《公约》缔约方会议的议事规则和《公约》的财务规则,应依本议定书规定经必要修正予以适用,除非作为本议定书缔约方会议的《公约》缔约方会议以协商一致方式另外做出决定。

6.秘书处应结合本议定书生效后预定举行的《公约》缔约方会议第一届会议召开作为本议定书缔约方会议的《公约》缔约方会议第一届会议。此后应每年并且与《公约》缔约方会议常会结合举行作为本议定书缔约方会议的《公约》缔约方会议常会,除非作为本议定书缔约方会议的《公约》缔约方会议另有决定。

7.作为本议定书缔约方会议的《公约》缔约方会议的特别会议应在作为本议定书缔约方会议的《公约》缔约方会议认为必要的时间举行,或应任何缔约方的书面要求而举行,但须在秘书处将该要求转达给各缔约方后六个月内得到至少三分之一缔约方的支持。

8.联合国及其专门机构和国际原子能机构以及未加入本《公约》的上述组织的成员国或观察员国均可派代表作为观察员出席作为本议定书缔约方会议的《公约》缔约方会议的各届会议。任何在本议定书所涉事项上具备资格的团体或机构,无论是国家或国际的、政府或非政府的团体或机构,经通知秘书处其愿意派代表作为观察员出席作为本议定书缔约方会议的《公约》缔约方会议的某届会议,均可予以接纳,除非出席的缔约方至少三分之一反对。观察员的接纳和参加应按照上述第5款所指的议事规则。

第十四条

1.依《公约》第八条设立的秘书处应作为本议定书秘书处。

2.关于秘书处职能的《公约》第八条第2款和关于就秘书处行使职能做出的安排的《公约》第八条第3款,应经必要修改适用于本议定书,秘书处还应行使依照本议定书为其指派的职能。

第十五条

1.《公约》第九条和第十条设立的附属科技咨询机构和附属履行机构应作为本议定书的附属科技咨询机构和附属履行机构。与这两个机构依《公约》行使职能有关的规定应经必要修改适用于本议定书。本议定书的附属科技咨询机构和附属履行机构的届会应与《公约》的附属科技咨询机构和附属履行机构的会议同时举行。

2.非为本议定书缔约方的《公约》缔约方可作为观察员参加附属机构任何届会的议事工作,在附属机构作为本议定书附属机构时,本议定书所要求的决定只应由为本议定书缔约方的成员做出。

3.《公约》第九条和第十条设立的附属机构行使它们的职能处理涉及本议定书的事项时，附属机构主席团中代表《公约》缔约方但当时非为本议定书缔约方的任何成员，应由本议定书缔约方从本议定书缔约方中选出的另一成员替换。

第十六条

作为本议定书缔约方会议的《公约》缔约方会议应参照《公约》缔约方会议可能做出的任何有关决定，在尽早实际可行时考虑并酌情修改对本议定书适用《公约》第十三条所指的多边协商程序，适用于本议定书的任何多边协商程序的运作不应损害依第十七条设立的程序和机制。

第十六条之二

《公约》缔约方会议应就特别是关于排放贸易的核查、报告和会计责任规定相关原则、模式、规则和指南。为了履行其依本条规定的承诺，附件一所列任何缔约方可参与排放贸易。这种贸易应是对为了履行这些承诺的目的而采取的本国行动的补充。

第十七条

作为本议定书缔约方会议的《公约》缔约方会议应在第一届会议通过适当且有效的程序和机制用以断定和处理不遵守本议定书的情势，包括就后果列出一个指示性清单，同时考虑到不遵守的原因、类型、程度和次数，依本条可引起具拘束性后果的任何程序和机制应以本议定书修正案的方式通过。

第十八条

《公约》第十四条的规定应经必要修改适用于本议定书。

第十九条

1. 任何缔约方均可对本议定书提出修正。

2. 对本议定书的修正应在作为本议定书缔约方会议的《公约》缔约方会议常会上通过，对本议定书提出的任何修正案文应由秘书处在拟议通过该修正的会议之前至少六个月送交各缔约方。秘书处还应将提出的修正送交《公约》的缔约方和签署方，并送交保存人以供参考。

3. 缔约方应尽一切努力以协商一致方式就对本议定书提出的任何修正达成协议。如为谋求协商一致已尽一切努力但仍未达成协议，作为最后的方式，该项修正应以出席会议并参加表决的缔约方四分之三多数票通过。通过的修正应由秘书处送交保存人，再由保存人转送所有缔约方供其接受。

4. 对修正的接受文书应交存于保存人，按照上述第 3 款通过的修正，应于保存人收到本议定书至少四分之三缔约方的接受文书之日后第九十天起对接受该项修正的缔约方生效。

5. 对于任何其他缔约方,修正应在该缔约方向保存人交存其接受该项修正的文书之日后第九十天起对其生效。

第二十条

1. 本议定书的附件构成本议定书的组成部分,除非另有明文规定,凡提及本议定书时即同时提及其任何附件。本议定书通过后生效的任何附件,应限于清单、表格和属于科学、技术、程序、行政性质的任何其他说明性材料。

2. 任何缔约方可对本议定书提出附件,并可对本议定书的附件提出修正。

3. 本议定书的附件和对本议定书附件的修正应在作为本议定书缔约方会议的《公约》缔约方会议的常会上通过。提议的任何附件或对附件的修正案文应由秘书处在拟议通过该项附件或修正的届会之前至少六个月送交各缔约方。秘书处还应将提出的任何附件或对附件的任何修正送交《公约》缔约方和签署方,并送交保存人以供参考。

4. 缔约各方应尽一切努力以协商一致方式就提议的任何附件或对某一附件提出的任何修正达成协议。如为谋求协商一致已尽一切努力但仍未达成协议,该项附件或修正应以出席会议并参加表决的缔约方四分之三多数票通过。通过的附件或修正应由秘书处送交保存人,再由保存人送交所有缔约方供其接受。

5. 根据上述第 3 款和第 4 款通过或修正的附件,除附件 A 和附件 B 之外,应于保存人向本议定书的所有缔约方发出关于通过或修正该附件的通知之日起六个月后对所有缔约方生效,但在此期间书面通知保存人不接受该项附件或修正案的缔约方除外。对于撤回其不接受通知的缔约方,该项附件或修正案应自保存人收到撤回通知之日第九十天起对其生效。

6. 如果附件或对附件的修正案涉及对本议定书的修正,则该附件或对附件的修正应待对议定书的修正案生效之后方可生效。

7. 对本议定书附件 A 和附件 B 的修正应根据第十九条中规定的程序予以通过并生效,但对附件 B 的任何修正只应以有关缔约方书面同意的方式通过。

第二十一条

1. 除下述第 2 款所规定外,每一缔约方有一票表决权。

2. 区域经济一体化组织在其权限内的事项上应行使票数与其作为本议定书缔约方的成员国数目相同的表决权。如果一个此类组织的任一成员国行使自己的表决权,则该组织不得行使表决权,反之亦然。

第二十二条

联合国秘书长应为本议定书的保存人。

第二十三条

1. 本议定书应开放供签署并须经属《公约》缔约方的各国和区域经济一体化组织批准、接受或核准。本议定书自1998年3月16日至1999年3月15日在纽约联合国总部开放供签署,并自本议定书签署截止日之次日起开放供加入。批准、接受、核准或加入的文书应交于保存人。

2. 任何成为本议定书缔约方而其成员国均非缔约方的区域经济一体化组织应受本议定书各项义务的约束。如果此类组织的一个或多个成员国为本议定书的缔约方,该组织及其成员国应决定各国履行本议定书义务方面的责任。在此种情况下,该组织及其成员国无权同时行使本议定书规定的权利。

3. 区域经济一体化组织应在其批准、接受、核准或加入的文书中声明其在本议定书所规定事项上的权限。这些组织还应将其权限范围的任何重大变更通知保存人,再由保存人通知各缔约方。

第二十四条

1. 本议定书应在不少于55个《公约》缔约方、包括附件一所列缔约方——其合计二氧化碳排放总量至少占附件一所列缔约方的1990年二氧化碳排放总量的55%——已经交存其批准书、接受书、核准书或加入书之日后第九十天起生效。

2. 为了本条的目的,"附件一所列缔约方1990年合计二氧化碳排放总量",指在通过本议定书之日或之前这些《公约》缔约方在其按照《公约》第十二条提交的第一次国家信息中通报的数量。

3. 对于依上述第1款中规定的生效条件达到之后批准、接受、核准或加入本议定书的每一国家或区域经济一体化组织,本议定书应自其批准、接受、核准或加入文书交存之日后第九十天起生效。

4. 为本条之目的,区域经济一体化组织交存的任何文书不应被视为该组织成员国所交存文书之外的额外文书。

第二十五条

对议定书不得做任何保留。

第二十六条

1. 自本议定书对一缔约方生效之日起三年后,该缔约方可随时向保存人发出书面通知退出本议定书。

2.任何此种退出应自保存人收到退出通知之日起一年期满时生效,或在退出通知中所述明的较迟日期生效。

3.退出《公约》的任何缔约方,应被视为亦退出本议定书。

第二十七条

本议定书正本应交存于联合国秘书长,其阿拉伯文、中文、英文、法文、俄文和西班牙文文本同等作准。

一九九七年十二月十日订于京都。

附件 A

温室气体:

二氧化碳(CO_2)

甲烷(CH_4)

氧化亚氯(N_2O)

氢氟碳化物(HFCS)

全氟化碳(PFCS)

六氟化硫(SF_6)

部门/源类别

能源:

1.燃料燃烧:

能源工业

制造业和建设

运输

其他部门

其他

2.燃料的易散性排放:

固体燃料

石油和天然气

其他

工业流程:

矿产品

化工业

金属生产

其他生产
碳卤化合物和六氟化硫的生产
碳卤化合物和六氟化碳的消费
其他
溶剂和其他产品的使用

农业：
肠道发酵
粪肥管理
水稻种植
农用土壤
对热带大草原进行有规定的燃烧
对农作物残留物的田间燃烧
其他

废物：
陆地固体废物
处置废水
处置废物焚化
其他

附件 B

缔约方排放量限制或削减承诺（1990 年起的百分比变化）

澳大利亚	108
奥地利	92
比利时	92
保加利亚	92
加拿大	94
克罗地亚	95
捷克共和国	92
丹麦	92
爱沙尼亚	92
欧洲经济共同体	92
芬兰	92
法国	92

德国	92
希腊	92
匈牙利	94
冰岛	110
爱尔兰	92
意大利	92
日本	94
拉脱维亚	92
列支敦士登	92
立陶宛	92
卢森堡	92
摩纳哥	92
荷兰	92
新西兰	100
挪威	101
波兰	94
葡萄牙	92
罗马尼亚	92
俄罗斯联邦	100
斯洛伐克	92
斯洛文尼亚	92
西班牙	92
瑞典	92
瑞士	92
乌克兰	100
大不列颠及北爱尔兰联合王国	92
美利坚合众国	93

附录三：欧洲议会和欧盟理事会第 2003/87/EC 号指令

2003 年 10 月 13 日

立法顾问之摘要

在欧盟内部建立温室气体排放配额交易计划

并修改欧盟理事会 96/61/EC 指令

欧盟议会及欧盟理事会

考虑到建立欧盟的条约,特别是其中第 175(1)条,

考虑到欧盟委员会的提议,

考虑到欧洲经济和社会委员会的主张,

考虑到区域委员会的主张,

根据条约第 251 条中规定的程序行动。

鉴于:

(1)在欧盟内部进行温室气体排放交易的绿皮书引起了一场横跨欧洲的、对该排放交易的适宜性及潜在影响的激烈争论。欧洲气候变化纲要已经考虑通过多边程序实施共同体的政策和措施,包括在欧盟内部实施基于绿皮书的温室气体排放配额交易计划(欧盟计划)。在 2001 年 3 月 8 日达成的结论中,理事会认可欧洲气候变化纲要和基于绿皮书工作的特殊重要性,并强调了在共同体层面采取具体行动的迫切需要。

(2)由欧洲议会和理事会的第 1600/2002/EC 号决议建立的第六次共同体环境行动纲要把应对气候变化作为优先行动,并为建立截至 2005 年的整个欧盟范围内的排放交易计划做了准备。该纲要规定欧盟有义务在 2008 年到 2012 年,将温室气体排放量在 1990 年的基准上降低 8%,而且从长期利益出发,全球的温室气体排放量需要在 1900 年排放水平的基础上降低大约 70%。

(3)1993 年 12 月 5 日,欧盟的第 94/69/EC 号关于《联合国气候变化框架公约》的理事会决议通过了该公约。该公约的最终目标是使空气中温室气体的浓度稳定在一定水平,防止对气候系统造成危害。

(4)一旦生效,2002年4月25日欧盟第2002/358/EC号理事会决议通过的代表整个欧盟和共同履行减排义务的《京都议定书》,将使得欧盟及其成员国在2008年到2012年期间的排放温室气体排放总量在1990年的排放水平基础上降低8%。温室气体目录请参见附件A。

(5)欧盟及其成员国已经同意根据欧盟第2002/358/EC号决议在《京都议定书》框架下共同履行温室气体减排义务。这个指令的目的是在尽可能降低对经济发展和就业影响的前提下,通过有效的欧洲温室气体排放配额市场促使欧盟及其成员国更有效地履行温室气体减排义务。

(6)1993年6月24日通过的第93/389/EEC号关于建立欧盟二氧化碳和其他温室气体排放监控机制的理事会决议,建立了对这些温室气体排放进行监控和减排进程评价的机制,有助于成员国确定温室气体排放配额分配的总量。

(7)欧盟关于成员国分配排放配额的规定对于维持内部市场的完整性以及避免恶性竞争是非常必要的。

(8)成员国在为工业排放源分配配额时应该考虑降低其排放量。

(9)成员国可以规定,对于已经被取消配额的主体,根据其在2005年开始的三年期内在自己国家领域内减排情况,从2008年起对其分配排放配额,并且只在五年内有效。

(10)从上述的五年期开始,如果将配额转让给其他成员国,则相应地对《京都议定书》框架下分配的配额单位进行调整。

(11)成员国应该确保特定活动的经营者持有排放许可,并对这些活动导致的温室气体的排放进行详细监控和报告。

(12)成员国应该制定适用于违反该指令的惩罚规则,并确保这些规则得以实施。这些惩罚规则必须有效、恰当并具有劝诫作用。

(13)为了确保透明度,公众应当有权获取与配额分配相关的信息和排放监控结果的信息。但是要受到2003年1月28日欧洲议会和理事会关于公众知悉环境信息的第2003/4/EC指令的限制。

(14)成员国应该提交一份根据1991年12月23日的欧盟理事会第91/692/EEC号指令的执行报告。该指令是对环境相关的一些指令执行的标准化和规范化报告的规定。

(15)欧盟计划中要增加的额外排放源应该符合该指令条款的规定,欧盟计划的涵盖范围也可以扩展到二氧化碳以外的温室气体,包括铝和其他化学活动产生的温室气体等。

(16)该指令不应阻止成员国保持和建立规制温室气体排放的国家交易计

划,并且该交易计划不受附件一或者欧盟计划中包含的温室气体排放活动以及暂时排除在外的排放源的限制。

(17)成员国可以作为《京都议定书》的一方与附件B中的其他任何一方参与国际排放贸易。

(18)将欧盟温室气体排放交易计划和第三世界国家相结合能够有效降低欧盟实现第2002/358/EC号决议中规定的共同履行义务的成本。

(19)包括联合履行机制(JI)和清洁发展机制(CDM)在内的基于项目的排放权交易对于降低全球温室气体的排放量以及提高欧盟计划的减排效率很重要。根据《京都议定书》和《马拉喀什协定》的相关条款,该机制的应用应该作为国内行动的补充,即国内减排活动将扮演主要角色。

(20)该指令鼓励更多的能效技术,包括热能和动力结合技术的使用,减少单位排放量。欧洲议会和欧洲理事会将来关于建立基于内部能源市场的有效热量需求的热电联产指令,将会促进热能和动力联合技术的使用。

(21)1996年9月24日理事会关于综合污染防挂的第96/61/EC号指令建立了污染预防和控制的总架构,温室气体排放许可证可通过该指令颁发。第96/61/EC号指令应该进行修改,以确保排放上限的评价不是为了使排放装置服从该指令进行温室气体的直接排放确立的。考虑到燃烧单位或者排放二氧化碳的其他单位的能源效率,成员国可以选择不制定能效相关的强制性要求,并且对于依据第96/61/EC号指令下制定的其他要求不存在偏见。

(22)该指令与《联合国气候变化框架公约》和《京都协议书》是一致的,应当在当时的背景下对它的发展进行评论,并考虑其在实施过程中获得的经验以及在监控温室气体方面取得的进步。

(23)排放配额交易应该成为在成员国和欧盟层面加以实施的综合的、连贯的一揽子政策和措施的组成部分。欧盟计划第87条和第88条中规定的活动处于同等地位,成员国可以采取规章、财政或者其他政策实现相同的目标。对该指令的评论应该考虑这些目标实现的程度。

(24)税收工具能够作为限制暂时被排除在外装置的温室气体排放的一项国家政策。

(25)政策和措施应该在成员国和欧盟层面的所有欧盟经济部门加以实施,并且不仅仅限于工业和能源部门,从而产生实质的减排量。委员会尤其应该考虑欧盟层面的政策和措施,使运输部门对欧盟及其成员国在履行《京都议定书》的气候变化义务上做出重要贡献。

(26)尽管基于市场的机制有多方面潜能,欧盟的气候变化减缓策略应该在欧盟计划与其他类型的共同体、国内和国际行动之间建立平衡机制。

(27)该指令尊重欧盟的基本权利,尤其遵守欧盟宪章中关于基本权利中确认的原则。

(28)实施该指令的必要措施应该根据理事会 1999 年 6 月 28 日第 1999/468/EC 号决议予以采用。该决议指定了委员会实现权力的程序。

(29)由于附件三的(1)、(5)和(7)标准不能通过委员会系统的程序进行修改,在 2012 年之后只能通过联合决议进行修改。

(30)因为各成员国的单独行动无法充分实现被提议的行动目标以及建立欧盟计划,因此,考虑到在欧盟层面上,被提议行动的范围和效果能够更好地实现,所以欧盟可以根据条约第五条规定的辅助性原则采取措施。按照该条款规定的比例性原则,指令没有超越达到目标所必需的条件。

第 1 条 主题

该指令在欧盟内部建立了温室气体排放配额交易的计划(以下简称"欧盟计划"),旨在通过低成本和经济有效的方式促进温室气体的减排。

第 2 条 范围

1. 该指令将适用于附件一列举的活动产生的排放和附件二列举的温室气体。
2. 该指令的适用不违背第 96/61/EC 号指令的要求:

第 3 条 定义

在该指令中,以下术语的含义为:

1."配额"指在一个特定期间排放一吨二氧化碳的配额,该配额只有在为满足该指令要求的情况下有效,并且在符合指令规定的条件下可以进行转让;

2."排放"指源于排放装置的温室气体在空气中的释放;

3."温室气体"指附件二列举的气体;

4."温室气体排放许可证"指根据第 5 条和第 6 条颁发的许可证;

5."装置"指固定技术单位,可以从事附件一列举的一个或者多个活动,其他与技术直接关联的活动在该装置上得以实施,并且对排放和污染具有影响。

6."经营者"指操作或者控制装置的任何人或者对装置的技术机能具有决定性经济力量的代表;

7."人"指任何自然人或者法人;

8."新进入者"指从事附件一列举的一项或者多项活动的装置,已经获得温室气体排放许可证或者由于装置的自然或功能变化或拓展获得了更新的温室气体排放许可证,随后由国家分配计划委员会进行了公告;

9."公众"指根据国家立法或者实践,一人或者多人以及协会、机构或者团体;

10."二氧化碳当量吨位"指一吨二氧化碳(CO_2)或者附件二列举的其他温室气体的全球变暖潜能值。

第4条 温室气体排放许可证

成员国要确保从 2005 年 1 月 1 日起,没有装置从事附件一列举的产生排放的任何活动,除非其经营者拥有主管机构根据第 5 条和第 6 条颁发的排放许可证,或者根据第 27 条的规定,该装置被暂时排除在欧盟计划之外。

第5条 温室气体排放许可证的申请

向主管机构申请温室气体排放许可证的申请书应包括以下内容:

1. 装置及其活动,包括其使用的技术;

2. 原材料和辅助材料,这些材料的使用可能导致附件一列举的温室气体的排放;

3. 装置排放附件一列举的温室气体的来源;而且

4. 计划根据第 14 条采取的指导方针、监控和报告排放的措施。

申请书也包括第一小段涉及的非技术摘要。

第6条 温室气体排放许可证的条件和内容

1. 如果经营者能够监控和报告温室气体的排放,并得到主管机构的满意,主管机构将向其颁发温室气体排放许可证,授权其部分或者全部装置排放温室气体。

一份温室气体排放许可证可以包括由同一经营者在同一地点操作的一个或多个装置。

2. 温室气体排放许可证可以包含下列各项内容:

(1)经营者的名字和住址;

(2)对装置的活动和排放的描述;

(3)监控要求,详细说明监控方法和频率;

(4)报告要求;

(5)在当年结束后的四个月内,有义务提交根据第 15 条规定核证的、装置每年排放温室气体总量相等的配额。

第7条 与装置相关的变化

经营者应当告知主管机构关于装置在性质、功能或者扩充等方面的任何变化,因为这些变化可能需要温室气体排放许可证的更新。在适当时候,主管机构会更新温室气体排放许可证。如果装置经营者的名称发生了变化,主管机构将更换许可证,包括新的经营者的名称和地址。

第8条 与第96/61/EC号指令的协调

成员国要采取必要的措施确保:在装置实施96/61/EC号指令的附件一包括的活动的地方,温室气体排放许可证的条件、程序以及颁发要与那个指令所提供的许可证的相关内容相协调。这个指令的第5条、第6条和第7条的要求可以合并到第96/61/EC号指令规定的程序中。

第9条 国家分配计划

1.在第11条第(1)款和第(2)款提到的每个时期,每个成员国要发展一个国家计划,陈述要在相应时期分配给他们的配额总量,以及如何进行分配。该计划要建立在客观和透明标准的基础上,包括附件三列举的相关内容,并对公众的评论予以适当考虑。委员会将在不违背条约的前提下,最迟在2003年12月31日之前出台附件三列举的标准的实施指导规范。

对于第11条第(1)款提到的时期,该计划将被出版而且最迟在2004年3月31日之前告知委员会和其他的成员国。在随后的时期里,最迟在相关期间开始之前的18个月内,对委员会和其他成员国公布并通告该计划。

2.委员会将考虑第23条第(1)款提到的国家分配计划。

3.成员国根据第一段的要求,在三个月内将国家分配计划告知委员会,委员会可能会因为该计划中某些部分与附件三或第10条规定的标准相矛盾而拒绝该计划。如果委员会接受提议的修改,成员国则只能根据第11条第(1)款和第(2)款做出决定。委员会应该说明拒绝的理由。

第10条 分配方法

对于始于2005年1月1日的三年期内,成员国将免费分配至少95%的配额;对于始于2008年1月1日的五年期内,成员国将免费分配至少90%的配额。

第11条 配额的分配和颁发

1.开始于2005年1月1日的三年期内,每个成员国要决定其在这个时期分配的配额总量,并决定对每个装置的经营者的配额分配。该决定要在这个时期开始前的至少3个月做出,并要建立在根据第9条和第10条规定开展的国家分配计划的基础上,还要适当考虑公众的评论。

2.对于2008年1月1日开始的五年期以及随后的每个五年期,每个成员国都要决定相应时期其分配的配额总量,并启动对每个装置的经营者的配额分配的程序。该决定要在相应时期开始前的至少12个月确定,并且该决定要建立成员国根据第9条和第10条发展的国家分配计划基础上,还要适当考虑公众评论。

3. 根据上述第1段或者第2段做出的决定要符合条约的要求,尤其是其中的第87条和第88条。决定分配的时候,各成员国要考虑到对新进入者获得配额的需要。

4. 在第1段或者第2段提到的每个时期每年的2月28日之前,主管机构会发放一定比例数量的配额。

第12条　配额的转让、提交和注销

1. 各成员国要确保配额在下列主题之间转让:

(1)欧盟内部的成员之间;

(2)欧盟内部的国家与第三世界的国家之间。按照第25条规定的程序(该指令包含或者采用的其他程序除外),这些配额可以不受限制地得到认可。

2. 为了满足第3段规定的经营者的义务的要求,成员国要确保其他成员国的主管机构颁发的配额得到认可。

3. 成员国要确保,最晚在每年的4月30日之前,每个装置的经营者要提交与该装置在上一年排放的温室气体总量相等的、已经根据第15条规定经过核证的配额,并且这些配额随后会被注销。

4. 成员国可以采取必要的步骤确保在任何时候,只要配额的持有人要求,该配额就可以随时被注销。

第13条　配额的有效性

1. 在这一时期内根据第11条第(1)款和第(2)款颁发的排放配额是有效的;

2. 根据第11条第(2)款提到的、在第一个五年期开始后的4个月内,根据第12条第(3)款的规定,不再有效的和没有提交、注销的配额将被主管机构注销。

在当前时期内,成员国可以把配额发放给这些主体,取代它们持有的已经根据第1小段规定被注销的任何配额。

3. 根据第11条第(2)款提到的、在随后的每个五年期开始后的4个月内,根据第12条第(3)款的规定,不再有效的和没有提交、注销的配额将被主管机构注销。在当前时期内,成员国可以把配额发放给相关主体,以取代按照第一项的规定已经被取消的其持有的配额。

在当前时期内,成员国可以把配额发放给这些主体,取代它们持有的、已经根据第1小段规定被注销的任何配额。

第14条 监控和报告排放的指导方针

1. 在2003年9月30日之前,按照第23条第(2)款规定的程序,委员会要对附件一列举的活动导致的温室气体排放的监控和报告采取一定的指导方针。这些指导方针要以附件四规定的监控和报告原则为基础。

2. 成员国要确保对排放的监控符合指导方针。

3. 成员国要确保装置的每个经营者根据指导方针的要求,在每年末向主管机构报告这些装置的温室气体排放情况。

第15条 核证

成员国要确保经营者根据第14条第(3)款提交的报告是按照附件五规定的标准经过核证,并且告知了主管机构。

成员国要确保:如果经营者在每年的3月31日之前没有按照附件五的规定进行核证,提交的上一年温室气体排放的报告使主管机构不满意,该经营者就不能再转让其配额,直到其报告核证后令主管机构满意。

第16条 处罚措施

1. 成员国要根据该指令制定处罚规则,适用于违反国家规定的情形,并可以采取所有必要措施确保这些规则得以执行。规定的处罚措施必须有效、适当、并具有劝诫作用。最晚在2003年12月31日之前,成员国要将这些规定报告给委员会,并将任何影响这些处罚措施的随后的任何修改及时报告给委员会。

2. 成员国要确保对那些没有根据第12条第(3)款的要求提交足够配额的经营者的名称进行公布。

3. 成员国要确保在每年的4月30日之前没有提交足够配额以满足其上一年的温室气体排放的经营者支付其超额排放的罚款。对超额排放的处罚标准是:对经营者没有提交的每吨当量二氧化碳配额罚款100欧元。对于超额排放的罚款并不豁免该经营者在接下来的年份里提交同等数量的超额排放的配额的义务。

4. 从2005年1月1日开始的三年期内,成员国对超额排放量将采用较轻的处罚,即对于没有提交相应数量配额的经营者,每吨二氧化碳当量罚款40欧元,这些超出的排放量来源于经营者还没有放弃配额的装置。对于超额排放的罚款并不豁免该经营者在接下来的年份里提交同等数量的超额排放的配额的义务。

第17条 知情权

根据第2003/4/EC:号指令第3条第(3)款和第4条的限制规定,主管机构要把有关配额分配的决定和温室气体排放许可证要求的排放报告向社会公众公布。

第18条 主管机构

为执行该指令的规则,成员国要做出适当的行政安排,包括指定一个或者多个适当的主管机构执行该指令的规则。当指定的主管机构是多个时,多于一个主管机构的地方,必须按照该指令的要求对这些主管机构的工作进行协调。

第19条 登记

1. 成员国要为建立和维护登记簿做好相应准备,以确保多配额的颁发、持有、转让和注销的精确计算。成员国可以与一个或者几个其他成员国在一个统一的系统里维护他们的登记簿。

2. 任何主体都可以持有配额,社会公众可以进行登记并获取独立的账户来记录每个人拥有的配额,获取或者转移的配颤的来源。

3. 为了执行该指令,委员会要根据第23条第(2)款规定的程序采用一个规则,通过标准化的电子数据库形式建立标准、安全可靠的登记系统。这些电子数据库包含一些普遍的数据因素用来跟踪配额的颁发、持有、转让和注销,对公众权力和保密信息进行了规定.确保配额转让没有违反《京都议定书》的义务。

第20条 核心管理人

1. 委员会要指定一个核心管理人维护独立的交易日志,用来记录配额的发放、转让和注销。

2. 核心管理人要通过独立的交易日志对登记簿中的每个交易进行自动核查,以确保配额的发放、转让和注销不存在违规现象。

3. 通过自动核查,如果发现存在违规现象,核心管理人就会通知相关的成员国。相关成员国就不能登记这些有问题的交易或者进行与配额相关的进一步的交易,直至这种违规现象得以解决。

第21条 成员国的报告

1. 成员国每年要向委员会提交其执行该指令的报告。该报告尤其要注意对配额分配的安排、登记的操作、监控和报告指导方针的运用、根据该指令规定的相关的核证以及对配额的财政处理(如果有的话)。第一份报告要在2005年

6月30日前送交委员会,该报告要在委员会根据第91/692/EEC号指令的第六条起草的问卷或者大纲的基础之上制作。这些问卷和大纲要在提交第一份报告的最后期限的最少6个月前送给成员国。

2.在上述第一段提及的报告的基础上,委员会要在收到成员国提交的报告后的3个月内公布应用该指令的报告。

3.委员会要组织各成员国的主管机构进行有关配额的分配、登记操作、监控、报告、核证和合规等方面的进展情况的信息交换。

第22条 对附件三的修改

从2008年到2012年期间,按照第21条提到的报告以及应用该指令的经验,委员会可以根据第23条第(2)款的程序,修改附件三,但不包括附件三的标准(1),(5)和(7)。

第23条 委员会

1.根据第93/389/EEC号指令第8条创建的委员会要协助委员会。

2.在涉及此款的地方,要适用第1999/468/EC号决议的第5条和第7条,同时考虑其中第8条的规定。

第1999/468/EC号决议中的第5条第(6)款规定的期间为三个月。

3.委员会要采用自己的程序规则。

第24条 包含额外行动和其他的单方程序

1.从2008年开始,成员国可以根据该指令将排放配额交易应用到没有列举在附件一中的活动、装置以及温室气体中,只要包含的这些活动、装置以及温室气体已经被委员会根据第23条第(2)款规定的程序所批准。委员会会考虑所有相关的标准,尤其是对内部市场、竞争的潜在扭曲、计划的环境完整性以及计划的监控和报告系统的可靠性。

从2005年开始,成员国可以在同样条件下将排放配额交易运用到那些从事附件一列举的活动、但是容量低于该附件的限制的装置中。

2.对从事这些活动的装置的配额的分配要在按照第9条规定裁定的国家分配计划中做出详细说明。

3.委员会可以主动或应一个成员国的请求,对附件一未列举的活动、装置和温室气体根据第23条第(2)款规定的程序,采取监控和报告准则,只要这些排放监控和报告足够准确。

4.如果采取了这些措施,根据第30条进行的审查也应考虑是否在整个欧盟以一种协调的方式修订附件一内容,使其包含这些活的排放量。

第 25 条　与其他温室气体排放交易计划的连接

1. 应当与《京都议定书》附件 B 所列的第三世界国家达成协议,根据条约第 300 条规定的规则,使欧盟和其他温室气体排放交易计划中的配额得到相互认可。

2. 如果达成第一段中所述协议,委员会将根据第 23 条第(2)款规定的程序起草有关此协议下互相认可配额的任何必要条款。

第 26 条　对第 96/61/EC 号指令的修订

第 96/61/EC 号指令第 9 条第(3)款应补充以下款项:

"欧洲议会和欧盟理事会第 2003/87/EC 指令附件一中细化的装置、2003 年 10 月 13 日,理事会在欧盟内部建立的温室气体排放交易计划涉及的装置,以及对第 96/61/EC 号理事会指令的修订中对涉及该装置的温室气体的排放,其许可证不包括该气体的直接排放限制估计,除非有必要确保没有产生重大的地方污染。

对于第 2003/87/EC 号指令的附件一中列举的活动,成员国可以自行决定对排放二氧化碳的燃烧单位或其他单位在能源效率方面不做强制性要求。

必要时,主管机构应对排放许可证进行恰当的修正。

根据第 2003/87/EC 号指令第 27 条规定,前三小段的规定不适用于暂时被排除在欧盟温室气体排放配额交易计划外的装置。

第 27 条　某些装置的暂时排除

1. 各成员国可向委员会申请到 2007 年 12 月 31 日之前至少暂时排除在欧盟计划之外的装置。此类任何申请应逐个列出这种装置,并予以公告。

2. 如果考虑到公众对该申请的评论,根据第 23 条第(2)款规定的程序要求委员会决定装置:

(1)如果符合指令的规定,就应当作为国家政策对其排放进行限制;

(2)相当于第 14 条和第 15 条的规定,要求对装置进行监控、报告和核证;

(3)在未满足国家规定的情况下,要接受至少与第 16 条第(1)款和第(4)款规定的相同程度的处罚。

应允许这些设备暂时排除在欧盟方案之外。

必须保证它不会扭曲内部市场。

第 28 条　联营

1. 根据本条第 2 段至第 6 段的规定,成员国可允许附件一中所列活动的装置经营者在条第 11 条第 1 款提到的期间和/或第 11 条第 2 款提到的第一个五年期间内组成从事同类活动的装置的联营。

2. 如果从事附件一列举的活动的经营者希望组成联营,就应向主管机关申请,写明装置和进行联营的期间.并提供证据表明托管人将能履行第 3 段和第 4 段规定的义务。

3. 拟进行联营的经营者应提名一个托管人:

(1)根据第 11 条规定的减损方法计算出的经营者装置发放总的配额;

(2)运用第 6 条(2)(e)款和第 12 条第(3)款规定的减损方法负责提交相当于联营装置的总排放量的排放配额;

(3)根据第 15 条第 2 段的规定,一旦经营者的报告未获令人满意的核证,应该限制其进一步转让。

4. 按照第 16 条第(2)、(3)、(4)款规定的减损方法,对于联营装置违反要求,没有提交足够配额以满足其排放量时,托管人就要受到处罚。

5. 拟形成一个或多个联营的成员国应按第二段的要求向委员会提交申请。在符合条约规定的前提下,委员会在收到申请后的 3 个月内会拒绝任何不符合该指令要求的申请,并做出解释。在被拒绝的情况下,只有当成员国的修改意见得到委员会接受的情况下才可以组成联营。

6. 如果托管人没有接受第 4 段中提到的处罚,联营装置的每个经营者都应根据第 12 条第(3)款和 16 条的规定对自己装置的排放负责。

第 29 条　不可抗力

1. 在第 11 条第(1)款提到的期间内:成员国在发生不可抗力时可以向委员会申请对某些装置发放额外的配额。委员会要核实是否发生不可抗力,如果确实发生了不可抗力,委员会就会授权成员国颁发给那些装置的经营者额外的、不可转让的配额。

2. 委员会将在不违反条约的前提下,最晚在 2003 年 12 月 31 号之前对不可抗力的环境的描述制定指导方针。

第 30 条　回顾和展望

1. 在温室气体排放监控取得进展的基础上,委员会可能在 2004 年 12 月 31 号之前向欧洲议会和理事会提出修改附件一的建议,使其包含其他活动及附件二中所列的其他温室气体的排放。

2. 在适指令获取经验和温室气体监控进展的基础上,根据国际发展情况,委员会将会起草该指令的适用报告,并考虑以下因素:

(1)为了进一步提高该计划的经济效益,如何以及是否应该修改附件一使

其包含其他相关部门,包括化学品、铝和运输部门以及该指令附件二所列活动及其他温室气体排放;

(2)欧盟排放配额交易与2008年开始的国际排放权交易的关系;

(3)进一步协调分配方法(包括2010年后实行的拍卖方式)和附件三提到的国家分配标准;

(4)项目机制中信用的运用;

(5)排放权交易与其他成员国和欧盟实施的、具有相同目的的包括税收在内的政策和措施之间的关系;

(6)建立单一欧盟登记系统是否合适;

(7)考虑通货膨胀因素在内的、对超额排放的处罚程度;

(8)配额市场的运作,尤其包括可能发生市场干扰的情形;

(9)如何调整欧盟计划以适应扩大的欧盟;

(10)联营;

(11)考虑到可用的技术及成本效益分析因素,制定适用于全欧盟的基准作为分配基础的可行性;

委员会将在2006年6月30号之前向欧洲议会和理事会提交报告和适当的建议。

3.将联合履行(JI)和清洁发展机制(CDM)等以项目为基础的机制与欧盟计划相连接有助于很好地达到减少全球温室气体排放量和提高欧盟计划的成本运作效率的双重目标。因此,以项目为基础的机制的排放信用的适用在欧盟计划中将得到认可,只要其符合委员会提交给欧洲议会和理事会的提案,并且应当与欧盟计划在2005年同时应用。按照《京都议定书》和《马拉喀什协议》的有关规定,该机制的使用将是国内行动的补充。

第31条 执行

1.成员国最晚在2003年12月31日前,将实施根据该指令要求所必需的各项法律、法规和行政规定,并立刻告知委员会。委员会将把这些法律、法规和行政规定通报给其他各成员国。

当成员国采取这些措施时,应当提及该指令或者在进行官方公布时,将其作为参考一起公布。参考方式将由成员国做出规定。

2.成员国将告知委员会在该指令涵盖的范围内实施的国家法律,委员会将会通报其他成员国。

第32条 生效

该指令自其在欧盟官方公报上发表之日起生效。

第 33 条 收件人

该指令给各成员国。

2003 年 10 月 13 日完成于卢森堡

欧洲议会主席:P. 考克斯　　欧盟理事会主席:G. 阿莱曼努

附件一　活动类别

在第 2(1)、3、4、14(1)、28 和 30 条中提到的活动的类别:

1. 该指令中没有涉及研发及测试新产品的装置和装置零部件;

2. 下列阈值一般是指生产能力或产量,如果其中一个经营者在同一装置或在同一地点进行属于相同项目下的多次活动,则此类活动的容量可以累加。

活　动	温室气体
能源活动	
1. 超过 20 兆瓦额定热量输入量的燃烧装置(危险装置或者市政废弃装置除外)	二氧化碳
2. 矿物油炼油厂	二氧化碳
3. 焦炭炉	二氧化碳
黑色金属的生产和处理	
1. 金属矿石(包括硫化矿石)煅烧或烧结装置	二氧化碳
2. 生铁或钢铁(初级或者二次熔接)的生产装置,包括每小时超过 2.5 生产量的连铸	二氧化碳
采掘工业	
1. 在旋转窑内日产量超过 500 吨的水泥熔渣生产装置或者在旋转窑内日产量超过 50 吨的石灰生产装置或者在其他炉子内日产量超过 50 吨的生产装置	二氧化碳
2. 日熔解能力超过 20 吨的玻璃包括玻璃纤维的加工装置	二氧化碳
3. 日产量超过 75 吨的通过烧窑对陶瓷产品,尤其是屋顶瓦片、砖块、耐火砖、陶器、瓷器进行加工的装置和/或窑容量超过 4 m^3,并且每个窑的装窑密度超过 300 kg/m^3	二氧化碳
其他活动 生产以下产品的工厂:	
从木材或其他纤维材料中获得的纸浆	二氧化碳
日产量超过 20 吨的纸张和纸板	二氧化碳

附件二 温室气体

第3条和30条所指的温室气体包括：

1. 二氧化碳（CO_2）；
2. 沼气（CH_4）；
3. 一氧化二氮（N_2O）；
4. 氢氟碳化物（HFCs）；
5. 全氟碳化物（PFCs）；
6. 六氟化硫（SF_6）。

附件三 国家分配方案的标准

第9条、22条和30条中提到的国家分配方案的标准：

1. 在相关时期内分配的配额总量要与成员国在欧洲理事会第2002/358/EC决议和《京都议定书》中的排放义务一致。一方面考虑到配额所涵盖的排放量与指令没有涵盖的其他排放源的排放量的比例关系；另一方面也应考虑国家能源政策与国家气候变化方案的一致性。分配的配额总量不能多于严格执行这个附件标准可能所需的量。2008年之前，这个数量应与实现或超过欧洲理事会第2002/358/EC号决议和《京都议定书》所设置的成员国的目标相一致。

2. 分配的配额总量要与对成员国根据欧洲理事会第93/389/EEC号决议完成的实际或计划进展的评价相一致。

3. 分配的配额数量要与包括技术潜力在内的、该计划涵盖的活动潜力相一致来减少排放。成员国可以按照每种活动的平均温室气体排放量和所取得的进步来分配配额。

4. 该计划要与其他欧盟立法和政策工具相一致，并考虑到由于新立法要求造成的难以避免的排放量的增加。

5. 根据条约的要求，尤其是第87条和88条规定，该计划不应对公司或者部门有歧视行为，过分偏向某些行业或活动。

6. 该计划要包括有关欧盟计划的新进入者的参与方式的信息。

7. 该计划要包括早期的行动，并考虑早期行动方式的信息。成员国在制订其本国的分配计划时，可以采用由现有最佳技术的参考文献得到的基准，而这些基准也包含早期行动的因素。

8. 该计划要包含考虑清洁技术（包括节能技术）方式的信息。

9. 该计划要包括征求公众意见的条款以及在做出配额分配决定之前如何适当考虑这些意见。

10. 该计划要包含一个该指令涵盖的装置及分配给它的配额数量的清单。

11. 该计划可以包括欧盟之外的国家或实体的竞争方式的信息。

附件四　第14条(1)中的监控及报告原则

一、对二氧化碳排放的监控

在计算或测量的基础上监控排放。

二、计算

排放量用以下公式进行计算：

$$活动数据 \times 排放系数 \times 氧化系数$$

活动数据：活动数据(使用的燃料,生产率等)应在提供的数据或测量的基础上监控。

排放系数：应使用可接受的排放系数。特定活动的排放系数对所有燃料都是可以接受的。除了非商业燃料(例如轮胎和工业过程中的气体等废物燃料)之外，所有燃料都接受默认系数。关于煤的默认系数以及欧盟或特定国家生产者对天然气的默认系数应进一步阐述。IPCC的默认值对炼油产品来讲是可以接受的,生物量的排放系数为零。

氧化系数：如果排放系数没有考虑到一些碳不被氧化的事实，那么应使用额外的氧化系数。如果特定活动的排放系数已经计算在内并考虑到了氧化因素，那么就不需要再使用氧化系数。

除非经营者能证明特定活动的具体系数更为准确，否则应当使用根据欧洲理事会第96/61/EC号指令确定的默认氧化系数。

每一项活动、装置和燃料都要单独进行计算。

三、测量

排放量的测量应使用标准化或公认的方法，并附有排放量计算作支撑。

四、其他温室气体排放的监控

对其他温室气体排放的监控应使用由委员会与所有利益相关者根据第23(2)条规定的程序发展的标准的和公认的方法。

五、排放量的报告

每个经营者应在每种装置的报告中包括下列信息：

(一)装置的识别信息,包括

1. 装置名称;

2. 装置的地址,包括邮政编码和国家;

3. 装置开展的附件一中的活动的类型和数量;

4. 联系人的地址、电话、传真和电子邮件;

5. 装置拥有者和任何母公司的名称。

(二)附件一列举的活动的排放量的计算

1. 活动数据;

2. 排放系数;

3. 氧化系数;

4. 总排放量;

5. 不确定性。

(三)附件一列举的活动的排放量的测量

1. 总排放量;

2. 测量方式可靠性的信息;

3. 不确定性。

(四)在计算燃烧的排放量时,除非在确定特定活动的排放系数时已经考虑到氧化因素,该报告还应当包括氧化系数。

为了使报告负担最小化,各成员国应采取措施使报告的要求与任何现有的报告要求相一致。

附件五 第15条所述的核证标准

一、一般原则

1. 该指令附件一中所列的每项活动的排放量应当接受核证。

2. 核证过程应包括对根据第14条第(3)款所作的报告以及上一年的监控的考虑。应当解决监控系统的可靠性、可信性和准确性以及与排放相关的报告数据及信息,尤其是:

(1)所报的活动数据和相关的测量和计算;

(2)排放系数的选择和应用;

(3)确定排放总量的计算;

(4)如果采用测量,则要考虑测量方法选择和使用的适当性。

3. 如果可靠、可信的数据和资料能够高度可靠地确定排放量,报告的排放

量才可能有效。高度的确定性需要经营者出示以下资料:

(1)报告的数据没有任何不一致之处;

(2)数据已经按照适用的科学标准收集;

(3)装置的相关记录是完整和一致的。

4.核证人有权进入所有地点以及获取与核证有关的任何信息。

5.核证人应考虑装置是否在欧盟生态管理和审计计划(EMAS)中登记。

二、方法学

(一)战略分析

6.核证应在对装置从事的所有活动进行战略分析的基础上开展,这要求核证人对一切活动及其对于排放量的重要性有一个总体认识。

(二)过程分析

7.对提交的信息,可以在适当时候在装置所在地进行核证,核证人要采用抽查方法确定报告中数据和信息的可靠性。

(三)风险分析

8.考虑到每个排放源对装置的全部排放发挥的作用,核证人应提交装置的所有排放源进行评估。

9.在此分析的基础上,核证人应明确确定那些容易出现误差的排放源和在确定总体排放量时容易产生误差的监控报告程序的其他方面。尤其是涉及决定单个排放源排放水平时涉及的排放系数的选择和必要的计算,还要特别注意那些具有高误差风险的排放源和以上提及的监控程序的有关方面。

10.核证人应考虑经营者采用的任何有效的风险控制方法,将不确定性降低到最低。

三、报告

11.核证人要对核证过程做出报告,根据第 14 条第(3)款说明该报告是否令人满意。报告应详细说明所有相关的工作。如果核证人认为总排放量不存在实质性的误报,就可以依据第 14 条第(3)款做出令人满意的说明的报告。

四、核证人能力的最低资质要求

12.核证人应独立于经营者,以一个良好和客观的专业方式开展工作,并理解:

(1)该指令的规定,以及委员会根据第 14 条第(1)款通过的相关标准和指导;

(2)与正在核证的活动相关的立法、规章及行政要求;

(3)与装置的每个排放源相关的所有信息的产生,尤其是与数据的收集、测量,计算和报告相关的信息。

附录四：加州众议院第 32 号法案

第 488 章

把第 25.5 段（自第 38500 条开始）增加到"健康与安全法典"中的关于空气污染的法案。

（2006 年 9 月 27 日由州长批准，由秘书归档）

立法顾问之摘要

第 32 号法案，空气污染，温室气体，2006 年加州全球变暖解决方案法案。

在现行法律下，加州空气资源理事会（以下简称"加州理事会"），加州能源资源保护与发展委员会（以下简称"能源委员会"）和加州气候行动登记处都有责任控制对所定义的温室气体的排放。此外，环境保护秘书处需要与州政府共同协调温室气体的减排和气候变化应对行动。

该法案要求加州理事会通过法案，对全州范围内的温室气体的排放进行报告和核证，并对该计划的贯彻情况进行监管和强制执行。该法案要求加州理事会施行全州范围温室气体排放的限额标准，即以 1990 年的排放水平为标准，2020 年的排放量与 1990 年持平；该法案要求加州理事会通过公开程序施行规则和法规，从而达到技术上最可行、成本最低的温室气体的减排。该法案授权加州理事会通过基于市场的合规机制来满足特定的要求。该法案要求加州理事会对任何规则、法规、命令、限排减排措施或者依据现行法律采取的基于市场的合规机制的执行状况进行监测。该法案授权加州理事会按照说明制定温室气体排放源付费时间表。

由于该法案会要求加州理事会建立排放限制和其他要求，对这些要求的任何违反都是犯罪。该法案将创建一个管制全州范围温室气体排放的地方性计划。

加州宪法要求加州补偿地方机构和学区为满足州要求而支付的相关成本，相关条款对这种补偿程序做出了规定。

该法案规定：特殊原因情况下，该法令不要求补偿。

附录五：2006年加州全球变暖解决法案

第一部分　一般规定

第一章　法案名称

38500　法案名称：2006年加州全球变暖解决方案法案

第二章　决定和声明

38501　立法机关决定并做出以下声明：

（1）全球变暖对经济生活、公共健康、自然资源和加州的环境造成了严重威胁。全球变暖潜在的不利影响包括：大气质量的恶化问题，来自于积雪场的向加州供应的水的质量降低、数量减少，由于海平面上升导致的成千上万的沿海商业和居民的迁移，对海洋生态系统和自然环境的损害以及传染病、哮喘和其他与人类健康相关的问题的增加。

（2）全球变暖会对加州一些大型产业造成有害影响，包括农业、酿酒业、旅游业、滑雪业、娱乐业和商业性捕鱼业以及林业。同时，还会增加对必要的电力供应的限制，用来满足加州最热地区在夏天对空调的需求。

（3）加州在环境保护和环境工作所作的努力在国家和国际上一直处于领先，这些努力包括环境质量保护区、能源有效性要求、可再生能源标准、自然资源保护和乘客车辆的温室气体减排标准。该段建立的项目使加州处于国家和国际温室气体减排活动的最前沿，并将继续保持这种领先地位。

（4）为了充分解决全球变暖问题，国家和国际行动是十分必要的。加州针对温室气体减排所采取的行动对鼓励其他州、联邦政府和其他国家采取相关行动有深远的影响。

（5）要担当全球领先的角色，加州也要使其经济、技术中心、金融机构和商业从国家和国际温室气体减排的努力中获益。更重要的是，投资创新和先进技术有助于加州达到此段确立的2020年的全州范围内的温室气体排放限额，并为加州在温室气体减排中担当全球经济和技术领先的角色提供机会。

(6)立法者的目的在于加州理事会与州机构相协调,并与环境司法社团、工业部门、商业团体、学术机构、环境机构和其他主体协商来执行此段的规定。

(7)立法者的目的在于州空气环境资源管理局与公共事业委员会协商开发减排措施,包括应用于受公共事业委员会管制的电力和天然气提供者的温室气体排放限制,目的是为了确保电力和天然气提供者不需要满足双重需要或者不一致的法规要求。

(8)立法者的目的是使加州理事会根据该段的规定来设计减排措施,从而满足全州范围内的温室气体的排放限额,使加州经济利益最大化和成本最小化,改善和更新加州能源的基础设施,维持电力系统的可靠性,使加州获得额外最大化的环境利益和经济收益,成为对全州范围改善空气质量的努力的补充。

(9)立法者的目的在于由州长建立的气候行动小组根据美国总统 S-3-05 执行命令的规定进行调整,继续担任其在整个气候政策中的角色。

第三章 定义

38505 该段中的以下术语的含义是:

(1)"配额"是指在特定年份中,有权排放的二氧化碳当量。

(2)"选择性合规机制"是指温室气体排放源作为直接减排,在相同的时间周期内达到相同减排量所采取的行动,并已经得到加州理事会的批准。"选择性合规机制"包括但不限于以下活动:灵活地遵守时间表、选择性的控制技术、程序改变或者产品替代。

(3)"二氧化碳当量"是指在可靠的科学基础上(包括来自于联合国政府间气候变化委员会的报告),排放另外一种温室气体产生的温室效应相当于排放一吨二氧化碳引起的温室效应。

(4)"成本效益"或者"成本效率"是指为适应可能的全球变暖,每减排一吨二氧化碳所需的成本。

(5)"直接减排"是指温室气体排放源针对排放源采取的减排行动。

(6)"减排措施"是指根据段制订的适用于排放源或者种类源的旨在减少温室气体排放的计划、措施、标准和选择性合规机制。

(7)"温室气体"或者"各种温室气体"包括以下所有气体:二氧化碳、甲烷、氧化亚氮、氢氟碳化物、全氟化碳、六氟化硫。

(8)"温室气体排放限制"是指在特定年份加州理事会授权的最高水平的排放,以二氧化碳当量表示。

(9)"温室气体排放源"或者"源"是指由加州理事会确定的任何排放源或者

种类源,参与到根据该段建立的计划中能使加州理事会有效减少温室气体的排放,并对全州范围温室气体的排放限额进行监测。

(10)"泄露"是指州内温室气体排放的减少被州外增加的温室气体的排放抵消。

(11)"基于市场的合规机制"是指以下任何一种:

①降低温室气体排放源或者种类源每年的总排放限量。

②温室气体排放交易、存储、信用和其他事务受加州理事会建立的规则和协议的管制。在相同的期间内产生等量温室气体减排的都认为是对温室气体限制排放的直接遵守或加州理事会根据该段采取的减排措施。

(12)"加州理事会"是指加州空气资源理事会。

(13)"全州范围温室气体排放"是指州内一年排放的全部温室气体量。包括来源于输送到加州和在加州消费的电力的温室气体排放量,同时将传输和配电损耗也计算在内,而不管该电力是加州生产的还是进口的。全州范围的排放用二氧化碳当量表示。

(14)"全州范围温室气体排放限制"或者"全州范围排放限制"是指由加州理事会根据第三部分(从第 38850 条开始)确定的、在 2020 年允许全州范围排放温室气体的最高水平。

第四章 加州理事会的任务

38510 加州理事会是为了降低温室气体排放,负责对造成全球变暖的温室气体排放源进行监管的机构。

第二部分 强制性温室气体排放报告

38530 (1)在 2008 年 1 月 1 日或者在此之前,加州理事会将通过法规,要求对全州范围的温室气体排放进行报告和核证,并监测和强制执行该计划。

(2)法规主要做出下述规定:

①要求占全州范围大部分排放量的温室气体排放源或种类源对温室气体的排放进行监测和报告。

②说明在州内所有电力消费产生的温室气体排放,包括在州内生产的和从州外进口的电力的传输和配电损耗。该项要求适用于所有电力零售商,包括公共事业法典第 380 条中(j)款定义的负担服务的实体和公共事业法典第 9604 条定义的地方公共电力行业。

③在适当情况下,并为了使之最具有可行性,将加州气候行动登记处根据

第 26 段第四部分第六章(从第 42800 条开始)制定的标准和协议合并。在 2006 年 12 月 31 日前,自愿参与加州气候行动登记,并已经有了温室气体排放报告计划的,不会被要求对他们的报告和核证计划作重大改变,但为确保报告的完整性以及与加州理事会确定的为与该段核证目的保持一致的需要除外。

④确保严格、一致的排放计算,并提供报告设备和格式以保证收集必要的数据。

⑤确保温室气体排放源对所有报告的温室气体排放保持全面记录。

(3)加州理事会要做到以下两方面工作:

①在必要时,周期性复查和更新排放报告要求。

②复查现有的和被提议的国际、联邦和州的温室气体排放报告计划,并做出合理性努力,促进根据此部分和其他计划建立的计划的一致性,对温室气体排放源建立统一要求。

第三部分　全州范围的温室气体减排限制

38550　到 2008 年 1 月 1 日,加州理事会将采用公告形式,召开一次或更多的的公开研习会,使所有相关的利益方有机会参与评论。然后确定 1990 年的温室气体排放水平,并通过公众听证会的方式,确定相当于 1990 年排放的限额,作为 2020 年一期要达到的目标。为了确保做出最可行的准确决定,加州理事会将评价能够得到的温室气体排放的最好的科学、技术和经济信息来确定 1990 年温室气体排放水平。

38551　(1)全州范围的温室气体的排放限制将持续有效,除非得到修订或者废除。

(2)立法者的目的是使全州范围的温室气体排放限制继续存在,并用于保持和继续 2020 年后的温室气体减排。

(3)加州理事会将针对 2020 年后的温室气体的继续减排向州长和立法者提出建议。

第四部分　温室气体减排

38560　加州理事会将通过公开程序建立规则和法规,根据该部分阐述的标准和时间安排,使排放源或种类源的温室气体减排达到技术上最可行和具有成本效益的目标。

38560.5　(1)在 2007 年或在此之前,加州理事会将出版并以公众可以知晓的方式发布清单,该清单是根据第38562条采取的能够实施的关于温室气体减排措施的早期不连续的行动清单。

(2)在2010年1月1日或在此之前,加州理事会将施行法规,执行根据第(1)款公布的清单确定的措施。

(3)加州理事会根据该分部施行的法规将使那些排放源或89个种类源中的温室气体的排放实现技术上最可行和具有成本效益的目标,并促进全州范围内的温室气体排放限额的实现。

(4)根据本分部通过的法规应该不迟于2010年1月1日可以执行。

38561 (1)为了在这一段的条件下在2020之前实现技术上的最大可行性以及在温室气体的来源或者来源种类方面具有成本效益,在2009年1月1日或者在该日之前,加州理事会应制订和批准范围计划,因为加州理事会对理解这一期间。就能源相关的计划事宜,加州理事会要与所有对温室气体的来源有管辖权的州机构进行协商,通过协商以确保温室气体的减排活动由加州理事会得以采用并实施,而且这种活动是相辅相成、非双重的,可以以有效的、符合成本效益的方式得以实施。这些州机构包括公共事业委员会和国家能源资源保护和发展委员会,能源相关的事项包括但并不限于发电、基于标准或需求的负载、可靠和廉价的电力服务、石油精炼和全州的燃料供应。

(2)该计划应查明直接减排措施、替代合规机制、以市场为基础的合规机制和潜在的货币与非货币激励并提出建议,因为加州理事会认定的排放源或者种类源对于促进到2020年之前实现最大限度的可行性以及温室气体减排的成本效益性是必要的或者是值得的。

(3)根据第(2)款的需要做出决定时,加州理事会应考虑所有与温室气体减排项目相关的资料,这些项目位于其他州、地区和国家,包括美国东北部各州、加拿大和欧洲联盟。

(4)为降低对加州的经济、环境和公众健康产生影响的温室气体的排放量,加州理事会应利用现有的最佳经济模式,排放量估算技术以及其他科学方法,评估潜在的总成本和潜在的总的经济和非经济收益计划。

(5)在实施计划过程中,加州理事会要考虑每一排放源或者种类源在全州温室气体排放量中的相对数量,以及对小企业潜在的实质影响,并应提出一个最低门槛的温室气体排放量,低于这一减排量的要求将不适用。

(6)在实施计划过程中,州委员要从所有可核查的和可执行的自愿行动中寻找减排机会,包括但不限于碳汇项目和最佳管理实践。

(7)加州理事会应进行一系列的公开研习会,以让有兴趣的各方有机会对这项计划发表评论。加州理事会应在该州污染最严重的地区开展一些研习会，其中包括但不仅限于少数民族社区、低收入社区、或者两者兼有。

（8）加州理事会应全面更新计划，以实现技术上的最大可行性以及至少每5年一次在温室气体减排方面具有成本效益。

38562　（1）在2011年1月1日或者在该日之前，加州理事会应通过法规采取温室气体限排和减排措施，以实现技术上的最大可行性以及在推动全州范围内的温室气体限排具有成本效益，并从2012年1月1日开始具有可操作性。

（2）在依照本分部和第5部分（从第38570条开始）制定法规时，在可行的范围内，并且进一步实现了全州温室气体排放量的限制，加州理事会应当做好以下全部工作：

①设计法规，包括在适当情况下的排放配额的分配，这种分配在方式上是公平的，其目的是为了最大限度地减少成本，使加州的总效益最大化，并鼓励及早采取温室气体减排措施。

②确保活动必须遵守法规并且没有过多影响低收入社区。

③确保那些在执行本分部之前已经自愿减少温室气体排放的实体得到其早期自愿减排的适当信用。

④确保活动与有关法规相辅相成，不干预、努力实现并维持联邦和各州的环境空气质量标准，并减少有毒空气污染物的排放量。

⑤考虑这些法规的成本效益。

⑥考虑整体社会福利，其中包括削减其他空气污染物，能源来源的多样化以及对经济、环境和公众健康的其他利益。

⑦尽量减少执行和遵守这些法规的行政负担。

⑧泄露最小化。

⑨考虑全州温室气体排放源或者种类源的重要性。

（3）为推动实现全州的温室气体的限排，截至2011年1月1日加州理事会可以通过一项法规，该法规建立一个以市场为基础的降低每年温室气体限排总额，并在2012年1月1日至2020年12月31日可适用，其中包括加州理事会决定达到技术上的最高可行性和在温室气体的排放源或者种类源方面减排总量具有成本效益。

（4）加州理事会根据本部分或第五部分（从第38570条开始）制定的任何法规须确保所有下列各点：

①所取得的温室气体减排量对于加州理事会是真实的、永久的、可量化的、可核查的和可强制执行的。

②由于依照第五部分(从第38570条开始)制定的法规的原因,这种减排是在法律法规所要求的任何温室气体减排之外的,否则就会产生任何其他温室气体减排。

③如果适用,温室气体减排量要在同一时期内产生,而且总值等于任何依照这一段要求产生的直接减排。

(5)在本分部规定需要采用法规时,加州理事会应依靠现有的最佳经济和科学资料,以及对现有的和预计的技术能力的评估。

(6)因为各公共事业委员会影响电力和天然气供应,加州理事会在制定该法规时应与它们协商,这样尽量减少重复或不一致的监管规定。

(7)在2011年1月1日之后,加州理事会可以根据这一段修改章程,并采取额外的法规扩充这一分部的规定。

38563 这一段没有限制加州理事会在2011年1月1日之前采取温室气体限排或减排措施,或者在2012年1月1日之前强制实施实行这些限排或减排措施,或者在适当的条件下提供早期的减排信用。

38564 加州理事会应与其他州和联邦政府以及其他国家协商,找出最有效的策略和方法,以减少温室气体排放,管理温室气体控制项目,以及促进综合的、成本效益的区域、国家以及国际温室气体减排项目的发展。

38565 加州理事会应确保其管辖范围内的温室气体减排规则、法规、项目、机制和激励机制在适用、可行的范围内,直接公共投资和私人投资于加州的最落后社区,并为小型企业、学校、负担得起的住房协会以及其他社会机构参与并从全州努力减少温室气体的排放中受益提供机会。

第五部分 以市场为基础的合规机制

38570 (1)在依据第38562条制定的法规中,加州理事会可能使用以市场为基础的合规机制,以遵守本法规。

(2)在本法规的任何以市场为基础的合规机制之前,加州理事会在可行的并且推动实现全州温室气体排放量限制的范围内,应当做好以下全部工作:

①考虑来自于这些机制的潜在的直接、间接、并累积排放的影响,包括对实质上已经受到空气污染影响的社区产生的局部影响。

②设计任何以市场为基础的合规机制,以防止任何有毒空气污染物或标准空气污染物的增加。

③在适当的情况下为加州最大限度地增加环境和经济利益。

(3)加州理事会应通过法规对被管实体如何使用以市场为基础的合规机制进行管制,以使它们在温室气体限排方面达到合规标准,这里的实体是指有温室气体排放限制和强制性报告排放状况义务的实体。

38571　加州理事会应采用各种方法量化自愿减少的温室气体排放量,并通过法规以核实并执行任何自愿减少的温室气体排放量。这些自愿的温室气体减排量受加州理事会授权,用于遵守加州理事会制定的温室气体减排标准,采用的方法不受行政程序法(政府法典的标题 2 的第 3 段的第 1 部分的第 3.5 章(从第 11340 条开始))规定的限制。

38574　本部分或第四部分(从第 38560 条开始)没有规定赋予加州理事会改变任何项目的权利,这些项目在温室气体减排方面受其他州机构管制。

第六部分　执行

38580(1)加州理事会应监测遵守并执行任何规则、法规、命令、限排和减排措施或由加州理事会根据本段通过的以市场为基础的合规机制。

(2)①任何违反这些规则、法规、命令、限排和减排措施或由加州理事会根据本段通过的其他措施的行为,可责成其依据第 41513 条接受第 26 段第 4 部分第 4 章的第 3 条的规定(从第 42400 条开始)和第 5 部分的第 1.5 章(从第 43025 条开始)的规定接受处罚。

②任何违反这些规则、法规、命令、限排和减排措施或由加州理事会根据本段通过的其他措施的行为,应被视为是空气污染的排放,要根据第 26 段第 4 部分第 4 章的第 3 条(从第 42400 条开始)和第 5 部分的第 1.5 章(从第 43025 条开始)的规定接受处罚。

③加州理事会可以根据第 26 段第 4 部分第 4 章的第 3 条(从第 42400 条开始)和第 5 部分的第 1.5 章(从第 43025 条开始)的处罚条款制定一个办法,以便把违反这些规则、法规、命令、限排和减排措施或由加州理事会根据本段通过的其他措施的行为,在合适的情况下转换为违反的天数。

(3)第 42407 条和第 42410 条的细则(i)不适用于这一部分。

第七部分　其他规定

38590　如果根据第 43018.5 条通过的条款不继续生效,加州理事会应实施替代法规,管制温室气体的移动排放源,达到同等或更大的减排。

38591　(1)加州理事会应在 2007 年 7 月 1 日前成立一个至少由 3 名成员

组成的环保司法咨询委员会,帮助它实施第 38561 条规定的范围的界定计划和任何其他有关事项。咨询委员会应由来自于空气污染显著地区的代表组成,其中包括但不仅限于少数民族或(和)低收入社区代表。

(2)加州理事会应当从环境正义组织和社会团体收到的提名人选中任命咨询委员会委员。

(3)加州理事会应为非营利组织的咨询委员会委员出席咨询委员会会议提供合理的每日津贴。

(4)加州理事会应当任命一个经济和技术发展咨询委员会,就促进投资、技术研究和开发活动向加州理事会提供建议,这些活动包括但不仅限于确认新的技术、研究、示范项目,筹资机遇和增进国家、民族和国际合作关系和技术转让机会,并确定和评估先进技术研究的投资和对有助于减少温室气体的排放活动的奖励机会。该委员会也可告知加州理事会关于民族、区域、国家和国际上与温室气体减排有关的经济技术发展情况。

38592 (1)所有国家机关应考虑和执行减少其温室气体排放量的战略。

(2)在遵守其他适用的联邦、州或地方法律法规方面,本段条款适用于任何人、实体或公共机构,包括空气和水的质量要求以及为保护公众健康或环境的其他方面的要求。

38593 (1)本段条款绝不影响公共事业委员会的权威。

(2)本段条款的规定对电力公司向顾客提供安全可靠电力服务方面没有任何影响。

38594 正如在第 39025 条规定的,本段条款不会限制或扩大任何地区的权威。

38595 如果满足所有本段条款适用的要求并遵守本段条款的规定,将不会排除、禁止或限制新设施的建设或规模的扩大。

38596 本段条款是可分离的。本段任何条款或其实行如果无效,不影响其他条款的适用。

38597 加州理事会可以在公开研习会监管下让本段条款规定的温室气体排放源缴纳费用。

57001 按照本分部规定取得的收入要交存到空气污染控制基金,并由立法机关为执行本段条款规定进行拨款。

38598 (1)本段条款不限制任何现有国家实体采取温室气体减排的措施。

(2)本段条款绝不免除任何国家实体遵守现有的法律或法规的义务。

38599 (1)在非常情况下,或者发生灾难性事件或严重经济损失等重大事件时,州长可以把个别法规或者州的整体法规的适用期限调整到最早可行的日期。

(2)调整期限不得超过一年,除非州长根据(a)款进行额外调整。

(3)本分部条款绝不影响加州紧急服务法(政府法规的第 2 标题下的第 1 段的第 7 章(从第 8550 条开始))的权利和职责。

(4)州长须在调整细则(a)的 10 天内,就所采取的行动向立法机关提供书面通知。

第 2 分部　根据加州宪法第 XIII(B)条第 6 分部的规定,该法令不要求补偿,因为该法令只有在制造了一个新的罪行或违规行为、消除了一个犯罪或违规行为、依据政府法典的第 17556 条规定改变了一个犯罪或违规行为的处罚或依据加州宪法的 XIII(B)条的第 6 分部的含义改变了一个犯罪的定义的时候,当地机构或学校才会产生成本。

参考文献

[1] 庄贵阳,陈迎.国际气候制度与中国[M].北京:世界知识出版社,2005.
[2] 李静云.走向气候文明——后京都时代气候保护国际法律新秩序的构建[M].北京:中国环境科学出版社,2010.
[3] 唐颖侠.国际气候变化条约的遵守机制研究[M].北京:人民出版社,2009.
[4] 勾红洋.低碳阴谋——中国与欧美的生死大战[M].太原:山西经济出版社,2010.
[5] 熊焰.低碳之路:重新定义世界和我们的生活[M].北京:中国经济出版社,2010.
[6] 柳下再会.以碳之名:低碳骗局幕后的全球博弈[M].北京:中国发展出版社,2010.
[7] 王遥.碳金融——全球视野与中国布局[M].北京:中国经济出版社,2010.
[8] 郭日生,彭斯震.碳市场[M].北京:科学出版社,2010.
[9] 吕学都,刘德顺.清洁发展机制在中国[M].北京:清华大学出版社,2004.
[10] 林云华.国际气候合作与排放权交易制度研究[M].北京:中国经济出版社,2007.
[11] 韩良.国际温室气体排放权交易法律问题研究[M].北京:中国法制出版社,2009.
[12] 蔡守秋.欧盟环境政策法律研究[M].武汉:武汉大学出版社,2002.
[13] 陈正兴.环境审计[M].北京:中国审计出版社,2001.
[14] 彭红波.排放权交易作用机制与应用研究[M].北京:中国市场出版社,2011.
[15] 中共中央关于制定十二五规划的建议[EB/OL].http://www.xinhuanet.com.[2010-12].
[16] 中国应对气候变化的政策与行动2009年度报告[EB/OL].国家发展与改革委员会 http://www.ccchina.gov.cn.[2009-11].
[17] 〔荷〕迈克尔·福尔,麦金·皮特斯.气候变化与欧洲排放交易理论与实践

[M].鞠美庭,羊志洪,郭彩霞,黄访,译.北京:化学工业出版社,2011.

[18] 周弘,贝娅特·科勒—科赫.欧盟治理模式[M].北京:社会科学文献出版社,2008.

[19] 〔美〕斯蒂文·G·米德玛.科斯经济学——法与经济学和新制度经济学[M].罗君丽,李井奎,茹玉骢,译.上海:格致出版社·上海三联书店·上海人民出版社,2010.

[20] 〔美〕埃格特森.新制度经济学[M]..北京:商务印书馆,1996.

[21] 〔美〕安·赛德曼,罗伯特·赛德曼.发展进程中的国家与法律:第三世界问题的解决和制度变革[M].冯玉军,俞飞,译.北京:法律出版社,2006.

[22] 〔英〕迈克尔·阿拉贝.危险的天气——气候变化[M].上海:上海科学技术文献出版社,2006.

[23] 焦小平.欧盟排放交易体系规则[M].北京:中国财政经济出版社,2010.

[24] Climate policy: the EU emissions trading scheme[M]. London Earth Scan Press, 2005.

[25] Dales J H. Pollution, Property and Prices. University of Toronto Press, 1968.

[26] The European Communities: EU action against climate change—The EU Emissions Trading System[M]. Luxembourg: Office for Official Publications of the European Communities, 2008

[27] IETA: Green house Gas Market 2008: Piecing Together a Comprehensive International Agreement for a Truly Global Carbon Market

[28] National Assessment Synthesis Team, US Global Change Research Program, Climate Change Impacts of the United States, The Potential Consequences of Climate Variability and Change[M]. Cambridge University Press,2001.

[29] Farhana Yamin, Joanna Depledge. International Climate Change Regime-A Guide to Rules, Institutes and Procedures[M]. Cambridge University Press,2004.

[30] Loren R. Cass. The Failures of American and European Climate Policy-International Norms, Domestic Politics and Unachievable Commitments[M]. State University of New York Press, Albany,2006.

[31] Dieter Helm. Climate Change Policy[M]. Oxford University Press,2005.

[32] Mayors Climate Protection Center, Climate Protection and Best Practice

Guide, The United States Conference of Majors, Seattle, 2007-11-1

[33] EU action against Climate Change: The European Climate Change Progame, European Communities 2006

[34] EU action against Climate Change: Leading global action to 2020 and beyond, European Communities 2008.

[35] EU action against Climate Change: EU emissions trading-an open scheme promoting global innovation, European Communities, 2005.

[36] EU action against Climate Change: Adapting to climate change, European Communities, 2008.

[37] EU action against Climate Change: Working with developing countries to tackle climate change, European Communities, 2007.

[38] EU action against climate change: Research and development to fight climate change, European Communities, 2007.

[39] EU action against climate change: Reducing emissions from the energy and transport sectors, European Communities, 2006.

[40] The United Nations Framework Convention on Climate Change, the United Nations, 1992.

[41] Kyoto Protocol to the United Nations Framework Convention on Climate Change, 1997.

[42] IPCC Fourth Assessment Report: Climate Change 2007. Geneva, 2007.

[43] Directive 2003/87/EC of the European Parliament and of the Council of 13 October 2003.

[44] World Bank Report. http://climatechange.worldbank.org.

[45] Americans Climate Security Act of 2007.

[46] Energy Independency and Security Act.

[47] Chicago Climate Exchange Inc 2004, The Chicago. Accord.

[48] Chicago Climate Exchange Inc Rule book. January 2004.

论文

[1] 刘华,李亚. 欧盟碳交易机制的实践[J]. 银行家,2007:(9).

[2] 杨圣明,韩冬笃. 清洁发展机制在国际温室气体排放权市场的前景分析[J]. 国际贸易,2007:(1).

[3] 李布. 欧盟碳排放交易体系的特征、绩效与启示[J]. 重庆理工大学学报(社

会科学版),2010:(3).

[4] 庄贵阳.欧盟温室气体排放贸易机制及其对中国的启示[J].,欧洲研究[J].2006:(3).

[5] 胡迟.排污权交易的最新发展及我国的对策[N].中国经济时报,2007-2-27.

[6] 陈科峰,陈自兰.清洁发展机制及其在我国的实施[J].生产与技术,2007:(3).

[7] 王玉海,潘绍明.金融危机背景下中国碳交易市场现状和趋势[J].经济理论与经济管理,2009:(11).

[8] 于天飞.碳排放权的产权分析[J].东北农业大学学报(社会科学版),2007:(2).

[9] 冷罗生.构建中国碳排放权交易机制的法律政策思考[J].中国地质大学学报(社会科学版),2010:(02).

[10] 何钢.芝加哥气候交易所[J].世界环境,2007:(2).

[11] 赵绘宇.美国国内气候变化法律与政策进展性研究[J].东方法学,2008:(6).

[12] 任捷,鲁炜.关于中国温室气体排放权交易体系的构想[J].南京理工大学学报(社会科学版),2009:(6).

[13] 周艳,韩文龙.建立我国完备性和竞争性碳排放权交易市场的构想——基于对比分析的视角[J].企业经济,2010:(8).

[14] 赵坤.发达国家如何实施低碳经济政策和措施[J].中国科技投资,2010:(11).

[15] 卢宁.论排污权交易在中国实施的可行性[EB/OL].http://www.riel.edu.cn/aboutcentre.asp/[2008-10-5].

[16] 程汉鹏.建立排污权交易制度的深远意义[EB/OL].http://www.zaobao.com.

[17] 陈炳才,陈安国.业内:建立中国的碳排放交易制度[N].中国经济时报,2011-1-12.

[18] 王伟中,陈滨,鲁传一,吴宗鑫.《京都议定书》和碳排放权分配问题[J].清华大学学报(哲学社会科学版),2002:(6).

[19] 陈峰.排污交易政策探讨[J].福建环境,2003:(20).

[20] 蔡守秋.论排污权交易的法律问题[EB/OL].http://www.riel.edu.cn/aboutcentre.asp[2008-11-5].

[21] 中国碳交易体系正在形成[J].节能与环保,2010:(3).

[22] 芝加哥气候交易所的启示[EB/OL]. http://www.co188.com/if_51081264_4.htm [2010-11-2].

[23] "碳交易"——花点儿钱就可以作孽的混账游戏[EB/OL]. http://shaweng.home.news.cn/blog/a/01010004EA61098F28A7FB4E.html [2010-3-1].

[24] 郑少华,孟飞.论排放权市场的时空维度:低碳经济的立法基础[J].政治与法律,2010:(11).

[25] 中国气象局局长郑国光解读 IPCC 第四次综合报告[EB/OL]. http://www.china.com.cn/policy/txt/2007-11-23/content_9278626.htm. [2009-11-23].

[26] 欧盟碳交易机制弊端显现[EB/OL]. http://www.sxcoal.com [2011-01-26].

[27] 美通过限制温室气体排放法案布什政府气候政策面临挑战[N].北京商报,2007-11-5.

[28] 李月.美国气候立法进展跟踪[J]. http://blog.sina.com.cn/liyuestanford [2010-12-5].

[29] 魏旭.美国应对气候变化地方行动疏议[J]//吕忠梅.环境资源法论丛[G].2010:(8).

[30] 于杨曜,潘高翔.中国开展碳交易亟须解决的基本问题[J].东方法学,2009:(6).

[31] 王曦.论欧盟温室气体控制法律和政策的方法论意义[J].西南政法大学学报,2008:(10).

[32] 徐祥民.极限与分配——再论环境法的本位[J].中国人口资源与环境,2003,13:(4).

[33] 杨红强,聂影.碳排放贸易与环境保护协调策略[J].商业时代学术评论,2006:(5).

[34] 高广生.气候变化与碳排放权分配[J].气候变化研究进展,2006,2:(6).

[35] 孙菊生,刘文国.环境审计与会计职业界的作用——加拿大和美国环境审计比较研究[J].审计研究,1998:(2).

[36] 高驰,张文贤.环境审计小议[J].理论研究,1999.

[37] 吴晓春.注册环境审计师实务准则[J].广东审计,2000:(5).

[38] 中国气象局局长、参加政府间气候变化专门委员会第四次评估报告政府评审会议的中国代表团团长郑国光的谈话,正确认识并应对全球气候变暖

[J].中国环境观察,2007:(1).

[39] 艾轶伦.清洁发展机制下的国际经济合作问题研究[D].吉林大学世界经济专业博士学位论文,2008.

[40] 于天飞.碳排放权交易的市场[D].南京林业大学 林业经济管理专业博士论文,2007.

[41] 王英平.《京都议定书》及后京都时代的国际气候制度[D].中国海洋大学国际法学专业硕士论文,2006.

[42] 张媛.我国实施清洁发展机制法律问题研究——《京都议定书》的启示[D].湖南师范大学国际法学专业硕士论文,2006.

[43] 陈冠玲.CDM交易法律问题研究[D].西南政法大学 国际法学专业硕士论文,2008.

[44] 潘基文,阿尔·戈尔.绿色增长才是可持续复苏[EB/OL].http://www.ftchinese.com/story/001024770? page=1,[2010-2-19].

[45]〔美〕亚历山大·法瑞尔.美国加州气候变化政策[J].杨孝文,译.世界环境,2007:(2).

[46]〔德〕贝娅特·科勒-科赫.对欧盟治理的批判性评价[J].金玲,译.欧洲研究,2008:(2).

[47] A Denny Ellerman, PaulL Joskow. The European Unions Emissions Trading System in perspective[J]. released by Pew Center on Global Climate Change, May 2008.

[48] Alison Benjamln. Climate Change the lorldst Market Failure[J]. Canberra Times, December 1, 2007

[49] Paula Harns. Collective Aetionon Climate Chan: The Logie of Rme Failure[J]. Natural Resources Journal, 2007(47)

[50] President Bush Discusses Global Climate Change[EB/OL]. http://www.whitehouse.gov/news.[2001-11-11].

[51] Jim Tankersley. Obama moves forward with plans to cut emissions[N]. Los Angeles Times,[2009-7-25].

[52] Stephen Castle. Europe Moves to Make Big Polluters Pay for Emissions[N]. N. Y. Times,[2007-7-25].

[53] Deborah Gordon. Findings of the IPCC Fourth Assessment Report: Climate Change Mitigation[EB/OL]. http://www.ucsusa.org/global_warming/science/ipcc-highlights3.html.

[54] Randall S. Abate, Kyoto or Not, Here We Come: The Promise and Perils of the Piecemeal Approach to Climate Change Regulation in the United States[J]. Cornell Journal of Law and Public Policy,2006.

[55] Richard Conniff, The Political History of Cap and Trade in America[J]. Smithsonian magazine. [2009-7].

[56] Clean Development Mechanism(CDM)2006[EB/OL]. http://cdm. unfccc. int/index. html [2010-2-19].

[57] Tony Blair. Breaking the Climate Dead lock: A Global Deal for Our Low-Carbon Future [EB/OL]. http://www. cop15. dk/en/servicemenu/News. [2010-2-10].

[58] Eli Kintisch. Climate Change: Senate Bill Would Provide Billions for Deploying Cleaner Technologies[J]. Science,2009,12,14.

[59] David G, Victor. The Collapse of The Kyoto Protocol and The Struggle to Slow Global Warming[M]. Princeton University Press,2004.

[60] Patrick Parenteau. Anything Industry Wants: Environmental Policy Under Bush II[M]. Duke Environmental Law and Policy ,2004.

[61] John Broade. Senate Panel Passes Bill to Limit Greenhouse Gases[N]. New York Times. [2007-12-6].

[62] Eli Kintisch. Climate Change: Senate Bill Would Provide Billions for Deploying Cleaner Technologies[J]. Science,2006,12,14.

[63] Linda Greenhouse, Justices Say E. P. A. Has Power to Act on Harmful Gases[J]. New York Times. [2007-4-3].

[64] Weather Green, Its a little easier to be green-Consumers and companies are giving alternative energy a boost with "green tags"[J]. Business Week,2006,4,10.

[65] Lorraine Woellert. HP Wants Your Old PCs Back[J]. Business Week, 2006,4,10.

网站：

[1] 联合国气候变化框架公约组织:http://www. unfccc. int/

[2] 联合国政府间气候变化专门委员会:http://www. ipcc. ch

[3] 世界气象组织:http://www. wmo. int/pages/index_en. html

[4] 联合国环境规划署: http:www. unep. org/

[5] 欧盟应对气候变化专题：http://europa.eu/scadplus/leg/en/s15012.htm

[6] 欧盟委员会气候政策文献：http://ec.europa.eu/climateaction/keydocuments

[7] 欧洲能源数据库：http://www.energy.eu

[8] 欧洲统计署：http://ec.europa.eu/eurostat

[9] 欧洲环境署：http://www.eea.europa.eu

[10] 欧洲气候行动网络：http://www.climnet.org/index.htm

[11] 区域温室气体倡议组织网站：http://www.rggi.Org/

[12] 西部地区气候行动倡议组织网站：http://www.westernclimateinitiative.org/

[13] 芝加哥气候交易所网站：http://chicagoclimateex.com

[14] 中国气候变化网：http://www.ipcc.cma.gov.cn/cn

[15] 中国环境保护网：http://www.zhb.org.cn

[16] 中国气候变化信息网：http://www.ccchina.gov.cn

[17] 中国清洁发展机制网：http://cdm.ccchina.gov.cn/web/index.asp

[18] 中国碳交易网：http://www.chinaco2ex.com/

[19] 中国低碳网：http://www.ditan360.com/

[20] 天津排放权交易所网：http://www.chinatcx.com.cn/

后　记

本书即将付梓，在写作过程中，我得到了多位老师、同学和家人的帮助与支持，在此表示由衷的谢意！

首先，感谢我的导师肖鹏教授。恩师严谨的治学态度，渊博的专业知识，诲人不倦的高尚师德，精益求精的工作作风，严于律己、宽以待人的崇高风范，朴实无华、平易近人的人格魅力对我影响深远。本书从选题到完成，每一步都是在他的精心指导下完成的，倾注了他大量的心血。我的求学生涯异常艰辛，恩师不仅指导我的学业，更是我人生的导师，如果没有他的支持和指导，我不可能取得今天的成就，我无法用语言表达我对恩师的感激之情。

我要以最诚挚的心意感谢中国海洋大学的徐祥民教授、刘惠荣教授、田其云教授、马英杰教授在我求学期间的谆谆教导，感谢他们在我写作过程中的全程指导。感谢中国人民大学的周珂教授，作为气候变化问题的专家，他耐心独到的点拨开阔了我的思路，在此表示深挚的感谢。

感谢白洋、胡中华、董跃、杨群芳、伍亚荣、李华、朱晓燕、刘秀等同学，他们在资料收集和问题讨论方面给了我莫大的帮助。

本人天性愚钝，唯有以勤补拙，为了完成书稿，我查阅了大量资料，经常忙到深夜，为了能够选择准确的词语精炼地表达，往往需要字斟句酌、反复推敲，这段日子煎熬，但是充实，即使因熬夜而使我的身体状况不佳。感谢我的爱人一直想方设法地为我调养身体，并承担了全部的家务。而我在节假日都没能看望我的父母、陪伴我的爱人，感谢他们的理解和宽容，感谢他们一直在我的身边，默默地支持我。

未来我将更加努力前行，不辜负各位老师和家人的期望。